GOLDMANN
Lesen erleben

Buch

Erfolg in Studium und Beruf, eine harmonische Beziehung und Zeit für Freunde, Familie und Hobbys – und dabei noch ein schönes und schlankes Profilbild auf Facebook.
Klingt unmöglich … und ist es auch.
Die Psychologin Linda Papadopoulos zeichnet ein treffendes Bild von den Erwartungen und Anforderungen, die heutzutage auf junge Frauen zukommen, und gibt wertvolle Tipps, damit jede Frau zufrieden und selbstsicher ihren eigenen Weg findet.

Autorin

Dr. Linda Papadopoulos ist eine renommierte britische Psychologin und als solche in der englischen Medienwelt als Fachkommentatorin sehr präsent. In ihrer beliebten Kolumne in der *Cosmopolitan* steht Linda Papadopoulos bereits seit zwölf Jahren jeden Monat vielen Leserinnen in wichtigen Lebensfragen beiseite. Sie ist verheiratet, Mutter einer Tochter und lebt mit ihrer Familie in London, wo sie auch eine Privatpraxis führt.

Dr. Linda Papadopoulos

Es ist MEIN Leben!

Wie junge Frauen sich von Erwartungsdruck und Perfektionswahn befreien

Aus dem Englischen von
Imke Brodersen

GOLDMANN

Aus persönlichkeitsrechtlichen Gründen wurden die Namen der jungen Frauen, die zu diesem Buch beigetragen haben, geändert.

Dieses Buch ist auch als E-Book erhältlich.

MIX
Papier aus verantwortungsvollen Quellen
FSC® C014496

Verlagsgruppe Random House FSC® N001967

1. Auflage
Deutsche Erstausgabe April 2016
Wilhelm Goldmann Verlag, München,
in der Verlagsgruppe Random House GmbH,
Neumarkter Str. 28, 81673 München

Originaltitel: *Whose Life Is It Anyway?*
Originalverlag: Piatkus. An imprint of Little, Brown Book Group, London, UK.
A Hachette UK Company
Umschlaggestaltung: Uno Werbeagentur, München
Redaktion: Sylvi Schlichter
Satz: Uhl + Massopust, Aalen
Druck und Bindung: GGP Media GmbH, Pößneck
JT · Herstellung: CF
Printed in Germany
ISBN 978-3-442-17559-8
www.goldmann-verlag.de

Besuchen Sie den Goldmann Verlag im Netz

Für meine Jessie, für meine Patentöchter
Nadia, Marilena und Belinda
und für Elektra

Inhalt

Einleitung

Liebe x-und-20-jährige!

Das Leben als junge Erwachsene ist aufregend und einschüchternd zugleich: befreiend, doch von neuen Zwängen begleitet, einerseits einfach, andererseits kompliziert. »Das ist die beste Zeit deines Lebens – genieße sie!«, so die verkappte oder ganz offene Dauerbotschaft in Schlagzeilen, Werbeslogans, Filmen und Musik für diese Altersgruppe. Manchmal fühlt sich dieser Zeitraum sicher wirklich so an, doch es gibt zweifellos auch andere Zeiten, in denen junge Frauen sich überwältigt fühlen, verunsichert sind oder sogar Angst vor der Zukunft haben. Und genau das zeichnet diesen einmaligen Lebensabschnitt aus: Zum einen geht es darum loszustürmen, Fehler zu machen und Spaß zu haben, zum anderen müssen junge Erwachsene ihr Leben auf die Reihe bringen und herausbekommen, wer sie sind und was sie wollen. Doch diese Aspekte sind keineswegs unvereinbar, im Gegenteil: Um tatsächlich herauszufinden, was wir mit unserem Leben anstellen wollen (oder zumindest, was wir *nicht* wollen), müssen wir loslegen und auch Fehler machen.

Diese Jahre können somit eine Phase ehrlicher Selbsterkundung darstellen. Gleichzeitig steigt der Erwartungsdruck der

Gesellschaft, seitens Freunden, Kollegen und Eltern. Für manche Frauen kann es eine große Rolle spielen, dass die Welt sie und ihre Entscheidungen als »richtig« wahrnimmt. Wahrscheinlich sind soziale Netzwerke deshalb so maßgeblich für unsere Psyche – sie erlauben es, die »Richtigkeit« unseres Tuns zu messen, indem sie uns im Minutentakt mitteilen, was anderen an uns und unseren Handlungen »gefällt«.

Der Versuch, das eigene Leben so auszurichten, dass es anderen gefällt, führt allerdings geradewegs in die Sackgasse einer unerfüllten, unglücklichen Existenz. Kümmern Sie sich nicht länger darum, wie andere Menschen Sie sehen, sondern konzentrieren Sie sich auf das, was Ihnen wichtig ist! Messen Sie Ihren Wert nicht an dem, was anderen an Ihrem Leben »gefällt« – finden Sie heraus, was *Ihnen* gefällt, indem Sie aussteigen, Ihre Erfahrungen machen und echte Beziehungen zu anderen aufbauen! Im wahren Leben gibt es Erfolge und Misserfolge, gute Tage und miese Tage, und dass ich mir beide Seiten erlauben darf, ohne mich deswegen entschuldigen zu müssen oder gelobt werden zu wollen, war für mich persönlich eine der wichtigsten Lektionen jener Lebensjahre. Was am Ende zählt, ist nämlich *Ihre* Erfahrung, die Sie in *Ihrem* Leben machen.

Die berühmte Liste all der Dinge, die man bis zum 30. Geburtstag geschafft haben möchte, mag verlockend erscheinen, aber denken Sie daran: Es werden auch unerwartete Dinge geschehen. Man kann noch so perfekt organisiert sein und noch so gut geplant haben, das Leben erwischt einen trotzdem aus dem Hinterhalt. Deshalb geht es nicht nur jetzt, sondern auch später in hohem Maße um die persönliche Anpassungsfähigkeit. Darunter verstehe ich die Fähigkeit, auf das zu reagieren, was tatsächlich geschieht, anstatt das eigene Leben mit aller Gewalt in eine Schublade zu stopfen, die einem als Idealbild vorschwebt.

Freunde – echte Freunde! – und Verwandte sind wertvolle Begleiter und verdienen daher viel Aufmerksamkeit. Und auch wenn Sie vielleicht das Gefühl haben, dass nur Gleichaltrige und Gleichgesinnte Sie wirklich verstehen, sind die Einsichten aus Gesprächen mit Älteren in meinen Augen von zentraler Bedeutung, um nicht nur die eigene Vergangenheit zu verstehen, sondern auch einen Blick in die persönliche Zukunft zu werfen. Menschen, die schon länger auf dieser Welt sind, ermöglichen uns, die Dinge aus einem anderen Blickwinkel zu betrachten. Nehmen Sie sich also Zeit für Ihre Lieblingstante oder für die Großmutter, denn sie könnten so manche Situation überraschend anders einschätzen als Sie selbst.

Die gegenwärtige junge Generation leidet meiner Ansicht nach stärker als jede andere unter ihrem eigenen Perfektionsanspruch. Wenn das auch Sie betrifft, möchte ich Ihnen gleich jede Hoffnung rauben: Sie sind nicht perfekt. Ebenso wenig wie jeder andere. Sie *werden* Fehler machen, und Sie *werden* in Versuchung kommen, Dinge vorzeitig abzubrechen, weil Sie nicht gut darin sind. Aus dem Leben kann man jedoch nicht einfach aussteigen! Also freunden Sie sich besser mit der Vorstellung an, dass es Spaß machen kann, sich mit etwas zu beschäftigen, ohne gleich die Beste sein zu müssen. Wir dürfen

Fehler machen und das, was wir aus unserem Scheitern lernen, ist überaus wertvoll. Auf Nummer sicher zu gehen und vor jedem Risiko zurückzuscheuen ist eine weitaus riskantere Strategie, als eine Herausforderung anzunehmen, ohne genau zu wissen, was dabei herauskommt. Wer jedoch den Sprung ins kalte Wasser wagt und vollen Einsatz bringt, sollte nicht vergessen, auch für den nötigen Ausgleich zu sorgen – für den Burnout winkt keine Tapferkeitsmedaille. Es mag verlockend sein, sich vor den Kollegen mit langen Nachtschichten zu brüsten, aber irgendwann holt der Schlafmangel uns ein. Gesundheit sollte man nie für selbstverständlich erachten, egal in welchem Alter! Darum achten Sie auf Ihre Grundbedürfnisse: gut und abwechslungsreich essen ohne Fertigpapp und einseitige Diäten; viel Wasser trinken. Gut und viel schlafen (Forschungsergebnissen zufolge sind die meisten Menschen erst nach sieben bis acht Stunden Schlaf optimal ausgeruht). Sport treiben und fit bleiben – Bewegung baut Stress ab und tut der Gesundheit insgesamt gut, deshalb sollte Sport unbedingt ein Teil Ihres Lebens sein.

Und machen Sie sich immer wieder bewusst, was für ein Glück Sie haben. Es ist ungeheuer spannend, wie leicht ein junger Mensch heute die Welt beeinflussen kann. Sie selbst können genau die Veränderung in Gang setzen, die Sie sich wünschen, also nutzen Sie diese Chance! Das Faszinierende an der Verbundenheit durch die heutige Technologie ist, dass soziale Bewegungen schneller und schlagkräftiger in Schwung kommen als je zuvor. Jede und jeder hat eine Stimme. Ob bei demokratischen Protesten, Gleichstellungskampagnen oder Petitionen im Netz, die Gesetze verändern und Einfluss auf die Regierungspolitik nehmen – wir haben alles Nötige in der Hand, um die Welt zu verändern. Die heutige junge Generation kann ihre kollektive Stimme lauter erheben als alle ihre Vorgänger in der jüngsten Geschichte. Doppelt glücklich dürfen Sie sich dabei schätzen, weil Sie viel weniger ideologischen Zwängen unterliegen als einst Ihre Eltern, die in deutlich lineareren sozialen und politischen Strukturen aufwuchsen. In den letzten Jahren haben wir erlebt, wie Regierungen, Banken und Journalisten in die Kritik gerieten und öffentlich Rede und Antwort stehen mussten. Offenbar wächst die Überzeugung, dass die Dinge nicht so sein müssen, wie sie sind, nur weil sie immer schon so waren. Aus diesem Grund gehe ich davon aus, dass wir – trotz aller Schwierigkeiten, mit denen Sie jetzt kämpfen mögen – von Ihrer Generation Großartiges erwarten dürfen.

Schon jetzt erleben wir einen Feminismus der vierten Generation, nämlich den humanistischen Feminismus. Es geht nicht darum, das Patriarchat durch ein Matriarchat zu ersetzen, sondern um die Erkenntnis, dass echte Gleichberechtigung nur erreichbar ist, wenn beide Seiten sich bewegen. Ich glaube, wir können allmählich sogar den Begriff Erfolg umdefinieren. Viele Frauen unter 30 haben mir erklärt, sie würden den krankhaften Materialismus hinterfragen, der so lange angesagt war. Es könnte also sein, dass »Erfolg« bald eine andere Bedeutung bekommt und es beispielsweise wieder mehr um Gemeinschaft, Verbundenheit und Glücklichsein geht. Das ist grandios! Denn die Einstellung *Was kann ich beitragen?* anstelle von *Was habe ich davon?* macht nicht nur jeden Einzelnen glücklicher, sondern kann insgesamt positive Veränderungen bewirken.

Also, meine lieben Anfangs-, Mitt- und Endzwanzigerinnen, genießen Sie diese Jahre! Kosten Sie die Zeit nach Kräften aus! Ja, es gibt viel zu tun, aber denken Sie immer daran: Herauszufinden, was Sie mit Ihrem Leben anstellen wollen, ist in der Regel ein fortlaufender Prozess. Sie werden sich menschlich weiterentwickeln und dabei allmählich feststellen, was Ihnen wichtig ist. Bleiben Sie offen für neue Erfahrungen, stehen Sie zu Ihren Werten, folgen Sie Ihrem eigenen Weg, seien Sie freundlich zu anderen und zu sich selbst, und hüten Sie sich (und das ist entscheidend!) vor negativen, abwertenden Botschaften an sich selbst. Sie haben oft keinen Einfluss darauf, was Ihnen in Ihrem Leben widerfährt; Sie können jedoch immer entscheiden, wie Sie darauf reagieren. Das Leben ist ein Produkt solcher Entscheidungen, und die Fähigkeit, gute Entscheidungen zu treffen, beruht auf den persönlichen Idealen und der Art, wie wir uns selbst und die Welt um uns herum sehen.

Ein Sprichwort sagt: »Ob du glaubst, du kannst es, oder ob du glaubst, du kannst es nicht – du hast recht.« Und ich bin fest davon überzeugt: Sie können es.

Alles Liebe,
Dr. Linda Papadopoulos

Ein perfektes Leben?

»Ich lasse andere Menschen ungern im Stich, aber am allerwenigsten möchte ich mich selbst im Stich lassen. Ich weiß, ich kann alles werden und alles machen, und ich sehe mich um und sehe all diese ›perfekten‹ Leben, und das will ich auch für mich. Bloß habe ich manchmal das Gefühl, ich kann mich abstrampeln, wie ich will, ich komme nicht nach – vielleicht muss ich mich nur mehr anstrengen.«

Sarah (24)

In meinen Augen ist Folgendes geschehen: Je stärker sich unsere Welt visuell ausgerichtet hat, desto wichtiger erschien es uns, dass die Bilder, die andere von uns sehen und analysieren können, möglichst schön und makellos sind. Wegen dieser stärkeren visuellen Gewichtung achteten wir deutlich mehr auf uns selbst, auf jedes Detail. Wir überlegten, wie wir auf andere wirken, und versuchten, uns mit den Augen Außenstehender zu betrachten. Das hatte zur Folge, dass unsere Wahrnehmung nicht mehr nur von dem beeinflusst wurde, was wir im Spiegel sahen, sondern zunehmend von dem, was andere unserer Meinung nach sahen, wenn sie uns anschauten.

Mehr Schein als Sein

Irgendwann haben wir begriffen, dass es bei diesen Bildern nicht mehr nur darum ging, wie wir aussahen. Sie waren Botschaften, die anderen mitteilten, wer wir waren und was für ein Leben wir führten. Deshalb ging es nun um das perfekte Bild – es sollte zeigen, was die anderen unserer Meinung nach sehen wollten. Und wenn unsere Bilder nicht wunschgemäß ausfielen, bearbeiteten wir sie, stutzten sie zurecht, korrigierten und optimierten. Irgendwann kamen wir dann auf die Idee, dass wir nicht nur unsere Bilder photoshoppen, sondern vielleicht auch gleich unserem Leben das perfekte Finish verpassen könnten. Doch wie sieht ein perfektes Leben aus? Nun, perfekt ist natürlich das Mädchen, das alles hat, Schönheit, Erfolg, Freunde …

Dank der Allgegenwart und Homogenität der Bilder von Schönheit und Erfolg, die unsere Welt zukleistern, wissen wir, wie eine schöne Frau auszusehen hat. Wir wissen auch, wie ein perfektes Leben auszusehen hat. Wir leben in einer Welt, die uns ständig vor Augen führt, wie wir idealerweise sein sollten – wie viel wir wiegen dürfen, was wir anziehen, wie häufig wir Sex haben und wie viel Geld wir verdienen müssen. Dabei stellt sich leicht das Gefühl ein, man müsste nur all diese Kästchen abhaken, um ein »perfektes Leben« zu führen. Wenn wir daran unweigerlich scheitern, keimen Ängste auf – wir glauben zu versagen und haben das Gefühl, die Kontrolle zu verlieren.

Das Bedenkliche ist, dass das Gefühl, nicht genug zu leisten oder das eigene Potenzial nicht auszuschöpfen, offenbar immer früher einsetzt. Sowohl an der Universität als auch in meiner psychologischen Praxis begegnen mir junge Frauen zwischen 20 und Anfang 30, die häufig voller Angst und Unruhe sind, nicht genug zu tun, nicht genug zu leisten – nicht perfekt zu sein. Natürlich helfen Ziele und Vorbilder, im Leben voranzukommen, doch die Ideale der Gesellschaft – der beste Job, der beste Look oder das beste Quinoa-Rezept – sind allgemein gehalten, wohingegen unsere individuellen Bedürfnisse notwendigerweise spezifisch sind. Sobald wir zulassen, dass solche beliebigen Ideale und Erwartungen zu unserem einzigen Ziel werden, an dessen Erreichung wir uns messen, begrenzen wir nicht nur unsere Wahlfreiheit, wer wir sein wollen, sondern (und das ist noch schädlicher!) wir beurteilen uns selbst negativ, wenn wir sie nicht erreichen. Dann ist nur noch das Beste gut genug und plötzlich nicht einmal mehr das: Die Rede, die das Publikum begeisterte, hätte besser sein können; das Soufflé hätte mit drei Minuten mehr Backzeit noch köstlicher geschmeckt; und wenn wir bei der PowerPoint-Präsentation die Schriftart geschickter gewählt hätten, wäre sie perfekt gewesen. Wir sind so auf das »Ideal« fixiert, dass wir unsere eigenen Bedürfnisse vergessen, ignorieren und irgendwann nicht einmal mehr wahrnehmen können.

Feminismus und Anti-Feminismus

Um herauszufinden, warum Frauen schon mit Anfang 20 unter Stress geraten, weil sie glauben, alles haben und leisten zu müssen, sollten wir zunächst einen kurzen Blick auf die Geschichte des Feminismus werfen. Immerhin hatte der Feminismus immer wieder Einfluss auf unsere gesellschaftliche Vorstellung von Gleichberechtigung. Nach wie vor trägt er nicht nur zu unseren Entscheidungen bei, sondern auch zu unseren Überzeugungen, was »Erfolg« ist und wie eine glückliche Frau aussehen sollte, der es an nichts fehlt.

Ich bezeichne mich ausdrücklich als Feministin. Ich weiß, dass dieses Wort mit diversen Wertungen belastet und mit politischen und sozialen Ideologien behaftet ist. Es wird sogar von und gegen Frauen als Waffe eingesetzt, um anderen Frauen das Gefühl zu vermitteln, sie wüssten nicht, was das Beste für sie ist. Für mich geht es bei Feminismus um Gleichstellung. Es handelt sich nicht um eine Bewegung, die das Patriarchat durch ein Matriarchat ersetzen soll. Warum ich mich als Feministin bezeichne, ist ganz einfach: Ich glaube nicht, dass das Geschlecht eines Menschen über seinen Platz in der Menschheit entscheiden sollte. Und obwohl Elizabeth Blackwell bereits 1849 als erste US-Amerikanerin ihr Medizinstudium mit dem Doktorgrad abschloss, sind stereotype Rollenverteilungen bis heute verbreitet. Das schlägt sich schon im Sprachgebrauch nieder. So beginnt eine Meldung der FAZ am 4. Oktober 2009 zum Medizin-Nobelpreis mit den Worten:

Die Träger der diesjährigen Nobelpreise für Medizin stehen fest: Die Preise gehen an drei Wissenschaftler, die sich um die Erforschung der Telomere und des zugehörigen »Unsterblichkeitsenzyms« Telomerase verdient gemacht haben.[1]

Erst im dritten Abschnitt erfährt der verwunderte Leser, dass unter den drei Preisträgern zwei Frauen waren. Wer nicht so weit liest, denkt an drei Männer. Denn in unseren Köpfen sind Frauen bei der Nennung des männlichen Plurals nach wie vor nicht automatisch »mitgemeint«.[2]

Der Feminismus lässt sich grundsätzlich in zwei Strömungen unterteilen: den Kampf um Gleichberechtigung und den Gender-Feminismus, der sich mit theoretischen und gesellschaftlichen Fragen auseinandersetzt. Die erste Welle des Feminismus begann im ausgehenden 19. Jahrhundert. Damals ging es um Gleichberechtigung; die Frauen kämpften um die Beseitigung einer gesetzlich verankerten Ungleichbehandlung, die ihre staatsbürgerlichen Rechte einschränkte. Es ging dabei um Themen wie Lohngleichheit, Rechte der Mütter bei der Kindererziehung, Besitz- und Erbrecht, gleiche Berufschancen sowie natürlich das Wahlrecht. Gleichzeitig wollte man die Wertschätzung der Hausfrau erhalten.

Im Zuge der sozialen Befreiungsbewegungen der 1960er Jahre nahm die zweite Welle des Feminismus eher Gender-Fragen aufs Korn. Die Debatte wurde auf ungleiche Normen und die Rolle der Frau in der Gesellschaft ausgeweitet, und die Aktivistinnen setzten sich lautstark dafür ein, Frauen auf allen

Ebenen dieselben Chancen einzuräumen wie Männern. Typische Themen waren aktive Fördermaßnahmen, der Umgang mit Vergewaltigungen und häuslicher Gewalt, Pornographie, Sexismus in den Medien und die freie Entscheidung für oder gegen ein Kind. Zu Letzterem gehörte sowohl der Kampf um Informationen und Zugang zu Verhütungsmitteln als auch die Entkriminalisierung der Abtreibung. Fortschritte auf diesen Gebieten waren die Voraussetzung dafür, dass erstmals auch in der Realität Chancengleichheit herrschte.

Als die Frauenbewegung an Fahrt aufnahm und immer mehr Juristinnen ausgebildet wurden, gerieten die bestehenden Gesetze zunehmend unter Beschuss. Ein häufiger Kritikpunkt in diesem Zeitraum war die Frage der Geschichtsschreibung. Feministinnen kritisierten, dass die traditionelle Geschichtsschreibung rein vom männlichen Standpunkt aus stattgefunden hatte. Weibliche Rollen und Beiträge zur Gesellschaftsstruktur würden somit übersehen, was in Bezug auf politische Konzepte, geschlechtsspezifische Wertvorstellungen, soziale Ordnung und sogar die Vorstellung von der Natur des Menschen eine verzerrte Wahrnehmung zur Folge hätte.

Einige Feministinnen der zweiten Welle setzten sich für mehr Gleichberechtigung ein, indem sie solche Themen aufgriffen und die Unterschiede zwischen Maskulinität und Femininität bis zu einem gewissen Grad verwischten. Das blieb nicht ohne Wirkung, weil nun Frauen für sich beispielsweise dasselbe Recht auf sexuelle Freiheit beanspruchten, das beim Mann schon längst durchaus akzeptiert war. Gleichzeitig gerieten traditionelle weibliche Rollenmodelle wie Mutterschaft unter Beschuss, die unter Feministinnen als Symbol einer Unterwerfung unter die patriarchale Gesellschaft galten.

Damals wurden fraglos große Fortschritte erzielt, dennoch wurzelt hier auch viel von dem Druck, mit dem wir bis heute konfrontiert sind. Der Wahlspruch des Feminismus veränderte sich von »Frauen haben das Recht auf Chancengleichheit« zu »Frauen können alles schaffen«. Irgendwann verwandelte sich das Wort »können« dann in »sollten« – vielleicht, um zu beweisen, dass wir tatsächlich gleichwertig und gut genug waren. Dass wir es verdient hatten!

Die dritte Welle des Feminismus begann Anfang der 1990er Jahre. Sie betrachtete die Werte und Ideale der zweiten Welle als beschränkt und unzeitgemäß. Frauen lehnten sich gegen frühere Definitionen von Weiblichkeit auf, die ihre persönliche Freiheit einzuschränken drohten. Diese Bewegung gilt als allumfassende Welle des Feminismus, weil sie wirtschaftliche und soziale Gerechtigkeit unabhängig von Geschlecht und Herkunft einforderte.

Manche Menschen meinen, dass gegenwärtig eine vierte Welle des Feminismus beginnt, in der wir versuchen, im Kontext des komplexen Lebens im 21. Jahrhundert die Prinzipien der ersten Welle wiederzubeleben. Teilweise werden spirituelle Themen angesprochen; teils geht es darum, die Standards für beide Geschlechter anzuheben. Die vierte Welle zielt darauf ab, Frauen zu helfen, ihre *eigene* Version von Feminismus zu finden, damit sie sich an dem erfreuen können, was ihnen guttut – sei es Mode, Sex oder etwas ganz anderes –, ohne aus den Reihen der Feministinnen ausgestoßen zu werden.

In den letzten Jahrzehnten haben wir die nötigen Fähigkeiten entwickelt, um endlich die soziale und politische Gleichheit zu erringen, für die Frauen so lange mit aller Kraft gekämpft haben. Doch allen Fortschritten zum Trotz (und es gibt jede Menge Fortschritte!) sind wir noch lange nicht auf allen Ebenen gleichgestellt. Wir arbeiten für große Unternehmen, aber wir leiten sie nur selten: 2012 stellten Frauen nur 16 Prozent der Teilhaber der bedeutendsten Anwaltskanzleien und nur 15 Prozent des gehobenen Managements der Fortune-500-Unternehmen. Wir kandidieren in der Politik, haben aber nicht annähernd so viele Sitze inne wie Männer: Das letzte britische Wahlversprechen, bis 2015 ein Drittel der Ministerposten mit Frauen zu besetzen, hat sich nicht bewahrheitet, lediglich ein Fünftel der Ministerien untersteht Frauen. In den USA gab es bisher erst 39 Senatorinnen, von denen 20 aktuell amtieren. Selbst in Hollywood, wo Frauen deutlich präsenter sind, beläuft sich der Frauenanteil unter den Regisseuren auf nur sieben Prozent, und erst 2010 gewann erstmals eine Frau den Oscar für die beste Regie. In Großbritannien verdient eine Frau nach wie vor 15 Prozent weniger pro Stunde als ein Mann, in den USA laut Daten von 2013 sogar 23 Prozent weniger.[3, 4]

Wir haben viel erreicht, aber es bleibt noch viel zu tun. Doch obwohl es wichtig ist, diese Zahlen zu kennen und sich für echte Gleichstellung einzusetzen, ist es ebenso bedeutend, den Druck zu begreifen, dem Frauen mittlerweile ausgesetzt sind. Wir müssen überlegen, was Aufrufe zu mehr Einsatz mit uns ganz persönlich anstellen.

Es mag ironisch klingen, doch der Feminismus wollte ursprünglich mit einschränkenden Vorstellungen von Weiblichkeit aufräumen – auch mit dem Druck, sich zu vergleichen, zu konkurrieren und bei allem Erfolg haben zu müssen. Es ging um die Veränderung traditioneller, einschränkender Vorstellungen davon, wie eine Frau sich verhalten müsse und wie sie sein solle. Allerdings haben wir meiner Meinung nach vor lauter Theorie inzwischen falsche Botschaften gestreut und einen Punkt erreicht, wo es nicht mehr um Gleichstellung und Fortschritt geht, sondern darum, mithilfe bestimmter feministischer Prinzipien perfekte Menschen zu werden: Wenn wir doch alles tun können, was wir wollen, dann *müssen* wir vielleicht auch alles tun …? Es könnte daher an der Zeit sein, Feminismus neu zu definieren. Möglicherweise brauchen wir einen Schritt hin zu mehr Authentizität im Hinblick auf unser Leben als Frau. Mehr Ehrlichkeit – aber keinesfalls noch mehr Druck. Wir müssen herausfinden, welche Aspekte von uns (als Frauen) sich in der Praxis besser anfühlen als in der Theorie.

Mühelos zum Erfolg?

»Junge Frauen müssen alles erreichen, was ihre Großmütter sich für sie erhofften, und dabei so hübsch aussehen, wie ihre Mütter es sich immer gewünscht haben… Sie geben sich alle Mühe, die Frau zu sein, die andere in ihnen sehen wollen, und gleichzeitig ihre Individualität zu bewahren – und am Ende geht alles den Bach runter.«

Debora L. Spar,
Präsidentin des Barnard College, Columbia University, New York City[5]

Uns ist nicht nur bewusst, was Schönheit ist, sondern wir haben auch klare Vorstellungen von Glück und Erfolg. Und das sieht alles so mühelos aus. All die Frauen, die den Spagat zwischen Beruf und Familie meistern – kein Problem. Das Supermodel, das Bilder twittert, wie es sich Big Macs in den Mund schiebt und trotzdem eine Wespentaille bewahrt – kein Problem. Die Internetpionierin, die ihre Geschäftsidee auf einen Bierdeckel kritzelt und ein Jahr später ein Multimillionen-Dollar-Unternehmen verscherbelt – kein Problem. Wir werden mit derart vielen märchenhaften Erfolgsgeschichten bombardiert, dass diese irgendwann zur neuen Norm und offenbar auch von uns erwartet werden. Und die Tatsache, dass die Gesellschaft gern alles auf knackige Sprüche reduziert *(du hast es dir eben genug gewünscht = Erfolg),* hilft da auch nicht weiter. Daher übersehen wir leicht die harte Arbeit, die Probeläufe, die Opfer und die Fehlschläge erfolgreicher Menschen.

Wir wollen nicht wahrhaben, dass auf jede Erfolgsgeschichte Millionen Menschen kommen, deren Autobiographie niemanden interessiert, und kommen zu der Überzeugung, dass alle außer uns ihr Leben »optimal ausschöpfen« und »etwas aus sich machen«.

Unsere Vorstellung von Erfolg hängt schief, sowohl in Bezug auf die Definition als auch in Bezug darauf, wie Erfolg zu erreichen ist. In unserer Vorstellung ist eine erfolgreiche Frau heutzutage vor allem derart cool und selbstsicher, dass sie sich über Druck und Erwartungen einfach hinwegsetzen kann. Das ist falsch! Natürlich bereitet uns das Sorgen. Wir sorgen uns praktisch um alles. Für eine Studie zu diesem Thema wurden Paare drei Monate lang beobachtet. Die Männer sorgten sich täglich im Durchschnitt wegen drei Dingen, die Frauen hingegen wegen zwölf. Da überrascht es nicht, dass Frauen stärker zu Angststörungen neigen. Chronische Angst ist sogar eine Ursache für Depressionen und damit eine mögliche Erklärung, weshalb bei Frauen doppelt so häufig wie bei Männern eine klinische Depression diagnostiziert wird (was natürlich auch damit zusammenhängt, dass Frauen eher als Männer bereit sind, bei solchen Problemen fachliche Hilfe in Anspruch zu nehmen).

Studien belegen unser Bedürfnis, unser Leben unter Kontrolle zu bringen, indem wir uns Sorgen machen. In einer Umfrage von 2011 sagten 22 Prozent der Frauen, sie wären täglich oder jede Woche besorgt, nervös oder ängstlich – gegenüber 16 Prozent der Männer.[6] Eine andere Untersuchung meldet, dass mehr Frauen als Männer (27 gegenüber 20 Prozent) sich um die Gesundheit von Lebenspartner oder Kindern sorgten, und mehr Frauen als Männer (25 gegenüber 15 Prozent) meinten, Kinder seien in ihrem Leben eine sehr wesentliche Stressquelle.[7] Laut der Website LiveScience.com ergab eine Umfrage aus dem Jahr 2012: »Männer sagten eher, dass ihnen berufliche Dinge Angst machen würden, während Frauen deutlich häufiger finanzielle Sorgen, Zeitmangel, Familienprobleme, Wohnsituation und Beziehungsfragen nannten.« Die Umfrage bestätigt ein altes Stereotyp und hätte auch den Titel tragen können: »Männer gestresst vom Beruf, Frauen gestresst vom Beruf *und* von allem anderen.«

Dummerweise glauben wir inzwischen selbst daran, dass wir in allem immer toll sein müssen, am besten ganz ohne Beistand. Man braucht keine Expertin zu sein, um zu erkennen, dass kein Mensch, ob Frau oder Mann, längerfristig beruflich eine 60-Stunden-Woche durchstehen und gleichzeitig die gleiche Zeit und Energie in andere Aspekte seines Lebens investieren kann. Dennoch sitzen in meinen Sprechstunden fast täglich Frauen, die sich Vorwürfe machen, weil ihnen genau dies nicht gelingt – weil sie nicht perfekt sind.

Anstatt die Fortschritte zu feiern, die der Feminismus seit dem Marsch der Suffragetten vom Hyde Park zur Exeter Hall im Jahr 1907 erstritten hat, sehen wir uns heute offenbar in einer Position gefangen, wo wir unerfüllbaren Erwartungen ins Auge blicken. Noch immer lastet auf uns der Druck, die perfekte Freundin und Frau zu sein. Hinzu kommen die moderneren Forderungen nach körperlicher Schönheit, Sexappeal in jedem Alter, geschicktem Unternehmergeist, Kreativität und Ehrgeiz. Was kommt dabei heraus? Wir sind unablässig in Sorge, nicht genug zu tun oder zu sein, und wir fühlen uns ständig unzureichend und schuldig, weil wir nicht in der Lage sind, alles zu erreichen.

Mühelos? Von wegen.

Können wir wirklich alles haben?

2013 brachte Yahoo!-Chefin Marissa Mayer, selbst Mutter eines kleinen Sohnes, viele berufstätige Mütter gegen sich auf, indem sie das Arbeiten im Home Office untersagte und erklärte, ein Baby zu haben, sei deutlich einfacher als gedacht. Manche bezeichneten Mayers Aussagen als »rückwärtsgewandt und nicht politisch korrekt«[8], doch die Hauptkritik entzündete sich an der Erkenntnis, dass sie die überholte (oder wenigstens hoffentlich irgendwann überholte) Ansicht vermittelte, Frauen könnten »alles haben«. Das Dumme daran: Niemand kann alles haben – nicht einmal Marissa Mayer, die einen Monat nach der Geburt ihres Kindes wieder im Chefsessel saß. Denn wir sind nun einmal anders sozialisiert als Männer. Wenn eine Frau ihre Kinder in der Kita abgibt, hat sie Schuldgefühle. Wenn ein Mann das übernimmt, ist er stolz auf sich, weil er ein guter Vater ist. Frauen wachsen mit der Einstellung auf, dass sie für die Kinder verantwortlich sind, auch wenn sie genauso viele Stunden berufstätig sind wie ihr Partner.

Also sollten wir vermutlich noch einmal überlegen, was »alles haben« tatsächlich bedeutet. Und wieso beschäftigen sich eigentlich nicht mehr Bücher, Umfragen und soziologische Untersuchungen mit der Frage, ob *Männer* alles haben können? Warum starren wir so gebannt darauf, wie die Marissa Mayers dieser Welt ihren Alltag bewältigen, anstatt zu fragen, wie Richard Branson oder Warren Buffet ihre Konzerne leiten und den Überblick über ihre Investitionen behalten, und welchen Einfluss das auf ihr Familienleben und ihre väterlichen Pflichten hat? Wie Gloria Steinem einst sagte: »Ich kenne keinen Mann, der um Rat bittet, wie man Ehe und Karriere vereinbaren kann.« Unsere Vorstellung von dem, was wir wollen, entspringt nämlich – teils offen, teils verschleiert – unserer Umwelt. Deshalb spielt es tatsächlich eine Rolle, dass es mehr Umfragen dazu gibt, wie Frauen Haushalt und Leben vereinbaren. Dahinter verbirgt sich nämlich die Einstellung, dies sei ein Frauenproblem, das von Frauen gelöst werden müsse, obwohl es alle betrifft, Männer und Frauen gleichermaßen – zu Hause wie auch im Beruf. Aber darüber reden wir nicht genug.

Es geht ja nicht um eine ausgewogene Work-Life-Balance, die uns angeblich besser und glücklicher macht, sondern darum, so viel wie möglich zu schaffen – und das scheitert leicht an der Zeit. Denn ganz gleich, wie wohlhabend oder erfolgreich wir sind, der Tag hat trotzdem nur eine begrenzte Anzahl von Stunden, in denen wir die Dinge so priorisieren müssen, dass das Leben möglichst rundläuft. Deshalb sollten wir vielleicht nicht länger die Frage stellen, ob Frauen alles haben können, sondern lieber überlegen: »Was ist mir jetzt, zu diesem Zeitpunkt meines Lebens, wichtig?« Bei dieser Frage geht es um Wertvorstellungen und Geschlechterrollen gleichermaßen.

Kompliziert wird die Sache, weil wir aufgrund unserer Sozialisierung bestimmte Überzeugungen verinnerlicht haben, welche Werte wir als Frauen hochhalten sollten. Im Idealfall sieht eine Frau nämlich aus wie Kate Moss, legt eine Karriere wie Hillary Clinton hin, kocht wie Nigella Lawson, tanzt wie Rihanna und schlüpft in ihre hautengen Jeans, sobald der Kaiserschnitt verheilt ist. Und das alles ohne die geringste Anstrengung. Das ist die größte Lüge von allen! Wir fühlen uns schuldig, dass wir nicht perfekt sind, weil wir einander belügen und die Perfektion mühelos erscheinen lassen.

Schluss mit der Stutenbissigkeit!

Wir fällen nicht nur über uns selbst ein hartes Urteil, sondern auch über andere, und das kann sehr schädlich sein. Ein flüchtiger Streifzug durch die Klatschpresse spricht Bände: Die arme Condoleeza Rice, so erfolgreich, aber ohne Partner. Die arme Kylie Minogue, tolle Karriere, aber mit Kindern hat es leider nicht geklappt. Sheryl Sandberg, das arrogante Biest, will gar nicht wirklich anderen Frauen helfen, sondern nur sich selbst noch besser vermarkten. Oh, ja, sie zahlen für ihren Erfolg – sie können nicht alles haben … Wie wir einander als Frauen ansehen und einschätzen, nimmt eine unheilvolle Wende. Inzwischen wehren wir uns nicht mehr gegen den Druck der patriarchalen Männergesellschaft und deren Auswirkung auf unser Glück (siehe Germaine Greer), sondern wir ziehen über uns selbst und unsere nicht makellosen Körper her (siehe Naomi Wolf) und haben dabei einen Punkt erreicht, an dem es uns ein Bedürfnis ist, die Entscheidungen anderer Frauen zu beurteilen und schlechtzureden. Vielleicht sollten wir einander nicht mehr in Form von Abgrenzungen definieren (»Ich glaube, eine starke Frau braucht sich nicht um ihr Aussehen zu scheren«, »Ich bin keine Frau, die Pink trägt«, »Ich bin kein Heimchen am Herd«), sondern darüber, was wir *sind*, und dabei die Erkenntnis zulassen, dass wir uns nicht auf ein gemeinsames Ideal von einer glücklichen, zufriedenen Frau einigen müssen.

Natürlich haben wir heute Möglichkeiten, die unsere Mütter nie hatten, doch unsere Entscheidungen sollten auf der Freiheit beruhen, die zu sein, die wir sein wollen, und auf der Fähigkeit zu erkennen, was uns wichtig ist und wonach wir uns am meisten sehnen. Uns durch das zu definieren, was wir lieben, nicht durch das, was wir ablehnen, *für* etwas zu sein, anstatt *dagegen*, ist ein guter Anfang.

Seit die Frauen die Welt mit Feminismus und sexueller Revolution aus den Angeln gehoben haben, sind über 50 Jahre verstrichen. Diese Bewegungen sollten uns zusammenbringen, aus der Isolation und in Gemeinschaften führen, die für eine gerechtere Gesellschaft kämpften. Doch anstatt uns von diesen Rufen nach Schwesterlichkeit bereichern und stärken zu lassen und die hart erkämpften Rechte auszukosten, hängen wir in vielerlei Hinsicht im Fegefeuer der Perfektion fest. Wir strampeln uns derart ab, so viel schaffen zu müssen (und zwar immer möglichst perfekt), dass das Scheitern unvermeidlich wird. Und schon entwickeln wir Schuldgefühle und Angst und glauben, wir würden uns und alle anderen enttäuschen.

Perfektionismus und Versagensängste

Perfektionismus ist mehr als das Bedürfnis, etwas so gut zu machen, wie wir nur können. Es handelt sich um eine Einstellung, die sich durch polarisierende Denkweisen auszeichnet – wir glauben, dass es zwischen den Extremen von absoluter Perfektion und totalem Versagen nichts weiter gibt. Zudem konzentrieren sich Perfektionisten stärker auf das Ergebnis ihres Handelns und prüfen ständig, ob sie dem angestrebten Ergebnis gerecht werden – was natürlich unterschwellig von Versagensangst begleitet ist. Dabei geht es nicht nur um perfekte Prüfungsnoten oder die Modellierung toller Bauchmuskeln oder um das beste Schokoladensoufflé für die Party. Es geht auch darum, so viel wie möglich so gut wie möglich zu tun, um in jeder Hinsicht makellos zu erscheinen – die Frau, die alles schafft.

Aus psychologischer Sicht erwächst der Wunsch, nach außen

hin perfekt zu erscheinen, aus dem Glauben, dass diese Perfektion uns irgendwie beschützen kann. Wenn wir perfekt aussehen, uns perfekt benehmen und perfekte Leistung bringen, entgehen wir dem Schmerz von Verurteilung und Schuldzuweisung. Mit dem Bedürfnis, perfekt zu sein oder alles zu tun, geht natürlich die Angst einher, was geschehen würde, wenn wir versagen, Menschen enttäuschen oder einfach nicht gut genug sind.

Im Gegensatz zu dem Versuch, unser Bestes zu geben – was eine relativ gesunde Methode ist, Ziele zu erreichen –, ist Perfektionismus weder als Ziel noch als Strategie oder Einstellung gangbar. Das sollte sich jede Frau klarmachen. Perfektionismus ist vielmehr ein ungesunder Abwehrmechanismus, der geradewegs in den Burnout führt und uns eher behindert als schützt. Wenn wir gute Leistungen bringen, brauchen wir uns nicht mit den Gefühlen von Scham, Schuld oder Angst auseinanderzusetzen, die damit einhergehen, wenn man andere hängen lässt. Perfektionismus nimmt dem Erleben die Freude und ist derart auf das Ergebnis ausgerichtet, dass wir uns nie völlig dem hingeben, was wir gerade tun. Und weil es so etwas wie Perfektion nicht gibt, sind wir am Ende auch noch permanent unzufrieden. Das ist das Schlimmste daran.

Noch komplizierter wird es, wenn man Folgendes einbezieht: Damit etwas perfekt ist, muss jemand anders es als perfekt bewerten, so dass man sich ständig beobachtet und beurteilt fühlt. Und weil es schwierig sein kann, das eigene Tun vom eigenen Sein zu trennen, geraten Perfektionisten leicht in die Denkfalle, dass Menschen, die ihre Arbeit beurteilen, damit letztlich sie und ihren Wert als Person beurteilen. An dieser Stelle wird Perfektionismus zu einem echten Problem, denn hier beginnt die Verknüpfung mit dem Selbstwert. Wenn unser Selbstwertgefühl davon abhängig ist, dass wir Perfektion erreichen (oder aber von der entsprechenden Bewertung), dann verwandelt sich dieses Gefühl für uns unweigerlich in die Vorstellung, als Mensch nicht perfekt, sondern bestenfalls akzeptabel zu sein. Einfach ausgedrückt: Das Streben nach Perfektion ist wahrscheinlich der sicherste Weg zu einem miesen Selbstwertgefühl.

Studien zufolge entwickeln perfektionistische junge Frauen häufiger Zwangsstörungen (OCD), Depressionen und Essstörungen.[9] In einer Gesellschaft, die uns mit unerfüllbaren Erwartungen zu jedem erdenklichen Thema überschüttet, mag es uns Angst einflößen, die Maske der Perfektion abzulegen. Doch ob in der Facharbeit für die Uni, auf der Jagd nach dem tollen Job, bei der Suche nach dem idealen Partner, bei der Einhaltung der perfekten Diät oder der Wahl der trendigsten Handtasche – die Maske ist nicht real. Und vielleicht ist gerade unser Streben nach alldem genau das, was uns am Ende einschränkt.

Der Versuch, perfekt zu sein, kann uns ausbremsen, weil wir dann immer noch etwas verbessern wollen. Wir verrennen uns in Detailfragen, ohne bewusst zu überlegen, ob diese Details wirklich wichtig sind. Darunter leidet unsere Produktivität. Obendrein verkompliziert der Wunsch nach Perfektion das, was wir erreichen möchten, so sehr, dass er uns unbewusst einschüchtert. Wir erwarten Probleme, die vielleicht nie eintreten, und konzentrieren uns auf das, was schiefgehen könnte, anstatt auf das, was wahrscheinlich klappen wird.

Vielleicht hat der geringe Anteil weiblicher Vorstandsvorsitzender und Fortune-500-Führungskräfte auch etwas mit unserer Angst zu tun, nicht gut genug zu sein und womöglich andere zu enttäuschen. Wenn unsere Entscheidungen auf Angst und Sorge beruhen, ist es kein Wunder, dass wir uns in beruflichen Fragen irgendwann nicht mehr »reinhängen«, wie Sheryl Sandberg es ausdrückt. Die Angst vor enttäuschten Erwartungen kann Menschen verkrüppeln, und solange wir erst perfekt sein müssen, bevor wir uns bewegen können, werden wir in der Wirtschaft nicht das gewünschte Ausmaß und Tempo an Veränderungen und Gleichberechtigung sehen.

Statt des Strebens nach Perfektion sollten wir uns vielleicht nicht nur fragen, *was* wir wollen, sondern auch, *warum* wir es wollen. Wann haben wir beschlossen, dass wir das brauchen? Wofür brauchen wir es? Entspricht es der Vorstellung von Frau, die wir unserer Meinung nach sein *sollten,* oder der Frau, die wir sein *wollen?* Wir müssen uns fragen, warum wir uns von den Ansichten anderer Leute derart beeinflussen lassen.

Das Modell der so genannten klientenzentrierten Psychotherapie beruht auf der »bedingungslosen positiven Wertschätzung«. Der Ansatz geht davon aus, dass die Erschaffung einer therapeutischen Beziehung, wo der oder die Ratsuchende sich unabhängig von eigenen Leistungen und Fehlern wertgeschätzt und respektiert fühlt, zu Heilung und emotionalem Wachstum führt. Wir alle wünschen uns das Gefühl, Liebe, Respekt und Akzeptanz verdient zu haben. Wir müssen jedoch den Punkt erreichen, an dem wir uns diese Dinge vorbehaltlos zugestehen. Also Schluss mit: »Ich bin es wert, wenn ich zehn Kilo abnehme/ein eigenes Büro habe/einen Freund finde/meine Eltern stolz mache – wenn mir alles mit links gelingt.« Wir haben Liebe, Respekt und Akzeptanz *jetzt* verdient, so wie wir sind.

Der Schritt von »Was werden die Leute denken?« zu »Ich bin genug« kostet mitunter einigen Mut. Leichter wird es vielleicht mit der Frage, was schlimmer wäre: das zu ignorieren, was andere Leute denken, oder zu ignorieren, was ich selbst fühle, woran ich glaube und – letztendlich – wer ich bin?

Alles können, alles schaffen

»Wie schaffst du das bloß alles?«, ist eine Frage, die mir häufig gestellt wird. Sie verblüfft mich immer wieder, weil ich erstens ehrlich nicht glaube, dass *alles* zu schaffen tatsächlich machbar ist, und weil ich mir dies zweitens auch nie vorgenommen habe. Ich mache normalerweise das, was mir am wichtigsten ist. Manchmal klappt das und manchmal – tja, manchmal eben nicht.

Ich stand noch am Anfang meiner Karriere, als ich bereits eine Post-Graduierten-Abteilung an der Universität leitete.

Aber häufig wurde ich für eine wissenschaftliche Assistentin oder eine Verwaltungsfachkraft gehalten. Bei einem großen Meeting der Abteilungsleiter forderte mich ein Kollege sogar einmal herablassend auf: »Kümmern Sie sich doch bitte um den Kaffee, meine Liebe.« Interessanterweise ging es dabei keineswegs nur um das Alter, denn neben mir stand ein gleichaltriger Freund, ebenfalls Dozent, der so etwas nie zu hören bekam. Es ärgerte mich sehr, dass ich offensichtlich nicht für voll genommen wurde. Ich ging gründlich in mich und fragte mich, ob ich eine neue Frisur oder andere Kleidung haben sollte. Ich hatte das Gefühl, ich müsste härter arbeiten, mehr veröffentlichen, besser unterrichten und in jeder erdenklichen Weise ehrgeiziger und produktiver werden, um als ernsthafte Wissenschaftlerin wahrgenommen zu werden. Das alles half natürlich, und ich kam rasch voran, doch was blieb, war das Gefühl, ich dürfte mir keinen Schnitzer erlauben und müsste immer perfekt sein, sonst würde ich bestimmt die anderen in dem Glauben bestärken, dass ich der Sache nicht gewachsen wäre.

An dieser Einstellung habe ich inzwischen gearbeitet: Irgendwann kam ich zu dem Schluss, dass die Anpassung an das Stereotyp des vergeistigten, etwas schlampigen Wissenschaftlers mir Energie raubte, die ich dafür brauchte, ich selbst zu sein und mich meiner Arbeit zu widmen. Ich blieb dem treu, was mir wichtig war, und konnte mir so meine eigene Nische innerhalb meiner Profession schaffen. Dabei erlaubte ich mir die Freiheit, anders zu sein, Risiken einzugehen und natürlich auch Fehler zu machen. Ich akzeptierte, dass Perfektion keine realistische Option ist, und genau deshalb liebe ich meine Arbeit noch heute.

Doch wie sehr ich meine Arbeit auch liebe, ich jongliere genauso herum wie die meisten Frauen. Ich habe mich aus Meetings geschlichen, um meiner Tochter Jessie beim Netball zuzusehen, habe aber auch mal ihr Klavierkonzert wegen eines wichtigen Termins verpasst. Ich bin durch Flughäfen und Bahnhöfe gerannt, um früher zu Hause zu sein, damit ich noch mit meiner Familie essen konnte. Als Jessie klein war, wollte ich die perfekte Mutter sein und ständig in ihrer Nähe bleiben. Also nahm ich sie überall mit hin, und sie saß häufig in der Ecke und spielte still auf ihrer Matte, während ich mit meinen Doktoranden diskutierte, wann quantitative Datenanalysen den qualitativen Analysen vorzuziehen sind. Jessie und meine Mutter flogen mit mir nach Amerika, wenn ich dort Projekte hatte. Und Jessie hat in praktisch jedem Londoner Fernsehstudio gespielt, während ich mal wieder meinen »Expertenkommentar« zu aktuellen Ereignissen abgab. In meinem Eifer, »alles« zu schaffen, schloss ich sie einmal versehentlich im Auto ein, als ich zu einer Signierstunde hetzte. Ich musste den (sehr skeptischen) Security-Mitarbeiter holen, der mir half, das Fenster aufzuhebeln, um sie herauszuholen. (Zum Glück verschlief sie die ganze Episode, so dass sie sich vermutlich nie an eine panische, hysterisch herumschreiende Mutter erinnern wird.)

Ich kenne also den Druck, besser aussehen, härter arbeiten, gesünder kochen und noch viel, viel mehr tun zu müssen.

Aber eines habe ich daraus gelernt: Ich kann nicht 60 Stunden arbeiten *und* zu jeder Schulveranstaltung kommen. Ich kann nicht jederzeit makellos aussehen. Und ohne die Hilfe meines wunderbaren Mannes und meiner geliebten Eltern, die von Zypern einfliegen, wann immer ich sie brauche, kann ich auch nicht die Mutter sein, die ich sein möchte.

Und jetzt?

Für echte Fortschritte müssen wir uns von dem Mythos verabschieden, dass es Perfektion gibt oder je geben könnte.

Die unrealistischen Erwartungen, die wir von uns und unserer Rolle in der Gesellschaft haben, stammen aus diversen Quellen wie den Medien und der Werbung, aber auch aus der Biologie und der sozialpolitischen Geschichtsschreibung. Viele Frauen sind der Meinung, dass wir weiterhin gegen offene Diskriminierung kämpfen und uns auf Regierungsebene für Veränderungen einsetzen müssen, damit wir bessere Kindertageseinrichtungen bekommen, flexiblere Arbeitszeiten und die Möglichkeit, die Kinder gemeinsam zu erziehen. Dieser Ansatz hat zweifellos einen Wert, geht aber meiner Ansicht nach am grundsätzlichen Problem vorbei, das mehr als Geld und Politik umfasst.

Was wir brauchen, ist eine neue Grundeinstellung. Und dazu müssen wir zuallererst nicht nur mit anderen Frauen, sondern auch mit den Männern in unserem Leben reden. Frauen scheuen sich häufig, Männern gegenüber Gleichstellungsfragen anzuschneiden, weil sie Angst haben, dann als schwierig zu gelten. Gleichzeitig fürchten sich Männer, die vielleicht durchaus helfen wollen, davor, etwas Unangemessenes zu sagen oder zu tun. Auf diese Weise geraten wir in eine Situation, wo produktive Gespräche, die wirklich etwas verändern könnten, gar nicht erst stattfinden.

Außerdem müssen wir gewisse biologische Tatsachen akzeptieren, die zwar nicht das ganze Leben bestimmen müssen, aber nicht wegzudiskutieren sind. Eine Schwangerschaft dauert neun Monate, die Frau muss das Kind gebären und es in den entscheidenden ersten Lebensmonaten körperlich und emotional nähren. Firmen und Institutionen können mit fairen Mutterschaftsregelungen und familienfreundlichen Arbeitsplätzen einen Beitrag leisten, doch die ungeschminkte Wahrheit lautet, dass Frauen, die Kinder haben und einen Beruf ausüben, immer Entscheidungen treffen müssen, vor denen die meisten Männer nie stehen werden. Gehen Sie also davon aus, dass Sie irgendwann vor solchen Entscheidungen stehen werden und sich überlegen müssen, was Ihnen in Ihrer persönlichen Situation helfen kann: Denken Sie darüber nach, wann Sie ein Kind bekommen möchten und wo Sie dann leben wollen. Wie weit darf Ihr Arbeitsweg sein, und möchten Sie in der Nähe von Familienmitgliedern wohnen, die vielleicht bei der Versorgung des Kindes helfen können? In dieser Hinsicht ist eine bewusste Entscheidung – auch wenn diese sicher nicht leichtfällt – hilfreicher als der Wunsch, alles selbst schaffen zu wollen.

Ebenfalls wichtig ist das Eingeständnis, dass Männer und Frauen verschieden sind. Wer die Gender-Studien kennt, weiß, dass wir Frauen vor großen Risiken eher zurückscheuen, nicht so gern die direkte Konfrontation suchen und weniger über unsere Erfolge reden. Außerdem geben wir eher persönlichen Beziehungen gegenüber hierarchischen Verhältnissen den Vorzug, können besser über unsere Gefühle sprechen und nicht so gut Landkarten lesen wie Männer. Anstatt so zu tun, als gäbe es diese Unterschiede nicht, sollten wir darüber diskutieren – sie verstehen und analysieren und eine Gesellschaft aufbauen, die Diversität als Wert einstuft, und zwar als einen, der sich nicht nur an den Wünschen, Fähigkeiten und Interessen der Männer orientiert, sondern auch an denen der Frauen. Der Feminismus sollte uns die Freiheit und die Macht verschaffen, in einer gerechten Welt zu leben und unser Leben in jeglicher Weise so auszurichten, wie es für uns passt. Nachdem Frauen heutzutage mehr Wahlfreiheit haben als je zuvor, müssen wir aufpassen, nicht zur Sklavin dieser Entscheidungen zu werden. Wir müssen eine weise Wahl treffen und sollten nicht länger Mythen wie »alles haben« oder »Perfektion« anhängen, die so unehrlich und potenziell schädlich sind wie der Spruch: »Und sie lebten glücklich bis an ihr Ende.« Wir brauchen nicht vor lauter Chancengleichheit abzulehnen, wer wir wirklich sind oder was wir wirklich wollen. Echte Gleichberechtigung heißt, dass wir das Recht haben, unser eigenes Leben zu entwerfen, anstatt jenes zu übernehmen, das die Medien, die Tradition, die Geschichte oder die Kommerzialisierung uns auf dem Silbertablett servieren.

Außerdem sollten wir die Mär vom mühelosen Erfolg über Bord werfen. Wenn wir uns Sorgen machen, haben wir das Gefühl, dass wir unzureichend sind, *weil wir uns Sorgen machen.* Tatsächlich jedoch ist das frauentypisch: Wir machen uns Gedanken, wie wir mithalten können, ob wir als Freundin oder als Partnerin gut genug sind, ob wir uns richtig ernähren, ob wir genug sparen und ob wir die richtigen Urlaubsziele ansteuern. Wir machen uns Gedanken – entscheidend ist daher, dass wir akzeptieren, dass es nicht einfach ist. Und deshalb sollten wir aufhören, so zu tun als ob.

Das bedeutet nicht etwa, dass Sie nun aufhören sollen, Ihren Traumjob anzustreben oder 2,1 Kinder zu bekommen oder was auch immer Sie sich vorgenommen haben. Tappen Sie dabei nur bitte nicht in die Denkfalle, dass Sie versagt haben, wenn Sie nicht mit 30 Jahren im Aufsichtsrat sitzen oder wenn Sie womöglich überhaupt nie in den Aufsichtsrat wollten, sondern lieber als Hausfrau Ihre Kinder erziehen möchten.

Es geht einzig und allein darum, was *Sie* wollen. Nicht um das, was Sie Ihrer Meinung nach haben oder tun sollten. Und wenn Sie dann andere Frauen ansehen und sich fragen, wie die ihr Leben so gut schaukeln, dann glauben Sie bitte einer Frau, der man häufig genau dies nachsagt: Wir alle gehen Kompromisse ein. Und solange diese Kompromisse für Sie und Ihre Werte genau jetzt richtig erscheinen (denn sie können sich mit der Zeit verändern), ist das vollkommen in Ordnung.

Schlankheits- und Schönheitswahn

»Es ist immer da, egal wie viel du leistest,
egal wie gut du in etwas bist,
immer bleibt da diese Befürchtung,
dass letztendlich doch nur zählt,
wie hübsch oder wie schlank du bist …«
Camilla (26)

Meine Tochter Jessie kam 2002 zur Welt. Damals arbeitete ich sowohl wissenschaftlich als auch therapeutisch intensiv zum Thema Körperbild, und mir wurde zunehmend bewusst (noch mehr als bereits im Studium), auf welch gefährliche Weise der Wunsch nach körperlicher Perfektion sich in die Psyche junger Frauen schleicht. Daraufhin schrieb ich mein erstes Buch, *Spieglein, Spieglein*, und dachte beim Schreiben oft an Jessie. Wenn ich mein perfektes kleines Mädchen betrachtete, war mir der Gedanke unerträglich, sie könne eines Tages in den Spiegel blicken und ihr Spiegelbild hassen – so wie es mir die Frauen und Mädchen in meiner Praxis tagtäglich erzählten. Wenn ich heute auf jenes Buch zurückblicke, hat sich gar nicht so viel verändert. Das Körperbild besteht immer noch aus den

Gedanken, der Wahrnehmung und den Gefühlen eines Menschen zum eigenen Körper, die Beschäftigung mit dem eigenen Körper führt nach wie vor zu allgemeiner Unzufriedenheit mit dem Leben, und die Werte der gegenwärtigen Gesellschaft betonen weiterhin, wie Frauen ihren Körper wahrnehmen und wertschätzen.

Einiges hat sich seither aber auch weiterentwickelt. Technische Fortschritte und die Verzahnung zwischen Medien und Gesellschaft führen dazu, dass wir nicht nur überall mehr Bilder von Perfektion sehen, sondern auch von uns selbst mehr Bilder machen als je zuvor. So gehen wir unbewusst zunehmend idealisierten Vorstellungen von Schönheit und Perfektion auf den Leim, während wir uns gleichzeitig bewusst bemühen, diese zu replizieren – zumeist erfolglos. Also fühlen wir uns am Ende immer unzulänglich.

Wichtig daran ist die Erkenntnis, dass das Körperbild weit über die Wahrnehmung unserer körperlichen Merkmale hinausgeht. Es ist das innere Bild, das wir von uns haben, das Bild, das wir verwenden, wenn wir darüber nachdenken, wer wir sind. Und damit ist es in der Lage, unsere Selbstachtung zu beeinflussen, unsere Entscheidungsfindung und sogar unsere Überzeugung, wer wir sind, wie wir in diese Welt passen und was wir von der Welt erwarten sollten.

Unser Körperkult, die Akzeptanz von chirurgischen Eingriffen allein zu Zwecken der »Perfektion« und die Vorstellung, dass schlanke Menschen bessere Menschen sind, haben uns in von sich selbst besessene Äußerlichkeiten-Junkies verwandelt.

Wir planen, überdenken, erschaffen und optimieren unser Erscheinungsbild mit größter Hingabe und Ernsthaftigkeit. Doch je intensiver wir uns mit unserem Äußeren beschäftigen, desto leichter machen wir uns selbst zum Objekt. Wir sehen im Spiegel nicht mehr uns selbst, sondern prüfen unablässig, wie wir wohl auf andere wirken. Der amerikanische Psychologenverband APA beschreibt diese Selbstobjektifizierung als landesweite Epidemie[1], und auf der europäischen Seite des Atlantiks ist dies nicht anders. Bei einer Umfrage für die britische Regierung zur Sexualisierung junger Menschen war die Selbstobjektifizierung ein zentrales Thema, das immer wieder aufkam.[2]

Selbstobjektifizierung bedeutet nicht nur, sich selbst aus der Perspektive eines Dritten zu betrachten und damit alle inneren Eigenschaften zu ignorieren, die die eigene Persönlichkeit ausmachen. Sie bringt auch eine chronische Überwachung des körperlichen Erscheinungsbildes mit sich – und dies geht auf Kosten dessen, womit man sich sonst beschäftigen könnte. Eine Untersuchung zu der Frage, ob Frauen mit einer besseren inneren Körperwahrnehmung ihren Körper weniger leicht als Objekt einstufen, kam zu interessanten Ergebnissen.[3] Man bat dafür gesunde junge Frauen zwischen 19 und 26, »auf ihren Körper zu lauschen«, indem sie sich auf ihren Herzschlag konzentrierten und ihren Puls zählten. Die Genauigkeit dieser »Herzschlagsaufgabe« wurde mit dem Grad der Selbstobjektifizierung verglichen. Dabei zeigte sich: Je exakter die Frauen ihren eigenen Herzschlag beobachteten, desto weniger wahrscheinlich sahen sie ihren Körper als Objekt an.

Solche Befunde sind wichtig, weil sie bestätigen, dass eine ständige Selbstbetrachtung aus der Sicht Dritter die tatsächliche Wahrnehmung des eigenen Körpers und seiner Funktionen einschränkt. Gleichzeitig legen sie die Vermutung nahe, dass Frauen, die zu Selbstobjektifizierung neigen, verstärkt ihre körperliche Leistungsfähigkeit oder auch ihre Gesundheit abwerten.

Überlegen Sie einmal, wie sehr dies Ihre Fähigkeit einschränkt, sich auf gesunde Weise auf das Leben einzulassen. Stellen Sie sich vor, Sie spazieren am letzten Ferientag am Strand entlang. Eine Frau, die sich selbst zum Objekt macht, konzentriert sich darauf, wie die anderen Spaziergänger sie wahrnehmen, und ist so sehr mit ihren Haaren oder ihrem Sarong beschäftigt, dass sie gar nicht dazu kommt, die Sonne auf den Schultern oder den Sand zwischen den Zehen zu genießen. Es geht nicht mehr primär um das persönliche Erlebnis, sondern man überlegt unablässig, wie man dabei wohl auf andere wirkt. Die Erfahrung ist nicht mehr meine eigene, sondern hängt von dem ab, was andere Menschen meiner Meinung nach gerade über mich denken! Was bedeutet das in Bezug auf die Fähigkeit, das Beste aus dem eigenen Leben zu machen?

In dem amerikanischen Dokumentarfilm *Miss Representation* von 2011 (in meinen Augen Pflicht für alle, die den Einfluss der Medien auf das heutige Selbstbild von Frauen verstehen wollen) heißt es, dass Frauen, die sich selbst objektifizieren, verstärkt zu Depressionen, Essstörungen, schlechteren Noten, weniger Selbstvertrauen und Ehrgeiz und sogar rückläufigen kognitiven Leistungen tendieren. Diese Erkenntnisse, die durch diverse Studien untermauert werden,[4] sind ausgesprochen beunruhigend. Überlegen Sie selbst, was dies in Bezug auf Gleichberechtigung, die Gesellschaft sowie das berufliche und häusliche Umfeld und sogar auf die politische Willensbildung bedeutet: Zunehmende Selbstobjektifizierung geht auch mit geringerer politischer Einflussnahme einher; das heißt, hier könnte eine ganze Generation Frauen heranwachsen, die weniger bereit ist, für ein politisches Amt zu kandidieren oder auch nur zu wählen!

Den Einfluss dieses Phänomens und den Schaden, den es anrichten kann, hat der französische Philosoph Michel Foucault 1977 sehr treffend formuliert:

> *»Waffen, körperliche Gewalt, materielle Zwänge, das alles ist nicht nötig. Es reicht ein Blick. Ein kritischer Blick, den jede Einzelne derart (verinnerlicht), dass (sie) am Ende [ihre] eigene Aufseher(in) ist und somit jede() Einzelne über und gegen sich selbst die Oberaufsicht ausübt.«*[5]

Selbstobjektifizierung hat das Potenzial, den Fortschritt der Frauen in vielerlei Hinsicht auf fundamentale Weise zu behindern. Wir können mehr – so viel mehr! – als nur gut auszusehen, doch bis uns das klar ist, werden wir weiterhin nicht nur unser seelisches und körperliches Wohlbefinden beschneiden, sondern das menschliche Grundrecht, nicht perfekt zu sein.

Wer ist die Dünnste im ganzen Land?

Ab der Pubertät wird die Meinung der Peergroup, also von Gleichaltrigen und Gleichgestellten, sehr wichtig für uns, und unser Leben lang können wir uns nicht mehr gänzlich von ihr lösen. Mädchen und Frauen orientieren sich aneinander, um herauszufinden, was wichtig ist – wie man denken und was man tun sollte –, und vergleichen sich mit anderen, um festzustellen, wie gut sie sich schlagen. Die Theorie des sozialen Vergleichs besagt, dass wir uns deshalb an anderen Menschen und sozialen Standards allgemein messen, weil die meisten Meinungen und Einstellungen, denen wir begegnen, nicht objektiv auswertbar sind. Die Orientierung an Gleichaltrigen und sozialen Normen ist zumindest die zweitbeste Lösung.

Dabei ist zu bedenken, wie die heutige Welt strukturiert ist. Die Tage der Großfamilien, in denen wir mit mehreren Generationen Kontakt hielten und an der Weisheit einer Großtante oder Großmutter Anteil haben konnten, sind vorbei. Menschen bewegen sich heute vielfach vornehmlich in der eigenen Altersklasse (»Altersstratifizierung«), das heißt, wir werden ab der Adoleszenz mit Gleichaltrigen mit den gleichen Sorgen und Unsicherheiten zusammengetrieben. Das geht so weit, dass manche Theorien Berufsschulen, Hochschulen und Universitäten als »Brutstätten für Essstörungen« bezeichnen.[6] Im Mittelpunkt dieser Theorie steht die Erkenntnis, dass die Normen der Gruppen, in denen wir leben, allgegenwärtig sind – man isst zusammen, lebt zusammen, arbeitet und feiert zusammen. Besonders einflussreich sind solche Normen in Zeiten, wo man neue Erfahrungen macht. Man möchte dazugehören, also versucht man, sich ein Bild davon zu machen, was als normal gilt, und passt sich so gut wie möglich an. Ab einem bestimmten Punkt verwandeln sich solche Vergleiche jedoch in einen Wettbewerb. Dann werden die Dinge problematisch.

Forschungen zufolge nehmen Fehlwahrnehmungen zur Selbsteinstufung mit der Zeit an Fahrt auf. Anfangs glaubt eine Frau vielleicht, sie hätte ungefähr das gleiche Gewicht wie alle Frauen um sie herum. Ein Jahr später hegt sie den Verdacht, alle anderen würden abnehmen, sie selbst hingegen hätte zugenommen[7], und schon beginnt sie eine Diät, um den subjektiven Kontrollverlust auszugleichen. Dieser Ansatz schaukelt sich dann leicht hoch, bis nicht mehr die Person selbst ihre Ernährungsweise kontrolliert, sondern im Gegenteil von ihrer Ernährungsweise gesteuert wird.

Eine andere gern genannte Theorie ist das »Superwoman-Syndrom«: In einer Kultur, wo Erfolg und der perfekte Schein so wichtig sind, geht der Stress schon früh los und wird von der »Angst vor Fett« akzentuiert, die unser Selbstbild unterschwellig, aber auch ganz offen beeinflusst.[8] Körper und Erscheinungsbild spiegeln die verbreitete Unsicherheit. Wenn wir die Kontrolle verlieren in dem Glauben, nicht mehr die Jahrgangsbeste, die beste Angestellte oder die perfekte Partnerin oder Mutter zu sein, können wir immerhin noch unseren Appetit oder unser Äußeres kontrollieren.

Hinzu kommt der Einfluss der Evolution, die grundsätzlich

an der Weitergabe der eigenen Gene interessiert ist, so dass wir den Drang verspüren, einen Partner zu finden. Wenn die zentrale Botschaft lautet, ein schöner, schlanker Körper sei begehrenswert und wichtig, sieht die Gleichung ungefähr so aus.

Ich muss perfekt sein, um akzeptiert zu werden.
\+ Ich konkurriere mit anderen jungen Frauen um Männer.
\+ Schlank sein heißt, dass ich schön und begehrenswert bin und die Kontrolle über mein Leben habe.

= Wenn ich so dünn wie möglich bin, habe ich gewonnen.

Dieser Gleichung zufolge stehen Körperbild und Essstörungen also im Zusammenhang mit sexueller Konkurrenz. Der Evolutionspsychologe Geoffrey Miller ist der Ansicht, dass viele Schulen und Ausbildungsstätten in den USA in Bezug auf die soziale Herkunft und die Abstammung der Schüler inzwischen derart homogen sind, dass junge Menschen hier Wege finden müssen, einander auszustechen.[9] Hinzu kommt, dass immer mehr junge Frauen Masterabschlüsse oder Promotionen anstreben, so dass diese »Ghettoisierung« deutlich länger währt als früher. Wenn gleichzeitig die Auseinandersetzung mit der heterogeneren Außenwelt minimal bleibt, drehen wir uns zunehmend um uns selbst.

Die Fähigkeit, sich selbst und das eigene Leben unabhängig von der eigenen Peergroup einzuschätzen, ist in jedem Alter wichtig. Wir leben schon jetzt in einer Gesellschaft, wo der

Körper einen höheren Stellenwert hat als Geist und Psyche. Wenn wir dieser Entwicklung nicht entgegentreten, kommt es irgendwann dazu, dass der Körper die Identität bestimmt, anstatt lediglich ein Teil von ihr zu sein.

Das Körperbild und die Medien

Die zentrale Botschaft der meisten Medien heutzutage lautet in etwa: »Wenn du schlank und hübsch bist, winkt dir ein glückliches, erfülltes Leben. Bist du übergewichtig, nicht besonders attraktiv oder sichtlich älter, tja, dann hast du es eigentlich nicht verdient, noch viel vom Leben zu erwarten; immerhin beruht dein Wert als Frau letztlich darauf, wie attraktiv du für deine Mitmenschen bist.«

Es ist erschreckend, wie wenig Nachdruck heutzutage auf die emotionalen und intellektuellen Aspekte unseres Wesens gelegt wird. Wir werden mit Tipps überschüttet, wie wir unser Aussehen »optimieren« können – wie wir denken, fühlen und mit anderen umgehen, ist zweitrangig.

Weil heute eine überwältigende Vielzahl an Medien auf unterschiedlichste Art und Weise konsumiert werden kann, beschäftigen wir uns fast zwangsweise häufiger und intensiver mit Bildern von Schönheit und Perfektion. Ihre Allgegenwart führt dazu, dass uns diese professionell geschminkten, perfekt beleuchteten und nachbearbeiteten Bilder nicht nur real erscheinen, sondern normal und erstrebenswert. Was bleibt, ist das permanente Gefühl, ihnen nicht das Wasser reichen zu können. Wir sind auf Vergleiche konditioniert, aber ob man sich mit der Freundin oder Kollegin vergleicht oder mit – letztlich computergenerierten – Fotos von Prominenten fernab jeder Realität, ist ein erheblicher Unterschied. Am Ende dieser Vergleicherei stecken wir in einer Situation fest, in der wir unsere Erscheinung immer kritischer sehen, bis wir eine bipolare Beziehung zu unserem Spiegelbild entwickeln, indem wir uns entweder zwanghaft betrachten oder ihm ganz aus dem Weg gehen.

In unserer auf Äußerlichkeiten fixierten Kultur scheint sich parallel dazu ein zweites Problemfeld zu entwickeln, nämlich die Vorstellung, dass der eigene Körper ein Projekt ist, das ständig verbessert werden muss, ein »Work in progress«, das niemals vollendet werden kann. Immer wartet schon die nächste neue Diät, der nächste medizinische Eingriff oder das nächste Workout mit dem Versprechen, uns den Körper (oder das Leben) zu verschaffen, den wir unserer Meinung nach unbedingt haben müssen. Wir glauben tatsächlich daran, dass unser Leben besser wäre, wenn wir nur die richtige Nase oder die richtigen Brüste hätten. Dank meiner Arbeiten zum Körperbild und zur medizinischen Psychologie darf ich mir die Feststellung erlauben, dass ich im Laufe der Jahre Menschen mit entstellten Gesichtern kennen gelernt habe, die ein besseres Körperbild und mehr Selbstbewusstsein hatten als manche Models oder Schauspielerinnen, die mich aufsuchen. Denn am Ende zählt, wie eng Identität und Selbstwertgefühl mit dem

Erscheinungsbild verknüpft sind. Selbstachtung und Körperbild existieren in unseren Köpfen, nicht im Gesicht und nicht im Körper. Jeder ernsthafte Versuch, sich mit dem eigenen Erscheinungsbild anzufreunden, muss daher auch unsere Gedanken und Gefühle einbeziehen.

Das Problem mit den Bildern, die unsere Welt beherrschen, beruht unter anderem auf der begrenzten Auswahl an Frauen, die in den Medien dargestellt sind. Die meisten sind jung und weiß, schlank und attraktiv. Frauen über vierzig werden in Hollywood und im Fernsehen selten thematisiert, und die älteren Frauen, die dort überhaupt gezeigt werden, sehen meist deutlich jünger aus. In *Miss Representation* erklärt Gloria Steinem, warum wir auf dem Bildschirm vornehmlich junge Frauen sehen, Männer hingegen in allen Altersgruppen vertreten sind. Sie sagt: »Ein männerdominiertes System schätzt Frauen für ihre Fähigkeit, Kinder zu gebären. Damit beschränkt sich ihr Wert auf die Zeit, in der sie sich vermehren können. Später sind sie deutlich weniger wert.« Solange wir also attraktiv und biologisch begehrenswert sind, dürfen wir auch auf dem Bildschirm in Erscheinung treten. Sobald es Anzeichen gibt, dass diese Zeit vorbei ist, oder wenn wir von Anfang an nicht in das dünne Schönheitsideal passten, ist die Botschaft eindeutig: So etwas will keiner sehen.

Stellen Sie sich vor, es würden nur noch schlanke, attraktive Männer im Fernsehen auftreten. Keine erfahrenen Reporter, Unternehmer oder Politiker, keine Charakterdarsteller oder Musiker – nur schlanke, junge, gut trainierte Männer. Welchen

Einfluss hätte dies auf unsere Erwartungen an Männer, und wie würde es ihre Vorstellungen von Erfolg und Wert verzerren? Bei Frauen laufen diese Mechanismen seit Jahrzehnten. Und das muss aufhören.

Studiendaten zeigen, dass im Fernsehen überdurchschnittlich häufig schlanke Frauen auftreten. In Sitcoms sind nur fünf Prozent der Frauen übergewichtig.[10] Wenn rundere Frauen gezeigt werden, äußern sich die anderen Darsteller zudem vermehrt negativ zu ihrem Äußeren, und diesen Kommentaren folgt unweigerlich das Gelächter aus dem Off, das den Zuschauer zum Mitlachen verleitet. Dies geschieht nicht nur in Sitcoms. Filme und Reality-Shows zur besten Sendezeit haben eine ähnliche Wirkung, indem sie die Verbindung zwischen äußerlicher Attraktivität und Schlankheit und einem positiven Charakter verstärken.[11] Eine Studie von 2011 ergab, dass Mädchen, die regelmäßig Reality-TV sehen, das Aussehen häufiger als das Allerwichtigste an sich selbst einstufen.[12]

Eine der schockierendsten Untersuchungen auf diesem Gebiet stammt vom kanadischen Zentrum für Medien und digitale Kompetenz und hebt hervor, dass selbst Filme für kleine Kinder den Frauenkörper selten realistisch darstellen. Hierzu wird eine Studie von 2008 zitiert, der zufolge Frauen in Animationsfilmen, die für alle Altersstufen freigegeben sind, *häufiger* eine schmale Taille und eine große Büste haben als Darstellerinnen in Actionfilmen oder sogar in Filmen ab 18.[13]

Dabei geht es nicht nur um das aktuelle Ausmaß an Medienkonsum, dem wir ausgesetzt sind, sondern um den kumulativen Effekt.[14] Was die Medien uns als Idealbild vorgaukeln, ist in den letzten 50 Jahren immer dünner geworden, und Studien zeigten signifikante Zusammenhänge zwischen der Wahrnehmung solcher Bilder und einer Unzufriedenheit mit dem eigenen Körper.[15]

Die Medien haben ungeheuren Einfluss auf Veränderungen. Sie formen die Grundeinstellungen, die sich auf Verhaltensweisen auswirken, die wiederum die sozialen Normen und Glaubenssätze speisen, mit denen wir leben. Medien beeinflussen die Gesellschaft und den öffentlichen Diskurs, und sie sind überall. Es gibt inzwischen derart viele Medienplattformen, dass man ihnen praktisch nicht mehr entrinnen kann. Darum sollte man sich den Inhalt dieser Botschaften gründlich bewusst machen.

Der ökonomische Ansatz der Medien, Frauen perfekte Frauenbilder zu verkaufen, damit sie mit sich selbst unzufrieden werden und dann ein Produkt kaufen, um sich zu optimieren, ist nicht neu. Neu ist, wie wir Perfektion darstellen. Die moderne digitale Bildbearbeitung gestattet nahezu beliebige Verlängerung, Verkürzung, Aufhellung und eben Perfektionierung jeglicher Makel. Ironischerweise müssen die Herausgeber der großen Magazine »erschreckend magere« Models inzwischen häufig retuschieren, damit sie »nicht so krank« aussehen.

In einem Artikel zu der Frage, *was* an den Fotos tatsächlich wegretuschiert wird, schreibt die Soziologin Lisa Wade, dass häufig die eingesunkenen Wangen, hervorstehenden Schlüsselbeine und dürren Arme von Magermodels nachbearbeitet werden.[16] Auch in meinem Freundeskreis erzählen Redakteurinnen, dass sie die Bilder extrem dünner Models retuschieren, weil sie befürchten, die Leserschaft fänden diese nicht nur unattraktiv, sondern auch als gesellschaftliches Vorbild nicht akzeptabel; sie zu zeigen, wäre also unangemessen. All diese Menschen erkennen das Widersinnige an der Sache – indem man magere Models gesünder retuschiert, maskiert man die Realität für die Leserinnen. Es wird verschleiert, was Untergewicht bedeutet, weil eine extrem dünne Taille meist mit einem mageren Gesicht, dunklen Augenringen und hervortretenden Knochen einhergeht. Wer solche Merkmale ausblendet, nährt die Illusion, dass Untergewicht gesund und glamourös ist.

Wir brauchen in Bezug auf Bilder mehr Transparenz. Eines der Dinge, für die ich mich öffentlich einsetze, ist ein Symbol, das anzeigt, dass ein Foto editiert wurde. Denn wenn dicke Körper schlank erscheinen oder ein dünner Körper wohlgenährt, verkauft man im Endeffekt eine Lüge, und dies zu durchschauen hätte meiner Ansicht nach einen erheblichen Einfluss darauf, welchen Realitätsgehalt wir solchen Bildern zugestehen.

Werbung, Mode- und Schönheitsindustrie wählen nur deshalb immer wieder denselben Körpertyp, weil sie damit die unmöglichen Ideale anpreisen können, denen Frauen nacheifern sollen. Um es mit den Worten der Kultfigur Bridget Jones auszudrücken:

> *»Fast könnte man denken, man sei auf einem Planeten gelandet, dessen Bewohner allesamt klein, grün und dick sind. Mit Ausnahme einer verschwindend kleinen Elite, die hochgewachsen, dünn und gelb ist – wie eben die auf den Plakaten. Und sie wurden sogar noch speziell nachbearbeitet, damit sie noch größer, noch gelber aussehen. Das kann die kleinen, grünen, dicken Aliens natürlich nicht erfreuen, und so fühlen sie sich entsprechend mies. Weil sie nicht gleichfalls hochgewachsen, dünn und gelb sind.«*[17]

Genau das ist das Problem: Wir vergleichen uns nicht mit den Freundinnen, den Kolleginnen und den Nachbarinnen, mit real existierenden Frauen. Stattdessen vergleichen wir uns mit der idealisierten Vorstellung, wie eine Frau aussehen *sollte*, und die beruht sehr häufig auf der ganz und gar nicht edlen Absicht, uns alles Mögliche zu verkaufen.

Es stimmt einfach nicht, dass die Medien und die Werbung uns nur das geben, was wir wollen. Sie geben uns, was *sie* wollen – unrealistische Sehnsüchte und Verunsicherung inbegriffen.

Selbstwahrnehmung und negatives Körperbild

Das Körperbild hat zweifelsohne Einfluss auf unsere Selbstachtung und Lebensqualität. Das Aussehen spielt eine große Rolle dabei, wie andere uns wahrnehmen. Das liegt in der Natur des Menschen. Was sich in den letzten Jahren jedoch verändert hat, ist die Tatsache, dass das Aussehen inzwischen im Mittelpunkt unseres Selbstbilds und Selbstwerts steht und dabei alles andere aussticht, vom Intellekt bis hin zu dem, was uns antreibt und was wir glauben.

Besonders besorgt stimmt mich die negative Einstellung von Frauen zu ihrem Körper, das, was sie über sich selbst sagen, denn die Aussagen eskalieren mittlerweile: »Ich hasse meine Oberschenkel« wird zu »Ich hasse meine Beine«; »Ich hasse meine Beine« wird zu »Ich hasse meinen Körper«; und »Ich hasse meinen Körper« wird irgendwann unweigerlich zu »Ich mag mich nicht.« Meine Erfahrungen in der Psychodermatologie belegen, dass negative Gedanken tatsächlich die körperliche Gesundheit negativ beeinflussen und Hauterkrankungen verschlimmern können.[18]

In der Beratung stelle ich Frauen gern vor den Spiegel und bitte sie, mir zu erzählen, was sie an sich mögen. Es verblüfft mich immer wieder, wie schwer ihnen das fällt. Wenn ich hingegen das Gegenteil verlange, spulen sie alles Mögliche ab, was ihnen nicht an sich gefällt. Wir sind so auf die negativen Aspekte unseres Aussehens fixiert, dass wir nur noch diese wahrnehmen. Doch die Konzentration auf das Negative ist gefährlich. Achten Sie bitte bewusst darauf, nie vom Spiegel wegzutreten, ohne mindestens eine Sache zu registrieren, die Ihnen an Ihrem Aussehen gefällt. Das hilft dabei, die Selbstbeschimpfungen und negativen Selbstbotschaften zu durchbrechen, an die sich so viele Frauen längst gewöhnt haben. Und wenn Sie schon dabei sind, dann betrachten Sie Ihren Körper einmal aus funktionaler, nicht aus ästhetischer Sicht. Wenn Sie das nächste Mal ein Stück Kuchen essen, denken Sie nicht darüber nach, dass Kuchen dick macht und Sie gerade »sündigen« – genießen Sie den verdammten Kuchen mit jeder Faser Ihres Körpers! Wenn Sie bewusst genießen, anstatt sich Stress zu machen, essen Sie insgesamt wahrscheinlich weniger und haben trotzdem mehr davon.

Unsere schönheitsfanatische Kultur verführt zur Selbstobjektifizierung, die dazu verleitet, sich für den eigenen Körper zu schämen, was wiederum Depressionen, Essstörungen und Sexualprobleme hervorrufen kann.[19] Aber Sie haben die Wahl! Niemand muss die unrealistischen, einseitigen Schönheitsvorgaben akzeptieren, die uns als das Nonplusultra zur persönlichen Erfüllung angeboten werden. Wir können sie auch in Frage stellen, anstatt uns daran zu messen! Wir können eigene Maßstäbe für Schönheit entwickeln! Viele Frauen tun das schon seit Jahren – von Cindy Crawford, die nie das Muttermal von ihrer Oberlippe entfernen ließ, bis hin zu Kim Kardashian, die ihre üppigen Kurven zelebriert. Wenn wir uns entscheiden, das an uns zu lieben, was uns einzigartig und besonders macht, anstatt uns davon ausbremsen zu lassen, werden solche Besonderheiten Teil unseres Selbstbilds und unserer eigenen Definition von Schönheit.

Eine positive und wichtige Beobachtung ist, dass zwar auch Feministinnen mit ihrem Körper unzufrieden sein können, eine feministische Grundeinstellung jedoch einen gewissen Schutz davor verleiht, wie weit wir bei der Veränderung unseres Äußeren zu gehen bereit sind. Frauen und Mädchen, die sich als Feministinnen sehen, greifen seltener zu drastischen Maßnahmen, zum Beispiel Erbrechen zur Gewichtskontrolle.[20] Das hat vielleicht etwas mit einem gesunden Gefühl der eigenen Daseinsberechtigung zu tun – die Vorstellung, dass man auch über Feminismus (oder ein anderes Denkmodell, das uns eher darüber nachdenken lässt, was für ein Individuum wir sind, als über diverse körperliche Merkmale) entdecken kann, was Frausein bedeutet, macht Frauen weniger anfällig für die alles durchdringende Botschaft, eine Frau müsse um jeden Preis widersprüchlichen gesellschaftlichen Idealen gerecht werden. Wir brauchen definitiv jede erdenkliche Hilfe, um den neuerdings fast schon normalen Körperhass zu bekämpfen, der so viele Frauen befällt.

Je mehr wir nach der flüchtigen Perfektion streben, desto mehr vergleichen wir unsere Bemühungen. Und wenn wir dabei unweigerlich schlecht abschneiden, steigen die Sorge und jene Selbstverachtung, die nicht nur unser Aussehen, sondern auch unseren Selbstwert als Mensch betrifft. Jede Frau ist schön genug, sich vom Leben zu wünschen, was sie will! Verschwenden Sie also keine Zeit mit ausgerechnet dem Attribut, das schneller verblassen wird als alles andere, was Sie an sich mögen (oder mögen sollten).

Gestörtes Essverhalten

Vor einiger Zeit war ich in New York. In meinem Hotelzimmer lief der Fernseher, während ich mich zum Ausgehen fertig machte. Mir fiel auf, dass es in praktisch jedem Werbespot entweder ums Essen oder ums Abnehmen ging. Erst wurden unglaublich köstliche Schokoladenkekse angepriesen und gleich darauf topmoderne Hanteln, mit denen man in Rekordzeit (und in drei bequemen Raten) garantiert die Rettungsringe am Bauch loswerden würde. Diese abstruse Mischung aus »Iss!«- und »Iss nicht!«-Botschaften scheint allgegenwärtig zu sein. Auch in meiner Heimat England widmen sich ganze Sendernetzwerke dem Kochen, Backen und Essen. Das Essen wird zum Fetisch, doch die damit einhergehende Vergötterung des Schlankheitsideals verkompliziert nicht nur unser Verhältnis zu unserem Aussehen, sondern auch zu unserer Ernährung.

Laut einer britischen Studie von 2013 ist die Anzahl der Menschen mit einer diagnostizierten Essstörung in Großbritannien seit dem Jahr 2000 um 15 Prozent gestiegen.[21] Diese Studie belegt zugleich einen 60-prozentigen Anstieg von unspezifischen Essstörungen (EDNOS) bei Frauen und einen 24-prozentigen Anstieg bei Männern. Laut Zahlen des NIHCE sind 1,6 Millionen Menschen im Vereinigten Königreich von einer Essstörung betroffen; 1,4 Millionen davon sind weiblich.

Schätzungsweise zehn Prozent der Betroffenen mit einer Essstörung sind magersüchtig (anorektisch), 40 Prozent sind bulimisch, der Rest fällt in die Kategorie unspezifischer Essstörungen. Das ist deshalb interessant, weil hier zwar die klinischen und diagnostischen Symptome einer voll ausgeprägten Essstörung nicht zwingend zutreffen, aber dennoch ein Problem vorliegt. Zudem sind gestörtes Essverhalten, das Leugnen desselben und das Ablehnen jeglicher Hilfe gerade bei einer Störung, die nicht der klinischen Definition entspricht, noch komplizierter.

Auf eine Frau mit unspezifischer Essstörung treffen vielleicht die meisten Kriterien für Anorexia nervosa zu, doch sie hat immer noch regelmäßig ihre Periode oder ihr Gewicht liegt trotz erheblichem Gewichtsverlust noch im Normalbereich. Oder es liegen zwar die typischen Anzeichen für Bulimia nervosa vor, aber die Fressattacken treten seltener als zweimal pro Woche oder noch keine drei Monate lang auf. Vielleicht ist das Körpergewicht auch nur deshalb noch normal, weil die Frauen Abführmittel einsetzen, übermäßig lange kauen oder sich gezielt erbrechen.

Eine Umfrage der *Psychology Today* zum Thema Körperbild erbrachte bei 13 Prozent der befragten Frauen und vier Prozent der Männer die Aussage, sie würden ihr Körpergewicht auch durch extreme Maßnahmen wie absichtliches Erbrechen regulieren.[22] Selbst absichtlich herbeigeführtes Erbrechen und die Verwendung von Abführmitteln gelten inzwischen durchaus als akzeptable Methoden zur Gewichtskontrolle.

Wenn Sie derartige Verhaltensweisen bei sich oder anderen bemerken, ist es äußerst wichtig, professionelle Hilfe zu suchen. Je früher eine Essstörung behandelt wird, desto besser sind die Heilungschancen. Der erste Ansprechpartner ist der Hausarzt, der geeignete Behandlungsmöglichkeiten wie Beratung und Therapie empfehlen kann. Unbehandelt wird ein gestörtes Essverhalten langfristig zu einer Lebensweise, die einem Menschen körperlich und psychisch schadet. Bei professioneller Unterstützung muss es gar nicht erst so weit kommen.

Der Diätenwahn

Eine der Theorien, die wir beim Thema Abnehmen und schlank bleiben ständig zu hören bekommen, ist, dass sich mit entsprechender Willenskraft so ziemlich jeder gewünschte Körpertyp erreichen lässt. Wissenschaftlich besehen scheint das allerdings nicht zu stimmen. Mit Diäten werden jährlich Gewinne in Höhe von 50 Milliarden US-Dollar erwirtschaftet. Würden Diäten wirklich funktionieren, so müsste man doch nur eine bestimmte davon auswählen, befolgen, abnehmen und das neue Gewicht halten? Stattdessen landen die meisten Menschen in einem Teufelskreis von Diäten, die zwar kurzfristig helfen, aber nie die langfristig klinisch signifikanten Ergebnisse haben, die für einen echten Erfolg erforderlich wären.

Aktuelle Forschungen legen nahe, dass neben der Lebensweise auch genetische und biologische Faktoren eine große

Rolle spielen.[23] Wenn wir eine Diät machen, ist dem Teil des Gehirns, der das Gewicht kontrolliert – dem Hypothalamus –, nicht automatisch klar, was wir da tun. Das ist durchaus relevant, denn der Hypothalamus kennt mit dem sogenannten »Setpoint« ein genetisch programmiertes Zielgewicht. Dieses Zielgewicht möchte er herstellen, indem er unablässig bestimmt, wie hoch unser Körperfettanteil ist, und unseren Appetit dementsprechend steuert.[24]

Rein biologisch betrachtet braucht der weibliche Körper eine bestimmte Menge Fett, um sich zu bestimmten Zeiten auf eine Schwangerschaft und ein gesundes Baby vorzubereiten. Es gibt aber auch evolutionäre Gründe. Als wir noch im Lendenschurz herumliefen und unsere Nahrung jagen oder sammeln mussten, gab es nicht wie heute drei Mahlzeiten pro Tag. Mal gab es reichlich zu essen, mal gar nichts. Deshalb war es überlebenswichtig, Fett einzulagern. Sobald wir nun auf Diät gehen, glaubt das Gehirn, dass es weniger Kalorien bekommt, weil die Nahrung knapp wird, und sobald wir anschließend wieder normal essen, achtet es darauf, dass wir mehr essen als sonst – es könnte ja wieder eine Zeit der Nahrungsverknappung drohen. Je öfter wir eine Diät anfangen, desto mehr schleift sich dieser Prozess ein. Irgendwann ist das Gehirn davon überzeugt, dass die Nahrungsversorgung unzuverlässig ist, und versucht, uns zu schützen, indem es den Setpoint anhebt.[25] So wird Abnehmen immer schwieriger.

Diäten und Sport können unser Aussehen zwar tatsächlich bis zu einem gewissen Punkt beeinflussen, sie funktionieren aber nur innerhalb der genetisch festgelegten Parameter. Die genetische Veranlagung, wie und wo wir Fett einlagern, ist nicht wegzudiskutieren, und doch erkennen wir diese Tatsache nur selten an. Darin liegt das Problem: Wenn wir uns diese biologische Vorgabe nicht bewusst machen, bleibt der nagende Gedanke, wir würden uns nicht genug bemühen, so auszusehen, wie wir aussehen sollten. Wer es nicht schafft, sich den erwünschten Körper zu erarbeiten, entwickelt Schamgefühle – und die tragen nie zu einer stabilen emotionalen Gesundheit bei.

Die Vorstellung, dass Gewichtsabbau etwas Erstrebenswertes sei, greift seit einigen Jahrzehnten um sich. Eine Studie, die ein gängiges Frauenmagazin aus den 1960er Jahren unter die Lupe nahm, entdeckte dort durchschnittlich alle sechs Monate einen Artikel über eine Diät.[26] Heute widmen sich diverse Magazine, Fernsehshows, Apps, Blogs und Websites einzig und allein dem Streben nach dem perfekten Körper.

Die Ironie daran ist, dass echtes Selbstvertrauen uns glücklicher machen würde als jede Diät der Welt.

Töpfchen, Tiegel, Tuben – der Siegeszug der Kosmetikindustrie

Doch es ist nicht nur das Gewicht, das die Gesellschaft bezüglich des idealen Erscheinungsbilds von Frauen bewegt. Makellose, retuschierte Bilder in Werbung und Medien suggerieren, dass der Einsatz von Kosmetika nicht nur empfehlenswert, sondern absolut notwendig ist, damit eine Frau sich gepflegt und präsentabel fühlen kann. Grundsätzlich habe ich gegen Kosmetik nichts einzuwenden – es macht schließlich Spaß, Modetrends oder eine neue Frisur auszuprobieren, und es kann einem einen neuen Kick geben –, nur fragt sich, wie viel »Kick« wir daraus beziehen und nicht aus anderen Dingen, die unser Selbstbewusstsein heben könnten.

Laut einer Meldung in der *Huffington Post* geben Studentinnen trotz ihres schmalen Budgets 1000 Britische Pfund pro Jahr für Schönheitsprodukte aus.[27] In Amerika liegen die Ausgaben von Frauen für Schönheit und Fitness über denen für Bildung.[28] Das zeugt davon, wie sehr wir selbst glauben, dass gutes Aussehen ein Zeichen für bessere individuelle Anpassung ist, dass Schönheit in Zeiten, wo wir von den großen Institutionen – von der Religion bis hin zur Regierung – desillusioniert sind, in gewisser Weise zur moralischen Pflicht wird und gutes Aussehen bedeutet, dass man gut *ist.* In einer aufschlussreichen Infografik der Kosmetikseite FeelUnique.com wurden internationale Vergleiche zum Zusammenhang zwischen Schönheit und Glück angestellt, indem man einerseits die Ausgaben für Kosmetikprodukte und andererseits die Ergebnisse einer Umfrage zur Lebenszufriedenheit verglich. Die USA lagen bei den Aufwendungen für Kosmetik auf Platz 1 und bei der Zufriedenheit mit dem Leben auf Platz 23, wohingegen Japan – Platz 2 bei den Kosmetikausgaben – bei der Lebenszufriedenheit lediglich Platz 90 (!) erreichte. Wirklich interessant daran ist, dass die Niederlande und Schweden – die zwei Länder mit den geringsten Kosmetikausgaben – auf der Zufriedenheitsskala am besten abschnitten.[29] Verstehen Sie mich bitte nicht falsch: Es ist keineswegs verkehrt, in die Erhaltung einer schönen Haut, schöner Haare und eines schönen Körpers zu investieren. Das Problem ist das richtige Verhältnis. Wir haben einen Punkt erreicht, an dem Selbstwert und Identität so eng mit unserem Körper verknüpft sind, dass eine körperliche Verwandlung als sichtbarste und gründlichste Methode der Selbstverbesserung oder gar Selbstverwirklichung gilt. Und das ist gefährlich. Es besteht nämlich die Gefahr, dass diese Entwicklung unsere Einstellungen verzerrt, unser Verhalten beeinflusst und uns von anderen, vielleicht angemesseneren Themen ablenkt, die unser Wohlbefinden betreffen.

Körperbild und psychische Gesundheit

Die übermäßige Sorge um das Körperbild ist zweifellos nicht gesund für die Psyche, doch die Zeit und die Energie, die wir persönlich und die Gesellschaft damit verbringen, uns mit dem Thema Aussehen zu beschäftigen, legt nahe, dass diese Sorge zwanghafte Züge annimmt. Manche sind der Ansicht, dieser Zwang sei das Resultat der Konsumgesellschaft, die den Narzissmus pflegt. Es geht so weit, dass wir glauben, nur mit dem richtigen Gewicht, dem richtigen Teint, dem richtigen Kleid von unseren Mitmenschen für würdig befunden zu werden, uns in der Gesellschaft zu bewegen. Wenn alles andere im

Leben aus den Fugen gerät, kann uns die Waage immer noch das Gefühl vermitteln, etwas Messbares erreicht zu haben.

Daher überrascht es kaum, dass Unzufriedenheit mit dem eigenen Körper die Gesundheit stark beeinträchtigen kann, weil sie Depressionen, ein schwaches Selbstbewusstsein, Fressattacken und den Einsatz ungesunder Verhaltensweisen zur Gewichtskontrolle nach sich ziehen kann. Einen besonders negativen Einfluss auf das Körperbild scheinen abfällige Selbstbotschaften zu haben. Je mehr wir uns selbst als »zu dick« beschimpfen, desto eher sind wir mit dem eigenen Körper unzufrieden. Für eine Studie der Trinity University befragten Forscher Frauen zwischen 18 und 87 und stellten fest, dass diejenigen, die sich am häufigsten Vorwürfe machten, weil sie »fett« oder »alt« wären, ein schlechteres Körperbild hatten. Wer sich selbst beschimpft, weil er sich nicht schlank oder hübsch genug findet, beeinflusst damit das eigene Verhalten gegenüber anderen, die eigenen Entscheidungen und das eigene Selbstbewusstsein.

Hand in Hand mit einem schlechten Körperbild geht das Thema der Perfektion. Das selbst erzeugte Bedürfnis, alles zu sein und alles zu haben, wird zu einem ernsthaften Problem und gilt in der Wissenschaft mittlerweile als Indikator für die Unzufriedenheit mit dem eigenen Körper und Essstörungen.[30] Zwei Aspekte des Perfektionismus sind dabei besonders besorgniserregend, der adaptive Perfektionismus (der sich auf die hohen Standards bezieht, die einen Menschen dazu bewegen, ein bestimmtes Körperbild anzustreben) und der maladaptive Perfektionismus (der sich mit Fehlervermeidung und der Meinung anderer beschäftigt). Eine Studie ergab, dass Frauen, die abnehmen wollen, mehr Angst vor Fehlern und mehr Selbstzweifel haben und sich generell mehr Sorgen machten als andere. Wir sind einem gnadenlosen Druck ausgesetzt, absurd hochgesteckten Idealen nachzujagen und ihnen gerecht zu werden, und das ist erschreckend, zumal die Studienergebnisse hier Zusammenhänge erkennen.

Die höchste Sterblichkeitsrate infolge psychischer Erkrankungen besteht übrigens nicht etwa bei Depressionen, sondern bei Essstörungen. Schätzungen zufolge sterben etwa 20 Prozent der Essgestörten an ihrer Krankheit. Deshalb ist es so wichtig, die Gefährdeten so frühzeitig zu erkennen, dass sie behandelt werden können. Letztlich geht es um die Erkenntnis, dass Zufriedenheit mit dem Körper sich nicht erreichen lässt, indem wir den »perfekten« Körper bekommen, sondern indem wir den Körper umarmen, den wir haben.

Selfie, Selfie an der Wand…

Wie andere uns wahrnehmen, spielt bei der Identitätsentwicklung immer eine Rolle.

Früher hatten wir vornehmlich mit den Menschen zu tun, denen wir im sozialen und beruflichen Umfeld begegneten. Normalerweise war das eine begrenzte Anzahl von Personen, die nicht nur auf unser Aussehen reagierten, sondern auch auf das, was wir zu sagen hatten und wie wir uns benahmen.

Doch seit wir online Fotos von uns und unserem Leben zeigen und teilen, reagieren Unmengen von Menschen einmütig und gleichzeitig auf unser Aussehen und stärken damit den Einfluss, den andere auf unsere Selbsteinschätzung haben.

Selfies gewähren uns Kontrolle darüber, wie andere uns sehen. Wir können selbst entscheiden, wie wir uns präsentieren. Untersuchungen kamen zu dem Schluss, dass die Profilbilder, die wir auf Facebook einstellen, nicht nur die Eigenwahrnehmung von körperlicher Attraktivität beeinflussen, sondern auch unsere soziale und berufliche Attraktivität[31] – kein Wunder also, dass alle auf der Jagd nach dem perfekten Bild sind. Eine aktuelle Umfrage der Amerikanischen Akademie für Gesichtsplastik und rekonstruktive Chirurgie (AAFPRS) ergab, dass jeder dritte plastische Chirurg eine Zunahme an Anfragen von Menschen verzeichnet, die eine Gesichtsoperation wünschen, damit sie *online* besser aussehen (von 2012 auf 2013 ein Anstieg von zehn Prozent bei Nasenoperationen, sieben Prozent bei Haartransplantationen und sechs Prozent bei Augenlidoperationen).[32]

Der gesamte psychologische Prozess und die Verhaltensmuster beim Aufnehmen, Beurteilen und Veröffentlichen von Selfies bedeutet, dass wir deutlich selbstkritischer werden und unser Erscheinungsbild bis ins Kleinste analysieren. Der Soziologe Ben Agger beschreibt den Selfie-Trend als »viral gewordenen Männerblick«. Wie junge Frauen in sozialen Netzwerken posieren, hat viel damit zu tun, welches Aussehen ihrer Ansicht nach von ihnen erwartet wird. Die Pornofizierung der

Gesellschaft hat Einfluss darauf, wie Frauen sich selbst sehen, und wenn die vorherrschende Botschaft vermittelt, dass eine Frau sich in erster Linie wünschen sollte, *begehrt zu werden*, überrascht es wenig, dass bevorzugt der kindlich-unschuldige Schmollmund (»Duckface«), gepaart mit einem erwachsen-freizügigen Ausschnitt, für ein Selfie gewählt wird. Wenn wir etwas ins Netz stellen, wollen wir uns anderen von unserer besten Seite zeigen (auch positive Kommentare wie »#hübsch« sind eine Wertung); wenn wir jedoch glauben, wir *bräuchten* solche Bewertungen von anderen, damit wir mit uns selbst im Reinen sind, ist dies ungesund.

Das Bedürfnis nach Bestätigung kann uns entgleiten. Aus den USA schwappt der Trend der »Bin ich hübsch?«-Videos zu uns herüber: Junge Mädchen stellen Videos von sich auf YouTube ein und bitten um Kommentare zu ihrem Aussehen. Die Antworten reichen von »Du bist hässlich, bring dich um« bis hin zu »Du bist niedlich, aber du könntest ein paar Pfund abnehmen oder deine Nase richten lassen« oder »Wissen deine Eltern, was du hier machst?«

Im aktuellen Klima hat unser persönliches Körperbild sehr wenig damit zu tun, wie wir tatsächlich aussehen, aber viel mit den Maßstäben, die Kultur und Gesellschaft vorgeben. Es ist zwar ganz normal, sich zu vergleichen und Bestätigung zu suchen, doch das Beste, was wir für das eigene Körperbild tun können, ist die Entscheidung, dass die eigene Meinung hier wichtiger ist als jede andere.

Wie sehr die Technologie unsere Psyche beeinflusst, ist

durchaus faszinierend. Bei meiner Arbeit zu Essstörungen und gestörter Körperwahrnehmung erklären mir die Betroffenen zunehmend anhand ihrer Instagram-Konten, ihrer Lieblingsseiten auf Pro-Ana oder Pro-Mia (Online-Communities und Blogs, die Magersucht bzw. Bulimie idealisieren) und mit Facebook-Kommentaren, wie sie über ihren Körper denken. Die Medien, die wir nutzen, werden zu digitalen Prothesen, die unser Sein erweitern. Soziale Netzwerke stellen eine virtuelle Umgebung bereit, in der Probleme mit dem Körperbild sich in Kategorien einteilen und analysieren lassen, Unterstützung oder Kritik erfahren, wobei die Trends sich online derart rasch verbreiten, dass neue Begriffe wie #thighgap, #boxgap oder #bikinibridge aus der Jugendsprache zu ernsthaften Maßstäben für körperliche Schönheit und Wert avancieren.

Wir meinen also nicht mehr einfach, dass es gut ist, schlank oder straff auszusehen, sondern wir sagen jetzt: »Kennst du den Bereich zwischen deiner Vagina und dem Oberschenkelansatz? Dort musst du gezielt abnehmen!« Und solche lächerlichen und willkürlichen Ideale werden zum Normalzustand erhoben und über zahllose Bilder online weiterverbreitet, die aufgrund der schieren Anzahl suggerieren, dass alles nicht nur erreichbar ist, sondern auch erwartet wird. Ich bin mir nicht sicher, was schlimmer ist: Die Vorstellung, dass nur eine ganz bestimmte Form und Größe schön ist, oder die neuere, präzisere Dekonstruktion des weiblichen Körpers, die sich auf kleinere Bereiche fixiert, doch beides sorgt dafür, dass frau mit dem eigenen Aussehen nie wirklich zufrieden ist.

Pro-Ana- und Pro-Mia-Bilder zeigen unter Hashtags wie #thynspo, #ana oder #mia Mädchen, die zum Skelett abgemagert sind, und ermöglichen den Anschluss an eine virtuelle Gemeinschaft, in der man sich über Unsicherheiten zu Aussehen und Gewicht austauschen kann. Diese Seiten erzeugen ein Zusammengehörigkeitsgefühl, indem sie über Kommentare zu Fotos Erfahrungen bewerten und scheinbar hilfreiche Tipps geben, zum Beispiel: »Eine tolle thigh-gap (Oberschenkellücke) kriegst du, wenn du dreimal am Tag statt einer Mahlzeit nur einen Apfelschnitz isst« oder »Hungere dich zur Perfektion«. Wir wissen bereits, dass soziale Vergleiche normal sind, aber Vergleiche auf sozialen Medien sind problematisch. Da online jeder alles posten kann, unabhängig von Erfahrung, Wissen oder Motivation (das Internet ist hier überaus demokratisch), ist es immer ein Risiko, sich dort Bestätigung zu suchen oder es zur Normbildung über uns und andere zu verwenden.

Und jetzt?

Für alle, die es noch nicht bemerkt haben: Schönheit halt nicht ewig. Wer also seinen Selbstwert ausschließlich mit Äußerlichkeiten verknüpft, dürfte irgendwann einen gewaltigen Selbstwert- und Identitätsverlust erleiden. Investieren wir unsere Zeit lieber in Ausbildung, Kreativität, Hobbys und Meinungsbildung! All das bleibt uns länger erhalten als makellose Haut und straffe Brüste.

Wenn Sie zu negativen Selbstbotschaften neigen, können Sie die Strategien im Abschnitt *Selbstwahrnehmung und negatives Körperbild* (siehe Seite 57ff.) anwenden. Und wenn Sie bemerken, dass Sie zu viel übers Essen nachdenken, Ihre Nahrungszufuhr einschränken oder sich um Ihr Essverhalten und Ihr Gewicht sorgen, dann seien Sie bitte ehrlich zu sich selbst und sprechen Sie mit Ihrem Hausarzt. Je eher man eine Essstörung angeht, desto besser sind die Behandlungschancen und desto eher bekommt man sein Leben wieder im Griff.

Vor ein paar Wochen erhielt ich eine E-Mail von einer 23-jährigen Frau, die beklagte, wie schwierig es geworden sei, mit ihren Freundinnen essen zu gehen: »Alle scheinen auf Diät zu sein. Die eine isst kein Fett, die andere keine Kohlenhydrate, die dritte nicht nach 18 Uhr, und alle reden nur darüber, wie viel sie schon abgenommen haben oder abnehmen wollen. Das wird allmählich lächerlich, und ich frage mich ernsthaft, ob das auch mein Verhältnis zum Essen beeinflusst.«

Ich kann nur dringend dazu raten, sich von der allgegenwärtigen Annahme zu lösen, dass man schlank sein muss, um glücklich zu sein. Natürlich sollte man sich um ein gesundes Gewicht im Normalbereich bemühen, aber das bedeutet nicht, dass jede Frau Größe 34 tragen muss. Zudem funktionieren einseitige Diäten einfach nicht. Besser als jede Diät ist die bewusste Entscheidung, sich grundsätzlich gesund zu ernähren: nicht oder nur gering verarbeitete Lebensmittel bevorzugen, Essen nicht als Belohnung betrachten, normale Portionsgrößen etablieren. Am wichtigsten ist jedoch, dass wir uns selbst und unseren Freunden gegenüber aufrichtig sind. Wir sitzen alle im gleichen Boot und fühlen vermutlich ähnlich. Anstatt also zu konkurrieren und uns gegenseitig das Ausgehen zu vermiesen, sollten wir einen Pakt schließen: Wenn wir uns treffen, sollte die Freundschaft im Mittelpunkt stehen, nicht Gerede ums Essen. Machen Sie Ihre Beziehungen zur diätfreien Zone, damit Wichtigeres zum Thema werden kann.

Den Medien gegenüber sollten Sie kritisch bleiben. Im Interview mit der Bloggerin Tavi Gevinson *(»Style Rookie«)* für die amerikanische Late-Night-Show *The Colbert Report* fing der Gastgeber Stephen Colbert im Januar 2013 den Einfluss der Medien auf die Frauen mit einer Killerfrage ein: »Ihr Magazin liefert Mädchen in der Tat positive Bilder und positive Botschaften. Aber wenn die Mädchen mit sich zufrieden sind, wie sollen wir ihnen dann Dinge verkaufen, die sie nicht brauchen?«

Lernen Sie, Phantasie und Realität zu unterscheiden, indem Sie Bilder und Versprechungen kritisch betrachten. Denken Sie daran, dass nicht einmal die Frauen auf den Fotos so aussehen wie die Frauen auf den Fotos.

Und wo wir schon bei Medienkompetenz sind – wenn ich noch einen Werbeguru oder Politiker von »echten Frauen« reden höre, schreie ich! Echte Frauen können dick oder dünn, groß oder klein oder alles Mögliche dazwischen sein. Hören wir doch auf, den Körpertyp des anderen zu verteufeln, egal wo wir uns in diesem Spektrum bewegen.

Der weibliche Körper ist ein erstaunliches Instrument, das

uns gestattet, mit unserer Umwelt zu interagieren und sie zu erleben. Deshalb sollten wir ihn respektvoll behandeln. Wenn wir essen, uns bewegen und gesund sind, hat dies körperlich und seelisch einen positiven Einfluss auf uns. Jede und jeder erntet mal einen negativen Kommentar, das ist unausweichlich. Es kommt dann nur darauf an, wie wir reagieren. Wenn wir es nicht zulassen, kann niemand anders dafür sorgen, dass wir uns unzulänglich fühlen.

Ich stelle mir das Körperbild gern als Brille vor: Wenn wir sehr klein sind, sind die Gläser scharf und sauber, und wir sehen deutlich, was wir vor Augen haben. Doch mit zunehmendem Alter verschmieren die Gläser. Manche Flecken stammen von gemeinen Mitschülern, die uns als hässlich titulieren, andere unbeabsichtigt von unseren Eltern, die ungünstige Vergleiche mit Geschwistern und Freunden anstellen, wieder andere von den Medien, die uns ständig vor Augen führen, was wir nicht sind. Irgendwann können wir dann nicht mehr erkennen, wer wir sind – nur noch, wer wir nicht sind.

Wer sich mit seinem Körper wohlfühlen möchte, sollte anfangen umzudenken und verändern, wie er oder sie sich selbst sieht und bewertet. Stellen Sie den ganzen verlogenen Unsinn in Frage, mit dem Sie und jede Frau da draußen auch weiterhin konfrontiert sein werden. Lassen Sie sich nicht auf das Streben nach körperlicher oder sonstiger Perfektion ein; das ist Selbstboykott. Sie müssen wissen, wer Sie sind, und sich klarmachen, dass Sie keinerlei Bestätigung von irgendwem brauchen, um mit sich im Reinen zu sein.

Lassen Sie sich auf das Leben ein und auf alles, was Sie von innen heraus bewegt. Sie sind keine Profifotografin, die das perfekte Selbstbildnis arrangiert – dies ist Ihr Leben, also führen Sie es aktiv, anstatt es so zu editieren, dass es für andere akzeptabel erscheint.

Sie können mehr sein, mehr tun als nur hübsch auszusehen, und Sie sind weit mehr wert. Sie müssen nicht hübsch sein, wenn Sie das nicht wollen, und Sie müssen sich ebenso wenig dafür entschuldigen, wenn Sie gern Lippenstift tragen oder auf High Heels stehen. Nur sollte Schönheit nie das *Einzige* sein, wodurch Sie sich definieren.

Online-Ich und Offline-Ich: Was wisst ihr wirklich über mich?

»Ich denke stundenlang darüber nach, welches Bild ich von mir auf Facebook einstelle. Es soll nicht gekünstelt aussehen, aber natürlich auch sehr … na ja, also … es soll dem Lifestyle gerecht werden, den man verkörpern sollte – selbst wenn es gar nicht wirklich stimmt.«

Melissa (22)

In letzter Zeit fällt mir auf, dass es inzwischen für alles Anleitungen gibt – nicht nur dafür, wie eine Frau aussehen oder was sie tragen sollte, sondern – und das ist noch beunruhigender –, auch dafür, wie sie sich verhalten und auf Dinge reagieren sollte. Der Trend scheint zu einem Erleben aus zweiter Hand zu gehen, das heißt, die »angemessene« Reaktion entspringt nicht echter Emotion, sondern der raschen, scheinbar objektiven Frage, was »schöne, coole Mädchen« wohl in einer vergleichbaren Situation tun würden.

In einer Welt, die derart mit Informationen und konkreten Verhaltensvorgaben gesättigt ist, sind unsere Reaktionen fast unvermeidbar nicht mehr persönlich, sondern von dem diktiert, was unserer Meinung nach von uns erwartet wird. Möglicherweise zum ersten Mal in der Geschichte sind alle Erfahrungen (und unsere Reaktionen darauf) von etwas anderem abgeleitet. Heute ist es fast nicht mehr möglich, dass man etwas zum ersten Mal erlebt, ohne es vorher irgendwo in anderer Form schon einmal gesehen zu haben: Vor dem ersten Besuch im Louvre haben wir die Mona Lisa schon hundertmal betrachtet; bevor wir den müden Löwen im Zoo erblicken, sind auf Discovery Channel endlose Reihen majestätischer Großkatzen meisterhaft kommentiert und mit vielen Rückblenden an uns vorbeigezogen. Die Erfahrung aus zweiter Hand ist häufig sogar besser. Wir haben uns an die editierten Versionen der Realität mit perfekter Beleuchtung und Hintergrund gewöhnt, und wenn diese fehlen, tja, dann ist das reale Erlebnis eine gewisse Enttäuschung. Und wir reagieren angesichts der Wunder dieser Welt etwas ernüchtert.

Wirklich besorgniserregend ist aber, dass nicht nur unpersönliche Ereignisse vorweggenommen werden, sondern auch die Dinge, die man doch eigentlich aus erster Hand erleben sollte. Vor dem ersten eigenen Kuss haben wir schon tausend erste Küsse mitangesehen. Wir kennen die Sätze, die man sagt, wenn man verliebt ist (»Nur mit dir fühle ich mich vollständig«) oder wenn man sich trennen will (»Es liegt nicht an dir, nur an mir«). Wir wissen, welchen Gesichtsausdruck wir aufsetzen sollten, wenn wir uns körperlich näherkommen und Sex haben (die Verbreitung der Online-Pornographie sorgt zuverlässig dafür, dass jegliche Nuancen dabei verschwinden). Wir wissen nicht nur, wie wir unsere Rolle zu spielen haben, sondern auch, wie man von einer Rolle in die andere wechselt – von der coolen Lady à la Cameron Diaz zum heißen Feger à la Megan Fox. Und wir nehmen die Dinge nicht so, wie sie sind, sondern haben für alles, was wir erleben, exakte »Drehbücher« – die Vorgaben, was heute wünschenswert ist oder zum Pflichtprogramm gehört, sind erheblich detaillierter geworden und schreiben genau vor, wann welche Bewegungen, Verhaltensweisen und Einstellungen angebracht sind. Das Erschütterndste ist jedoch, dass wir uns irgendwann von außen betrachten und unser eigenes Erleben beurteilen. Dann stellt sich die Frage: Wenn wir unsere von der aktuellen Kultur durchtränkte Psyche befragen, was wir sagen sollten und wer wir sein sollten – ist uns dann wirklich noch bewusst, was wir tatsächlich wollen?

Identitätsfindung im digitalen Zeitalter

Wer bin ich? Diese Frage ist wohl so alt wie das menschliche Bewusstsein. Das Bedürfnis zu verstehen, was uns einzigartig macht, wie andere uns erkennen und wie wir uns selbst sehen, ist für die emotionale Gesundheit von zentraler Bedeutung. Die Identität umfasst alles, was wir über unsere Persönlichkeit und über unsere Fähigkeiten, Interessen und Beziehungen wissen. Zudem bezieht sich die Identität nicht nur auf die Person, für die wir uns heute halten, sondern auch auf die, die wir in

Zukunft für möglich halten. Solche Selbstkonzepte bestimmen die Ziele, nach denen wir auf Dauer streben. Was wir über uns selbst denken, definiert, wer wir werden und welche Richtung unser Leben einschlagen kann.

Mit einem gesunden Gefühl für das, was wir sind, strengen wir uns eher an, wagen uns aus der Komfortzone und loten unsere Grenzen aus. Das vermittelt einen geschulten Sinn für unsere eigenen Ansprüche einerseits und Zugehörigkeit andererseits, so dass wir uns sowohl mit unserer Einzigartigkeit als auch als integraler Teil einer Gruppe gut fühlen können.

Ein interessanter Punkt bei der Identitätsbildung ist, wie sie sich entwickelt. Dabei achten wir auf zwei Dinge: Zum einen betrachten wir uns selbst, zum anderen betrachten wir unsere Umwelt, und diesem Wechselspiel versuchen wir zu entnehmen, wer wir sein sollten. Da Menschen soziale Wesen sind, ist die Einschätzung, wo wir sozial und kulturell hinpassen, von vitaler Bedeutung. Die innere Identität muss dabei mit der äußerlichen übereinstimmen, das heißt, unser Bild von uns selbst muss zu den Rückmeldungen passen, die wir von anderen über uns erhalten.

Technischer Fortschritt und soziale Veränderungen haben unsere soziale Umgebung allerdings dramatisch erweitert, was die Frage der Identität verkompliziert. Unsere zentralen Einflüsse sind nicht mehr weitgehend auf die Menschen begrenzt, mit denen wir in direktem Kontakt stehen – nein, wir haben scheinbar grenzenlosen Zugang zu anderen Menschen, mit denen wir online interagieren. Da überrascht es nicht, dass die

Entwicklung unseres Selbstkonzepts mehr Faktoren ausgesetzt ist als je zuvor.

Das Ergebnis ist eine Verschiebung in der Identitätsbildung vom innerlichen Antrieb (»Das ist, wer ich bin«) zum äußerlichen Antrieb (»Das ist, wer ich sein sollte«). Und während dieser Prozess früher den Übergang zur Adoleszenz kennzeichnete, dem jungen Erwachsenenalter, bedeutet das Bedürfnis, ihn ständig zu definieren und sich davon definieren zu lassen, dass er uns nun bis Mitte 20 und länger prägt.

Im Spiegel der sozialen Medien

Die moderne Kultur erstellt »Porträts« desjenigen Ichs, das wir im jeweiligen Kontext sein sollten. Dabei stützt sie sich auf das Grundbedürfnis nach sozialer Akzeptanz, doch mit unserem wahren Ich hat all das nichts zu tun. Eine Identität, die von der aktuellen Kultur geformt ist, dient schließlich nicht unseren besten Interessen, sondern denen dieser Kultur.

An diesem Punkt wird das Thema der sozialen Netzwerke interessant. In den sozialen Medien geht es mittlerweile nicht nur um die Verbindung zu Freunden und Familie, sondern ebenso um die Definition unserer Identität. Das Bedürfnis, dort präsent zu sein und sich eine Identität zuzulegen, die von anderen wahrgenommen wird, erklärt vielleicht, warum wir es für nötig halten, zunehmend jedes *positive* Detail über unser Leben zu teilen: »Seht her, ich sitze mit diesem irren Cocktail in Spanien am Strand!« – »Hier ist mein neues Selfie; mit #duckface, weil mir langweilig ist (und weil mein Schmollmund so #süß aussieht.)« – »Gerade die neuen Jimmy Choos gekauft! #shoesareagirlsbestfriend.« Selbst eingefleischte Social-Media-Nutzer dürften das nie nachlassende Bedürfnis, mit coolen Bildern und trendigen Hashtags ihre Identität zu formen, anstrengend finden. Untersuchungen belegen, dass soziale Netzwerke wie Facebook mittlerweile in erster Linie dazu dienen, sich mit anderen zu vergleichen und zu messen.[1]

Der Aufbau der meisten sozialen Netzwerke (und hier beziehe ich mich auf die typischen Resonanzelemente wie »gefällt mir«, »interessant« oder »empfehlen«) hat eine Verschiebung von reiner Selbstdarstellung hin zur Erschaffung eines »Selbst«, das mit unserem eigentlichen Selbst nichts zu tun hat, hervorgebracht. Wir bemühen uns aktiv um Akzeptanz, Beliebtheit und Status und hierüber um Selbstachtung.[2] Das Bedürfnis nach Selbsterkenntnis weicht dem drängenderen Bedürfnis, das zu beeinflussen, was andere von uns denken – wir fühlen den Drang, uns selbst zu vermarkten. Allerdings deuten neue Daten vermehrt darauf hin, dass wir uns genau dadurch unbeliebter vorkommen.

Eine Studie der Universitäten Michigan (USA) und Leuven (Belgien) ergab, dass mit zunehmender Facebook-Nutzung die Lebenszufriedenheit zurückgeht.[3] Besonders interessant daran ist, dass für diese Untersuchung Langzeitdaten gewonnen wurden, während sich frühere Ansätze auf Querschnitte (also auf Momentaufnahmen) beschränkten. Es wurde also beobachtet, welche Auswirkung die längere Nutzung von Facebook hatte. Die Analyse der Ergebnisse zeigt, dass Stimmungslage und Lebenszufriedenheit insgesamt umso stärker litten, je mehr die freiwilligen Teilnehmer der Studie auf Facebook aktiv waren – im Gegensatz zu denen, die nur unregelmäßig vorbeischauten. Umgekehrt gab es eine positive Verbindung zwischen dem Ausmaß direkter sozialer Kontakte der Teilnehmer und einer positiven Grundstimmung. Je mehr die Teilnehmer also in der realen Welt mit anderen zusammenkamen, desto besser ging es ihnen – was für die Online-Welt nicht zutraf.

Ursprünglich war Facebook für viele Menschen in erster Linie eine Möglichkeit, alte Freunde wiederzufinden oder Kontakt zu weit entfernt lebenden Verwandten und Bekannten zu halten. Es war ein sehr hilfreiches Werkzeug, um Menschen wiederzufinden, die man aus den Augen verloren hatte. Man konnte Gemeinschaften aufbauen, und es tat gut, diese Menschen am eigenen Leben teilhaben zu lassen. Inzwischen jedoch geht es nachweislich deutlich weniger um Gemeinschaftsbildung oder Kontakte halten, sondern vielmehr um Vergleiche. Sozialpsychologen sind der Meinung, wenn jemand sich seiner Leistung nicht sicher sei, würde er sich an anderen orientieren, um zu entscheiden, ob das eigene Tun ausreicht. Leon Festinger beschrieb diesen Prozess bereits 1954 in seiner Theorie des sozialen Vergleichs (mehr darüber im nächsten Abschnitt, siehe Seite 88, Wahres Ich bitte melden!). Und genau hier liegt das Verführerische der sozialen Netzwerke, denn sie stellen eine einfache Möglichkeit dar, sich zu messen und messen zu lassen. An dieser Stelle beginnt zugleich die soziale Kontrolle – bald verbringt man mehr Zeit damit, die Profilseiten anderer zu betrachten, als seine eigene zu ergänzen.

Genau das ist das Problem. Je mehr Informationen wir darüber haben, was andere über uns denken, desto mehr steigt die Wahrscheinlichkeit, dass unsere Identität nicht mehr Ausdruck des wahren Selbst ist, unserer höchstpersönlichen Wertvorstellungen und Überzeugungen, sondern vielmehr das Produkt von Eigenschaften, die wir entweder gern hätten oder die andere unserer Meinung nach in uns sehen wollen. Unsere Identität schenkt uns damit nicht mehr das Gefühl von Individualität, Abgrenzung und Zugehörigkeit, sondern dient als Mittel, von anderen akzeptiert zu werden – anderen, die wir oft nicht einmal wirklich kennen. Und wenn wir ständig an diesem virtuellen Ich arbeiten müssen, um unsere »Freunde« und »Follower« zufriedenzustellen, liegt die Vermutung nahe, dass wir tief in unserem Inneren nicht glauben, dass wir es wirklich wert sind, so gemocht oder akzeptiert zu werden, wie wir tatsächlich sind.

Noch komplizierter wird das Ganze dadurch, dass wir mittlerweile erfahren können, was andere über uns denken. Das gestaltlose »sie« wie in »*Sie* sagen, es wäre gut, wenn …« nimmt plötzlich Gestalt an. *Sie* sind wirklich da draußen. Wir gefallen *ihnen* auf Facebook, *sie* folgen uns auf Twitter. *Sie* kommentieren unsere Fotos und Aussagen. *Sie* sind die Massen, die plötzlich mit uns kommunizieren können und uns mitteilen, für wen sie uns halten. Damit sind *sie* wichtiger denn je.

Dass uns die Wahrnehmung durch Menschen, die wir nicht einmal kennen, tatsächlich wichtig ist, zeigen interessante Forschungsergebnisse: Sie belegen, dass wir uns bei unserer Wahrnehmung anderer online mehr auf fremdgenerierte Informationen verlassen als auf selbstgenerierte. Die Meinungen der anderen zählen demnach mehr als die Selbsteinschätzung. Wenn ich als Nutzer eines sozialen Netzwerks also einen bestimmten Eindruck erzeugen möchte, muss ich darauf achten, wie andere auf mich reagieren und welche Kommentare sie abgeben. Nur so kann ich mich positiv präsentieren, und damit setzt sich die Vorstellung, dass ich den Erwartungen der anderen entsprechen muss, um akzeptiert zu werden, ewig fort.[4]

Wenn *sie* nun obendrein greifbarer sind und sich lauter Gehör verschaffen, ist ihre Wirkung auf die Art und Weise, wie wir unsere soziale Identität konstruieren, besonders relevant. Hinzu kommt, dass jedes Online-Unternehmen von Amazon bis Netflix uns einredet, was wir mögen sollen, was Menschen »wie uns« noch so alles gefällt, und plötzlich wird unsere Identität nicht mehr von den Menschen aus unserer Umgebung definiert, von Freunden und Angehörigen, die uns wirklich kennen und nur unser Bestes wollen, sondern von Wildfremden, die uns lediglich etwas verkaufen möchten. Dann ist das Konzept von *ihnen* noch wichtiger, denn nun geht es nicht nur darum, wie wir wahrgenommen werden, sondern wie wir auf unsere Welt reagieren sollten – was wir mögen sollten, was uns Spaß machen sollte und womit wir uns beschäftigen sollten.

Wahres Ich bitte melden!

Wir wissen sehr genau, dass es in sozialen Netzwerken darum geht, uns als »Marke« zu definieren. Deshalb achten wir natürlich sehr genau darauf, wie wir diese »Marke« gestalten. Eine groß angelegte Studie zu diesem Thema stellte fest, dass über 75 Prozent der Befragten erklärten, sie würden mit ihren Communities in sozialen Netzwerken nur »gute Dinge« teilen. Dass man sozialen Erwartungen entsprechen möchte, also sich selbst und die eigene Lebensweise so darstellen will, wie es die Gesellschaft für wertvoll oder akzeptabel erachtet, ist nichts Neues. Verändert hat sich jedoch, dass unsere Leben viel transparenter erscheinen, wenn sie sich nicht nur in der realen, sondern auch in der virtuellen Welt abspielen. Über unsere Onlineprofile sind wir auch dann mit anderen in »Kontakt«, wenn wir gar nicht da sind. Und während wir uns bei einer persönlichen Begegnung mit einem »Alles in Ordnung!« zufriedengeben würden, herrscht online das Bedürfnis, ständig noch mehr Details zu veröffentlichen. Zusammen mit der visuellen Oberflächlichkeit der Online-Welt bedeutet dies, dass wir zu archetypischen Erfolgsindikatoren greifen, um zu vermitteln, wie gut wir dastehen.

Eine Studie der Berliner Humboldt-Universität identifizierte Neid als die häufigste durch Facebook-Nutzung hervorgerufene Emotion.[5] Endlose Vergleiche mit optimierten Fotos und angepriesenen Leistungen können verständlicherweise unser eigenes Selbstwertgefühl beeinträchtigen und uns neidisch machen. Vielfach lässt das Bedürfnis, die Peergroup – also diejenigen, an denen wir uns orientieren – zu beeindrucken, niemals wirklich nach, und wenn man auf Facebook ständig alte Schulfreunde antrifft, ist das keine große Hilfe.

Durch unsere Sozialisation sind wir alle auf Vergleiche programmiert. Eine Schulnote zeigt erst im Kontext der gesamten Klassenleistung ihren echten Wert. Laut der sozialen Vergleichstheorie haben wir alle das Verlangen, über Vergleiche mit anderen möglichst genau zu erfahren, wo wir stehen, um dadurch die Unsicherheit zu mindern, wie man uns sieht, und auf diese Weise zu definieren, wer wir sind. Diese Vergleiche stellen für uns einen objektiven Bezugspunkt dar, an dem wir uns im jeweiligen Kontext orientieren können, und sind insofern aussagekräftig und kognitiv eindeutig.[6]

Dabei gibt es zwei Methoden, sich zu vergleichen. Der soziale *Abwärtsvergleich* dient bei der Selbstbewertung als Verteidigungsstrategie: Wir betrachten eine andere Person oder Gruppe, die schlechter dran ist als wir, um uns von ihr abzugrenzen und weil es uns dadurch mit uns selbst besser geht. Das ist eine naheliegende Erklärung, warum Artikel wie »Ich schäme mich für meine schreckliche Cellulitis!« so beliebt sind. Umgekehrt gibt es den sozialen *Aufwärtsvergleich.* Untersuchungen zufolge kann der Vergleich mit anderen, die besser dran oder höher gestellt sind, die Selbstachtung mindern. Zu solchen Aufwärtsvergleichen tendieren wir online, und zwar ausgerechnet dann, wenn es uns sowieso schlecht geht.[7] Wir vergleichen uns nach oben hin, weil wir uns gern als etwas Besonderes sehen würden, besser oder überlegen. Also bewerten wir uns nach den Maßstäben idealer Gruppen, denen wir unserer Meinung nach entsprechen sollten. Und dann porträtieren wir online unser jeweiliges »ideales« Selbst – mit den schönsten Fotos, dem besten Essen, den tollsten Reisen – und messen uns gegenseitig an den Superlativen im Leben der anderen. Solche Aufwärtsvergleiche laufen bewusst und unbewusst, so dass wir häufig nicht einmal realisieren, dass wir sie gerade anstellen.

Jahrzehntelange Untersuchungen zum Körperbild haben ergeben, dass Mädchen und Frauen sich schlechter fühlen, wenn sie ihren Körper mit den perfektionierten Bildern von Models in Hochglanzmagazinen vergleichen.[8] Dasselbe gilt für Aufwärtsvergleiche in sozialen Netzwerken. Noch schwieriger wird das Ganze, weil wir erwiesenermaßen ausgerechnet dann mehr Zeit online verbringen, wenn wir mies gelaunt oder einsam sind. Wir nehmen das herrliche, sauber editierte Leben von Freunden und Familie also zu einem Zeitpunkt wahr, wo wir mit uns selbst nicht im Reinen sind. Das trägt zu der Angst bei, etwas zu verpassen (FOMO – »Fear of Missing Out«). Sie entsteht, wenn wir immer wieder sehen, wie andere im Urlaub sind oder schick essen gehen, während wir gerade mit Pickelcreme im Gesicht vor dem Fernseher hocken und Reste von gestern verputzen. Es ist die Befürchtung, dass alle anderen gerade mehr Spaß haben, spannendere Dinge erleben und erzählenswertere Erfahrungen machen als wir selbst. Und da das Leben, die Erfolge und die unglaublichen Erlebnisse unserer

Freunde über diverse Kanäle und Geräte verbreitet werden, entsteht leicht das Gefühl, außen vor zu sein.

Die Kommerzialisierung unserer Identität

Die Art und Weise, wie unsere Identität über Film und Fernsehen und seit einiger Zeit auch durch die sozialen Netzwerke kommerzialisiert wird, bedeutet, dass wir alle eine Art Skript durcharbeiten, eine kollektive Vorstellung, *was als Nächstes geschehen muss.* Das ist der Unterschied zwischen dem realen Menschen und jenem Konglomerat an Persönlichkeitszügen aus übermäßig verwendeten Darstellern, die wir uns einverleibt haben; der Unterschied zwischen dem Wissen, wer wir sind, und dem übernommenen Skript, wer wir theoretisch sein sollten. Für Frauen ist dieser Punkt besonders relevant, weil die Mediendarstellungen von Weiblichkeit strenger sind als die für Männlichkeit.

2009 bat Maddy Coy, Dozentin an der London Metropolitan University, 1000 junge Mädchen und Frauen zwischen 15 und 19 Jahren, aus einer Liste verschiedener Berufe ihren idealen Job zu wählen. Zur Wahl standen unter anderem Ärztin, Krankenschwester, Lehrerin und viele mehr. Das Ergebnis war erschreckend: 63 Prozent der Befragten sahen eine Karriere als Erotikmodel als ihren Traumberuf an, ein Viertel wählte Lapdancing als Topfavoriten! Wenn man *alles* werden kann, was man will, warum sollten dann ausgerechnet ein Oben-ohne-

Foto ganz oben auf der Wunschliste stehen? Doch solche Träume entstehen natürlich nicht in einem Vakuum. Frauen treffen ihre Wahl anhand der Botschaften, die auf sie einprasseln. Und in der hypersexualisierten Umwelt der letzten zehn Jahre, in der die Dauerbotschaft lautet, dass der Wert einer Frau von ihrer Jugend, ihrer Schönheit und ihrer sexuellen Attraktivität abhängt, hat es seinen Sinn, diese Aspekte der eigenen Identität auszuloten und zu betonen. Ironischerweise gilt die Vorstellung, dass Frauen sexualisiert und zum Objekt gemacht werden dürfen, wenn sie das wollen, als akzeptabel. Denn sie beruht auf subtile Art und Weise auf der Illusion von Gleichberechtigung: Wenn wir alle die gleichen Rechte haben, kann eine Frau schließlich selbst entscheiden, ob sie sich als Objekt darstellen lassen und ihre sexuelle Verfügbarkeit in den Vordergrund stellen möchte, richtig? Natürlich ist es nicht grundfalsch, in die eigene Attraktivität, Sexualität und Erscheinung zu investieren, wenn Sie das wirklich wollen. Das Problem ist eher, dass in einem gesellschaftlichen Klima, in dem der Wert einer Frau ständig mit ihrer sexuellen Attraktivität verknüpft wird, bestimmten Entscheidungen eindeutig mehr Wert zugemessen wird als anderen. Und das hat Einfluss darauf, was Frauen wählen, und auf die Grundüberzeugungen und das Verhalten beider Geschlechter.

Bei entsprechenden Gender-Studien fällt immer wieder auf, dass Frauen im Kreis anderer Frauen mehr Risikobereitschaft zeigen. Das scheint auch bei Mädchen der Fall zu sein. Eine Metaanalyse der amerikanischen Nationalen Bildungsvereinigung (NEA) ergab, dass Mädchen sich in reinen Mädchenklassen bereitwilliger am Unterricht beteiligen und sich eher auf »traditionell männliche« Themen wie Mathematik, Naturwissenschaft und Technik einlassen. Genau wie erwachsene Frauen sind sie dann auch risikofreudiger, halten eher einen Vortrag und zeigen mehr Selbstbewusstsein und Selbstachtung.[9]

Die Ergebnisse einer 2012 erschienenen Studie belegen, dass Risikobereitschaft bei Frauen eher sozial erlernt und von der Umwelt geprägt ist, also nicht unbedingt auf angeborenen, geschlechtsspezifischen Persönlichkeitsmerkmalen beruht.[10] Die Autoren entwarfen dafür ein kontrolliertes Experiment für Schüler und Schülerinnen der zehnten und elften Klasse, die in unterschiedlichen Umgebungen entscheiden sollten, ob sie an einer realen Lotterie teilnehmen wollten. Die Teilnehmer wurden dafür rein weiblichen, rein männlichen und gemischten Gruppen zugelost. Es stellte sich heraus, dass weibliche Teilnehmer in gemischten Gruppen zu weniger riskanten Entscheidungen tendierten als die männlichen Teilnehmer. Unter sich waren die weiblichen Teilnehmer jedoch ebenso risikofreudig wie die männlichen. Das Risikoverhalten von männlichen Teilnehmern blieb von der Gruppenzusammensetzung unbeeinflusst. Die Autoren merken hierzu an, dass diese Befunde eine erhebliche Bedeutung für den Arbeitsmarkt haben. Wenn Frauen im Durchschnitt risikoscheuer sind als Männer und wenn die Vergütung gut bezahlter Positionen von Boni abhängt, die mit dem Unternehmenserfolg verbunden sind, kann man davon ausgehen, dass weniger Frauen derartige Positionen anstreben.

Diese und andere Untersuchungen belegen, dass risikofreudiges Verhalten nicht unbedingt angeboren ist, sondern den Einflüssen der Umgebung unterliegt. Offenbar halten sich sogar diejenigen Frauen, die im Grunde mehr Risikobereitschaft hätten, aufgrund von kulturellen Normen und Vorstellungen zum erwünschten weiblichen Verhalten zurück, auch wenn diese Hemmung innerhalb einer rein weiblichen Umgebung geringer ist.

Die unsichtbare Frau

Die Auswirkungen der Unterrepräsentierung von Frauen am Arbeitsmarkt sind überall zu sehen. Die Wahrscheinlichkeit, dass eine Frau in einen wissenschaftlichen Beirat berufen oder zur Mitgründung einer neuen Firma eingeladen wird, ist um fast 50 Prozent geringer als bei männlichen Kollegen. Laut einer Studie der Universität Maryland liegt dies an geschlechtsbezogenen Stereotypen.[11] Schuld daran sind den Autoren zufolge Vorurteile bezüglich mangelnder Führungsqualitäten, geringerer Geschäftstüchtigkeit und schlechteren Fähigkeiten, neuen Unternehmen auch Kapital zu verschaffen. Es geht also keineswegs darum, dass es keine Wissenschaftlerinnen gäbe – zahlenmäßig sind sie präsent, doch sie werden nicht ausgewählt. Frauen müssen sich für den beruflichen

Aufstieg mehr hervortun als Männer. Ein McKinsey-Report von 2011 kam zu dem Ergebnis, dass Männer aufgrund ihres Potenzials befördert werden, Frauen hingegen aufgrund ihrer Leistungen.[12]

Hinzu kommen natürlich die deprimierenden Statistiken, die Facebook-Chefin Sheryl Sandberg in ihrem TED-Talk und ihrem Buch zur Ungleichbehandlung von Frauen in der Arbeitswelt, *Lean In – Frauen und der Wille zum Erfolg*, dargestellt hat.[13] Sie gibt an, dass nur 20 Prozent aller gemeinnützigen Organisationen von Frauen geleitet werden. In den 195 unabhängigen Staaten gibt es nur 17 Regierungschefinnen, Frauen besetzen weltweit 20 Prozent der Sitze in den Regierungen, vier Prozent der Fortune-500-Unternehmen werden von Frauen gelenkt und – die erschütterndste Statistik zu unserer Risikoscheu – nur sieben Prozent der Frauen verhandeln aktiv um ihr Gehalt (im Gegensatz zu 57 Prozent der Männer)!

Einer der häufig angeführten Gründe ist der Mangel an weiblichen Vorbildern. 2013 präsentierte eine Fachzeitschrift für experimentelle Sozialpsychologie in ihrer Maiausgabe ein eindrucksvolles Beispiel dafür, wie wichtig weibliche Vorbilder für die Leistung von Frauen sind.[14] Man bat 81 Studentinnen und 58 Studenten, jeweils eine Rede gegen höhere Studiengebühren zu halten. Einige von ihnen hatten dabei ein Poster mit Hillary Clinton im Rücken, andere eines von Angela Merkel, wieder andere eines von Bill Clinton und die restlichen gar kein Poster.

Die Studentinnen, die entweder Hillary Clinton oder Angela Merkel hinter sich hatten, redeten signifikant länger als die weibliche Vergleichsgruppe. Zudem wurden ihre Reden von den Zuschauern freundlicher aufgenommen und sowohl von den Zuhörern (die die Poster nicht sahen) als auch von den Rednerinnen selbst besser beurteilt. Die Leistung der männlichen Studenten hingegen blieb unabhängig von der Person auf dem Poster gleich.

Damit besteht eine klare Korrelation zwischen weiblichen Vorbildern und der Leistung von Frauen. Das Dumme ist, dass es in der Wirtschaft nicht genügend Frauen in entsprechenden Positionen gibt, so dass selten Gelegenheit besteht, solchen Frauen persönlich zu begegnen und sich von ihnen inspirieren zu lassen.

Hinzu kommt, dass Frauen selten für ihren Geschäftssinn oder für ihre Erfolge in Wissenschaft und Wirtschaft gepriesen werden. Die Gesellschaft feiert lieber immer denselben Typ Frau, die »sexuell Begehrenswerte«, deren Leistung (ob auf der Bühne oder im Fernsehen) ihrem Aussehen zugeschrieben wird, nicht etwa harter Arbeit, Intelligenz oder Talent. Während wir also Frauen zum Idol erheben, die in diese Kategorie fallen, ignorieren oder bagatellisieren wir die Leistungen und Erfolge von Frauen in den meisten anderen Berufssparten.

Wo sind die Lobreden für erfolgreiche Wissenschaftlerinnen und Forscherinnen? Wo bleibt der Applaus für Frauenmannschaften im Sport? Warum feiern wir nicht die jungen Feministinnen, die da draußen versuchen, die Welt zu verändern? Wir müssen Frauen anders würdigen, und zwar bald, sonst riskieren wir, dass der Wert einer ganzen Frauengeneration an den oberflächlichsten und bedeutungslosesten Aspekten ihres Seins kondensiert.

Eine derartige Objektifizierung, die mit hypersexualisierten weiblichen Idealen einhergeht, ist die Erklärung für das geringe Selbstwertgefühl, das schlechte Selbstbild und den Mangel an Selbstvertrauen, die aktuell so verbreitet sind und deren Konsequenz sich in den geringen Ambitionen widerspiegelt, die in der bereits genannten Studie auftauchen (siehe Seite 91 ff.).

Einfach ausgedrückt beziehen wir unsere Verhaltensregeln aus den Botschaften, mit denen wir am häufigsten bombardiert werden. Je jünger und unerfahrener ein Mädchen ist, desto schwerer fällt es ihm, diese Skripte in Frage zu stellen, die gegenwärtig behaupten: »Dein Wert besteht darin, begehrt zu sein. Wenn du Erfolg haben willst, verlass dich auf dein Aussehen, nicht auf dein Gehirn. Sei lieber jemandes Frau oder Freundin als eine einsame Professorin.«

In der britischen Serie *The Apprentice* waren in der 2013er-Staffel die – rein zufällig attraktiven – weiblichen Auszubildenden genauso kompetent wie die männlichen Teilnehmer. Allerdings wurden sie doppelt bewertet, einmal aufgrund ihres Geschäftstalents und einmal aufgrund ihres Aussehens. In der Presse galten sie als »Glamour Girls«, und es hieß: »Der Sonntag wird sich lohnen: Frisch frisiert, langbeinig und mit manikürten Krallen treten Luisa Zissman und Leah ›Doc‹ Totton gegeneinander an.« Frauen entnehmen daraus, dass wir es nicht schaffen, wenn wir nicht begehrenswert und sexy sind, weil unser Wert nicht in unserem Kopf steckt, sondern von körperlichen Attributen abhängt. Die Medien ignorieren Schlüsselqualitäten wie Antrieb, Ehrgeiz und Intelligenz. Es geht nur um unsere Wirkung auf Männer.

Inzwischen sehen wir, wie sich diese Botschaft nicht nur auf junge Frauen, sondern auch auf Männer auswirkt. Eine Umfrage von *Onepoll* ergab 2009, dass sich über 50 Prozent der Männer bei der Wahl der Partnerin nicht von deren Intelligenz leiten lassen, solange sie nur gut aussieht, weil es vor allem darum geht, das Umfeld zu beeindrucken. Acht von zehn Befragten sagten zudem, eine intelligente Frau würde sie einschüchtern. Und eine Studie der Universität Chicago zu Vorlieben beim Online-Dating fand heraus, dass Männer gegenüber Frauen mit einem höheren Bildungsgrad signifikant voreingenommen reagieren.[15] Die Botschaft ist damit eindeutig: Eine Frau darf Männer nicht auf gleicher Ebene herausfordern, sondern sie ist eine Trophäe, deren Aussehen nicht nur den eigenen Wert bestimmt, sondern auch den ihres männlichen Partners.

Und jetzt?

Nachdem nun klar ist, womit Frauen es zu tun haben, stellt sich die Frage: Was machen wir dagegen? Zunächst einmal kommt es darauf an, dass wir wissen, wer wir sind, also ein ausgeprägtes Gefühl für die eigene Identität entwickeln. Das ist nicht nur für Selbstbewusstsein und Selbstachtung wichtig, sondern auch für die psychische Gesundheit (siehe das Kapitel »Schlankheits- und Schönheitswahn«, S. 43).

Bei der Entscheidung, wer wir sein sollten, brauchen wir Menschen ein Gefühl für die richtige Richtung. Die moderne Kultur überlässt uns die Entscheidung, wer wir sein und was wir aus uns machen wollen. Doch für viele Menschen sind die großen Institutionen, die uns früher ein Gefühl für unser Selbst vermittelt haben – ob religiös, politisch oder staatlich –, nicht mehr so wichtig wie früher. Vielleicht spielt die Online-Welt deshalb eine so zentrale Rolle bei der Identitätsfindung.

Je größer die Auswahl, desto unsicherer werden wir in Bezug auf die Entscheidungen, die wir bereits getroffen haben, und damit wird die Herausbildung der Identität immer schwieriger. Um dagegen anzukommen, müssen wir überlegen, woran wir uns orientieren.

Unsere Welt hat immer in gewissem Maße auf unsere soziale Identität eingewirkt. Bei der Definition, wer wir sind, spielten traditionell insbesondere die Familie und die Kultur, mit der wir uns national und sozial identifizieren, eine zentrale Rolle. Aktuell jedoch sehen wir, was geschieht, wenn Fremde und unpersönliche Unternehmen, die eigentlich nur aus uns Profit schlagen wollen, anfangen, uns zu definieren. Wir sehen, was geschieht, wenn soziale Vergleiche nicht nur in »Echtzeit« oder »im wahren Leben« angestellt werden, sondern mit idealisierten, editierten Online-Versionen von uns und anderen.

In vielen Fällen versuchen wir nicht einmal mehr, online oder offline echten Personen nachzueifern, die uns tatsächlich wesensverwandt sind, weil wir sie kennen oder weil sie ähnliche Neigungen verfolgen wie wir, sondern wir wollen den coolen Darstellern gleichen, die wir auf dem Bildschirm sehen. Dummerweise spielen diese Darsteller in der Regel aber auch nur eine Rolle, die jemand sich ausgedacht hat, der – bewusst oder unbewusst – eine »fast perfekte« Person erschaffen sollte (denn auch ihre kleinen Fehler sind keine echten Fehler, sondern eher spezielle Eigenheiten). In Wahrheit jedoch sind die meisten Frauen anders als die Protagonistinnen in den Liebeskomödien. Sie bleiben eben nicht gertenschlank, wenn sie Big Macs um die Wette futtern – das ist nicht real! Solche Unterhaltung ist kein Dokumentarfilm, sondern eher Science Fiction. Vergessen Sie nie, dass das Drehbuch von jemandem stammt, der oder die vermutlich nicht viel in die reale Welt hinauskommt, aber umso mehr Phantasie hat.

Wir müssen endlich darauf achten, aus welchen Quellen wir die Maßstäbe beziehen, an denen wir unsere Identität ausrichten. Es ist an der Zeit, nicht mehr auf *sie* zu hören, weil *sie* uns nicht kennen. *Sie* haben uns nie gekannt. Wenn es also spontan heißt, »*Sie* sagen, dass …« oder noch tückischere, genau definierte *Sies* irgendwelche Kommentare über uns über Plattformen oder Medien verbreiten, dürfen wir getrost einen Schritt zurücktreten und selbst entscheiden, ob und wie intensiv wir uns davon beeinflussen lassen wollen.

Am besten betrachten Sie es so: Die Orte für Online-Kommentare entsprechen anonymen öffentlichen Toilettenwänden, an denen jeder, der einen Stift dabeihat, Dampf ablassen kann. Die Sozialwissenschaft hat sogar einen Namen dafür; sie spricht vom »Online-Enthemmungseffekt«, der die Lockerung oder mitunter auch den Totalverlust der sozialen Normen mit sich bringt, die normalerweise bei persönlichen Begegnungen gelten. Bei solchen Kommentaren geht es also nicht wirklich um uns, sondern sie sagen mehr über die Person auf der anderen Seite der Leitung aus. Dass jemand, der uns nicht einmal kennt, uns derart beschäftigen sollte oder gar Einfluss darauf haben darf, wie es uns geht und wie wir uns selbst sehen sollten, ist falsch! Wenn Sie Ihre Wirkung auf andere testen wollen, dann achten Sie darauf, dass die Testperson Sie auch wirklich wahrnehmen will und nicht nur etwas auf Sie projiziert.

Wählen Sie Ihre Vorbilder bewusst aus, anstatt sie nur zu übernehmen. Das ist deshalb wichtig, weil man sich in dieser Hinsicht gern bequem zurücklehnt. Es ist so schön einfach, gemütlich zuzusehen, was (und wer) gefeiert wird und dann zu beschließen, so sei die Welt nun einmal. Sie muss nicht so sein! Es gibt faszinierende Frauen da draußen, die beeindruckende Dinge leisten, aber man muss bewusst nach ihnen Ausschau halten, weil die Medien Frauen (zumindest momentan) lieber als körperlich attraktive Wesen darstellen, anstatt zu rühmen, was sie vollbracht haben. Deshalb wissen wir von irgendwelchen Reality-TV-Darstellerinnen, was sie zum Frühstück essen und wo sie einkaufen (und damit deutlich mehr, als wir eigentlich wissen wollen), hören aber kaum etwas von erfolgreichen

Geschäftsfrauen, Wissenschaftlerinnen und politischen Aktivistinnen, die die Welt verändern.

Denken Sie bitte immer daran, dass Weisheit und die Weitergabe von Ideen und Inspiration altersunabhängig sind. Eine Frau muss nicht an der Spitze ihrer Karriere stehen, um ein gutes Vorbild zu sein. Schauen Sie sich in Ihrer unmittelbaren Umgebung um. Was bewundern Sie an anderen, welche Fähigkeit, welches Verhalten? Machen Sie es sich zum Ziel herauszufinden, wie diese Personen diese Fähigkeiten gelernt haben, und was Sie bräuchten, um das ebenfalls zu lernen, zu üben und anzuwenden. Viele Menschen um uns herum haben Eigenschaften, die Bewunderung und Respekt verdienen. Gehen Sie los und lernen Sie diese Leute kennen!

Wenn Sie sich künftig in Facebook einloggen, sollten Sie neue Nachrichten wie Presseerklärungen lesen. Es sind redigierte Versionen des Lebens anderer Leute, und die Redakteure versuchen allesamt herauszufinden, was ihr Publikum will, um ihm genau das zu geben. Für mich ist es überaus vielsagend, dass Facebook ursprünglich dazu gedacht war, aus vielen Gesichtern das hübscheste herauszupicken. Irgendwie scheint sich der Kreis inzwischen geschlossen zu haben.

Verstehen Sie mich bitte nicht falsch. Ich halte soziale Netzwerke nicht grundsätzlich für falsch oder schädlich. Ich glaube nur, dass wir begreifen sollten, dass die Online-Identität auch beeinflussen kann, was wir offline noch von uns zeigen wollen. Beide Welten sind immer enger miteinander verknüpft. Deshalb ist es so wichtig, sich bewusst von »falschen« Identitäten zu lösen, um die Freiheit zu gewinnen, so zu sein, wie wir tatsächlich sind. Wir müssen die verschiedenen Identitäten, an denen wir festhalten, erkennen und in einen neuen Rahmen stellen, indem wir sie aus einer gewissen Distanz betrachten, damit wir emotional weniger von ihnen abhängig sind.

Die Erkenntnis, dass jeder Mensch den Wunsch nach Authentizität hat, bewegt die Menschheit schon ewig und hat sich von der Existenzphilosophie bis hin zur Verhaltenswissenschaft niedergeschlagen. Dieser Wunsch steht im Zentrum unseres Wohlbefindens und bildet einen Eckpfeiler der psychischen Gesundheit. Authentisch und sich selbst treu zu sein hat viel mit Selbstwertgefühl, Vitalität und Selbstbestimmung zu tun. Schreiben Sie daher Ihr eigenes Drehbuch zu Ihren eigenen Bedingungen, und richten Sie dabei den Blick nach innen, auf das, was sich für Sie richtig anfühlt. Alle Möchtegernredakteure, die Sie nicht einmal kennen, dürfen Sie dabei getrost ignorieren.

Ich will doch nur, dass ihr mich mögt – Druck, Erwartungen und Nein-Sagen

»Ich hasse es, Nein zu sagen. Nicht, dass ich es nicht will – ich fühle mich bloß schlecht dabei, weil ich andere ungern enttäusche. Ich hasse die Vorstellung, dass andere schlecht von mir denken, und ich hasse Konfrontationen. Also sage ich am Ende immer Ja, auch wenn ich es hinterher ewig lang bereue.«

Lizzie (27)

Der griechische Philosoph Aristoteles sagte einst: »Man kann Kritik nur auf eine Weise vermeiden: Nichts tun, nichts sagen, nichts sein.« Doch das Bedürfnis, gemocht zu werden, von der Gruppe akzeptiert zu sein und nicht als Quertreiber zu gelten, ist so alt wie die Menschheit.

Ich habe ausdrücklich nichts dagegen einzuwenden, zeitweise anderen Menschen gefallen zu wollen, selbst wenn dies in unserem eigenen Interesse ist. Vielleicht ist Ihnen durchaus bewusst, dass Sie der alten Dame nur in die Straßenbahn geholfen haben, damit Sie selbst mit sich zufrieden sind – na und? Immerhin haben Sie etwas Wertvolles für einen Mitmenschen getan, und ich wette, die alte Dame ist Ihnen sehr dankbar für Ihre Selbstsucht.

Problematisch wird die Sache, wenn man so auf die Zustimmung anderer aus ist, dass man bei dem Versuch, diese zu erlangen, die eigenen Bedürfnisse vernachlässigt. Menschen, die es allen recht machen wollen, sogenannte »People-Pleaser«, sind in Wahrheit nicht in der Lage, den Wert ihrer eigenen Entscheidungen und Handlungen zu beurteilen. Sie wollen unbedingt wissen, ob andere mit ihren Entscheidungen einverstanden sind, und gestatten damit letztlich anderen, ihre Wahl zu bewerten.

Der Wunsch nach Zustimmung ist gut und schön, solange er mit guter Selbstfürsorge einhergeht. Frauen sind allerdings auf Nettigkeit gepolt – wenn wir seit zwei Millionen Jahren fiese Biester wären, hätten wir uns den Schutz unserer eigenen Spezies verscherzt und wären wahrscheinlich längst gefressen worden! Doch obwohl diese Gruppenkonformität bis heute andauert – niemand rühmt öffentlich die Vorzüge selbstsüchtiger Menschen (außer vielleicht im Reality-TV, wo die Narzissten und Egomanen ihre Bühne bekommen, aber das ist eine andere Geschichte) –, hat sich bei vielen von uns anstelle dieses grundlegenden Überlebensinstinkts das Bedürfnis entwickelt, auf oberflächlicher Ebene zu gefallen. Möglicherweise ist das eine Methode, Konfrontationen aus dem Weg zu gehen oder Bestätigung zu suchen, selbst wenn dies unserem Glück und unserer Selbstachtung widerspricht, also dem, was wir zum Überleben *tatsächlich* benötigen.

Die Sozialpsychologie ist immer wieder vom Konzept der Gruppenkonformität fasziniert. Die Frage, wie und warum Menschen beschließen, eigene Überzeugungen und Verhaltensweisen zu verändern, um sich einer Gruppe zugehörig fühlen zu können, betrifft alles Mögliche, vom Mobbing bis hin zum nächsten großen Modetrend. Bereits 1955 definierte der Psychologe Richard Crutchfield Konformität als »dem Gruppendruck erliegen« und erklärte, dass ein solches Verhalten häufig allein dem Wunsch entspringt, von anderen gemocht zu werden. Die Vorstellung, was uns liebenswert macht, stammt aus unserer Kindheit. Wenn wir lernen, dass wir nur gemocht werden, wenn wir uns bestimmten Parametern ohne jede Frage anpassen, werden wir als Erwachsene Schwierigkeiten bekommen. Denn unsere Bedürfnisse verändern sich im Laufe des Lebens, doch der unbewusste Druck, sich um jeden Preis anzupassen, verändert sich nicht mit.

In den 1950er Jahren erklärte der Psychologe Carl Rogers, Kinder hätten zwei Grundbedürfnisse: Selbstwert und den Wunsch nach positiver Wertschätzung (= sich von anderen respektiert und geliebt fühlen).[1] Rogers war der Ansicht, Menschen mit einem ausgeprägten Selbstwertgefühl, also einer positiven Meinung über sich selbst und die eigenen Fähigkeiten, wären in der Lage, Fehlschläge und schwierige Zeiten zu akzeptieren, Herausforderungen anzunehmen und sich anderen gegenüber zu öffnen. Bei einem geringen Selbstwertgefühl hingegen würde man vor Herausforderungen zurückschrecken, nicht akzeptieren können, dass das Leben manchmal unglücklich verläuft und anderen gegenüber irgendwann auf der Hut sein.

Außerdem definierte Rogers zwei Formen positiver Beachtung: Die *bedingungslose* positive Wertschätzung (bei der andere uns so akzeptieren, wie wir sind, ganz gleich, was wir tun) und die *bedingte* positive Wertschätzung (bei der Akzeptanz und Liebe beispielsweise gegenüber einem Kind von dessen Verhalten abhängig sind). Jemand, der mit bedingungsloser positiver Wertschätzung aufgewachsen ist, traut sich als Erwachsener vielleicht eher Neues zu, auch wenn mal etwas schiefgeht. Ein Kind, das nur bedingte Wertschätzung erfährt, wird hingegen glauben, dass man nur geliebt wird, wenn man sich bemüht, es anderen recht zu machen. Deshalb wird es immer nach Bestätigung suchen und sich bemühen, die Bedürfnisse anderer zu erfüllen.

Frauen neigen verstärkt dazu, es allen recht machen zu wollen.[2] Möglicherweise liegt das daran, dass wir schon im Kindesalter darauf konditioniert werden, den Ansichten anderer entgegenzukommen.[3] Untersuchungen haben ergeben, dass Frauen insgesamt weniger risikofreudig sind (siehe Seite 93 f.) und sich deshalb eher der Mehrheit anpassen, weil sie ihre Kinder im Verlauf der Evolution mit einer Anti-Risiko-Reaktion besser schützen konnten. Männer hingegen haben eine andere Entwicklung genommen und wollen durch risikofreudiges Verhalten ihren Status verbessern.[4]

Das Interessante daran ist, dass die Überzeugung, nur geliebt zu werden, wenn wir für andere da sind, nicht nur uns selbst betrifft. Viele andere sind ebenfalls dieser Meinung und verhalten sich nicht nur selbst entsprechend, sondern erwarten dieses Verhalten auch von uns. Und weil dieses Verhalten von Eltern, Freunden und Kollegen in der Regel belohnt wird, ist es sehr schwer, sich davon zu lösen. Irgendwann verstärkt sich diese Überzeugung dann von selbst, so dass die Es-allen-recht-Macher noch mehr darauf bedacht sind, für andere zu sorgen, auch wenn sie sich selbst dabei schaden, nur um die ersehnte soziale Verstärkung zu erhalten.[5]

Menschen, die es allen recht machen wollen, möchten unbedingt, dass es ihren Mitmenschen besser geht, und dieses Bestreben kann sich auf viele Lebensbereiche auswirken, wie eine Studie von 2012 belegt.[6] Hierfür wurden an einem College die Essgewohnheiten von 41 Studenten und 60 Studentinnen untersucht. Es zeigte sich, dass Menschen, die es anderen recht machen möchten, bei sozialen Anlässen mehr essen, als sie eigentlich wollen, wenn sie glauben, dass sich andere dadurch besser fühlen. Laut der federführenden Autorin dieser Studie lässt sich dieser Zwang zu einem Verhalten, mit dem sich *andere* wohler fühlen, in ganz unterschiedlichen Situationen beobachten. Zum Beispiel können Rechtmacher Stress oder Schuldgefühle entwickeln, wenn sie sich im akademischen oder sportlichen Umfeld oder auch in Beziehungen für erfolgreicher halten als ihre Mitmenschen.

Die Sucht nach Anerkennung

Als Kinder brauchen wir die Liebe und Zuneigung von autoritativen Figuren wie unseren Eltern, weil uns das Sicherheit vermittelt. Gute Eltern sollten ihren Kindern ein Gefühl für den eigenen Wert vermitteln, doch die Verantwortung für das richtige Gleichgewicht liegt beim Kind. Wenn wir irgendwann von zu Hause ausziehen, zum Beispiel für unsere weitere Ausbildung, müssen wir diese Verantwortung übernehmen, damit wir bestimmen können, wie andere uns behandeln und uns gegenübertreten dürfen.[7] Manche Menschen schaffen diesen Schritt jedoch nicht, sondern konzentrieren sich darauf, es weiterhin allen recht zu machen, so, wie sie es vielleicht während ihrer Kindheit tun mussten, um sich die Zuneigung der Eltern zu sichern.

Eine Zeitlang kann diese Vorgehensweise sehr befriedigend sein. Man hat das Gefühl, viele Freunde zu haben, ist sich sicher, dass der Chef einen mag und dass man in der Familie geschätzt wird. Alle anderen scheinen zufrieden zu sein, nur man selbst merkt mit der Zeit, dass eine Person nicht glücklich ist: man selbst. Dadurch wächst die Unsicherheit, und irgendwann kommt man von »Ich werde gemocht, wenn ich es anderen recht mache« zu »Ich werde *nicht* gemocht, wenn ich es anderen *nicht* recht mache«. Für unsichere Menschen ist die Suche nach Bestätigung eine Möglichkeit, sich besser zu fühlen, aber manchmal geht sie uns derart in Fleisch und Blut über, dass wir trotz eines wachsenden Selbstwertgefühls weiterhin das Gefühl haben, andere nicht »im Stich lassen« zu dürfen – auch wenn wir damit uns selbst massiv unter Druck setzen.

Das Bedürfnis, anderen zu gefallen, beschränkt sich dabei nicht nur auf diejenigen, die uns tatsächlich Sicherheit vermitteln oder unser Leben in irgendeiner Form verbessern können. Häufig wenden wir uns Menschen zu, die unsere Hilfe brauchen (oder von denen wir glauben, dass sie unsere Hilfe brauchen) und erhalten als Gegenleistung nur deren Anerkennung und die eines imaginären Publikums unserer Freunde und Peers. Das erscheint zunächst harmlos, ja sogar edel. Allerdings kann uns diese Anerkennung so wichtig werden, dass sie uns fehlt, wenn wir sie nicht bekommen oder – schlimmer noch – wenn wir unserer Meinung nach versagt haben. Und uns selbst gegenüber reagieren wir leider lange nicht so einfühlsam wie bei anderen.

Zu diesem Zeitpunkt sind wir bereits süchtig nach Anerkennung und haben das Gleichgewicht aus dem Blick verloren. Diese Art Anerkennung ist wie eine Droge: Je mehr wir bekommen, desto mehr verlangen wir danach und desto weniger wirkt sie, bis der Drang nach Anerkennung alles andere übertönt. An diesem Punkt beginnt die Lebensqualität zu leiden, denn unser Versuch, allen zu gefallen, bewirkt den gegenteiligen Effekt – er stößt Menschen ab. Darauf reagieren wir mit den verschiedensten, zunächst scheinbar harmlosen Strategien, die an ein trotziges Kind erinnern: schmollen, die Kommunikation beenden, querschießen und vieles mehr. Derartige Formen der passiven Aggression haben wir vielleicht schon im

Kindesalter erlernt, aber beim Erwachsenen zeigen sie sich als das »Warum-mögt-ihr-mich-denn-nicht?«-Syndrom.

Der Zyklus des Gefallenwollens eskaliert also schnell in einer höchst destruktiven Spirale, die aber zum Glück relativ leicht zu durchbrechen ist, denn häufig nehmen wir bestimmte Dinge einfach zu persönlich. Beispielsweise haben wir oft negative Erwartungen hinsichtlich der Gedanken, Absichten oder Motive eines anderen, wobei wir allerdings nur unsere eigenen Gedanken und Gefühle projizieren. Das scheinbar negative Ereignis spiegelt für uns dann prompt unsere eigene Wertlosigkeit.

Um nicht alles zu persönlich zu nehmen – was wir alle tun (einschließlich mir!) –, hilft zuallererst eine einfache Frage: »Was sagt diese Situation tatsächlich über *mich* aus?« Stellen Sie sich diese Frage notfalls laut, denn aus der Antwort erkennen Sie eventuell, dass Sie negativ voreingenommen sind. Wenn es Ihnen schwerfällt, im jeweiligen Moment neben sich zu treten, können Sie sich fragen: »Was würde es über *meine beste Freundin* aussagen, wenn sie in dieser Situation wäre?«

Alternativ können Sie eine »Denkanstoßliste« führen, wo Sie für jede Situation, in der Sie lieber anders gehandelt hätten, Ihre Gedanken und Gefühle notieren. Arbeiten Sie Schritt für Schritt durch, wie Sie sich zu diesem Zeitpunkt gefühlt haben – vom ersten Impuls zu dem negativen Gedanken, der dahintersteckt, bis hin zum möglichen Ursprung dieser Negativität – und versuchen Sie dann, solche negativen Gedanken in Frage zu stellen. Mit etwas Übung kann man das irgendwann auch im Kopf, bis die Übung unbewusst und – ja, wirklich! – rational abläuft. Schon wenn die eigene Gefälligkeitsliste nur eine Verantwortung weniger enthält, gewinnen Sie wertvolle Zeit für sich. Das Wichtigste an dieser Übung dürfte jedoch die Erkenntnis sein, dass Anerkennung nicht auf den Gefallen beruhen sollte, die wir anderen tun, sondern auf unserem Wesen.

Schuld und Schuldgefühle

Schuld ist eine interessante Emotion und ein integraler Bestandteil unseres Bedürfnisses, anderen zu gefallen. Wie die Gefälligkeitsmasche wurzeln auch Schuldgefühle in der Kindheit.

Kinder haben das angeborene Bedürfnis, von ihren Eltern geliebt zu werden und sind darauf konditioniert, sich um deren Anerkennung zu bemühen. Wenn ihre Eltern mit ihnen zufrieden sind, fühlt die ganze Welt sich wie ein glücklicherer, sichererer Ort an, an dem sich Kinder entspannen und zu sich finden können. Mit der Zeit dehnt sich diese Konditionierung jedoch darauf aus, dass wir nicht nur die Anerkennung der Eltern suchen, sondern die von all unseren Mitmenschen. Nur so können wir die gewünschte Sicherheit, Gelassenheit und Akzeptanz wieder fühlen.

Wenn ein Kind etwas »falsch« macht, muss es mit der Enttäuschung der Erwachsenen fertigwerden (Eltern, Lehrer und andere). Um wieder anerkannt zu werden und sich nicht mehr schuldig fühlen zu müssen, kann es sein Verhalten ändern. Wenn die Eltern Schuldgefühle jedoch (bewusst oder unbewusst) zur Disziplinierung einsetzen und sich mehr darauf konzentrieren, erwünschtes Verhalten zu belohnen und schlechtes zu bestrafen, anstatt das Kind in seinem Denken und Tun zu ermutigen und zu stärken, kann es dazu kommen, dass ein Kind sich als »schlecht« empfindet.

Wenn ein Kind zu hören bekommt, es sei schlecht, ist das etwas ganz anderes, als wenn man ihm sagt, es hätte etwas Schlechtes, Falsches oder Schlimmes getan. Ersteres erzeugt ein Gefühl von Scham und Schuld und führt nicht nur zu einem starken Drang, anderen gefallen zu wollen – auf eigene Kosten –, sondern auch zu geringerer Selbstachtung, was wiederum die empfundene Schuld und das nachfolgende Ringen um Anerkennung verstärkt. Wenn solche Erziehungsmethoden zu lange andauern, sind wir als Erwachsene schließlich darauf gepolt, die Bedürfnisse anderer über unsere eigenen zu stellen.

Wenn Kinder spielen, lässt man Jungen »ungezogenes« Verhalten leichter durchgehen als Mädchen. Bei Jungen ist »Ungezogenheit« offenbar zu erwarten und damit akzeptabler. Das könnte eine Erklärung dafür sein, dass Frauen Schuld intensiver empfinden als Männer, wie eine Studie der Universität des Baskenlands von 2010 herausfand.[8] In Kombination mit der Tatsache, dass wir Frauen traditionell dazu sozialisiert werden, uns um andere zu kümmern, und dass wir uns oft schuldig fühlen, wenn wir tun, was wir tun möchten, ist es letztlich egal, was wir tun – es ist auf jeden Fall das Falsche.

Wenn wir uns schlecht oder schuldig fühlen, heißt das angeblich, dass uns bekümmert, was wir angestellt haben. Wenn wir uns hingegen nicht schuldig fühlen oder uns etwas gleichgültig ist, heißt das, dass es uns nicht kümmert. Und sich nicht zu kümmern macht uns natürlich zu »schlechten« Menschen.

Hier gilt es allerdings zu bedenken: Sich *nicht* schuldig zu fühlen bedeutet nicht automatisch, dass einen etwas nicht kümmert. Es bedeutet möglicherweise nur, dass ich mich entscheide, so zu leben, wie es sich für *mich* richtig anfühlt, anstatt einer sozialen oder moralischen Vorgabe zu folgen, die von außen bestimmt ist und vielleicht meinem inneren Maßstab für richtig und falsch widerspricht.

Ausgerechnet dank des Feminismus schleppen wir Frauen eine zusätzliche Last externer Maßstäbe mit uns herum. Wie wir im Kapitel »Ein perfektes Leben?« (S. 15 ff.) gesehen haben, versetzte die erste Welle des Feminismus gegen Ende des 19. Jahrhunderts Frauen in die Lage zu sagen: »Wir *können* alles haben.« Mit der Zeit wurde daraus die Auffassung: »Wir *sollten* alles haben.« Damit begannen die Schuldgefühle, sobald es uns nicht gelang, erfolgreich die Karriereleiter hochzusteigen *und* eine glückliche, gesunde Beziehung zu führen *und* das alles natürlich mit perfekt gesträhntem Haar, gezupften Augenbrauen und einem Körper, der Elle Macpherson eifersüchtig machen könnte!

Schuld und das damit einhergehende Unbehagen führen zu

dem Wunsch, wieder anerkannt zu werden, und die Anerkennung einer Gruppe erringen wir natürlich am ehesten, wenn wir einen ähnlichen Geschmack haben oder ähnliche Meinungen vertreten (das erklärt, warum populäre Dinge nun einmal so … populär sind). Dann geschieht jedoch etwas Eigenartiges: Um der Schuld und den unangenehmen Gefühlen zu entgehen, die sie begleiten, unterdrücken wir eigene Bedürfnisse und konzentrieren uns lieber auf die Bedürfnisse anderer, um einem Ideal zu entsprechen, das unsere Eltern, Partner, Freunde oder die Gesellschaft insgesamt zufriedenstellt. Im Ergebnis leben wir am Ende so, wie es den von außen auferlegten Standards entspricht, ohne unser wahres Selbst zum Ausdruck zu bringen – und das macht uns unglücklich. Wir kümmern uns zu wenig um uns selbst und befürchten, man könnte unser wahres Selbst – das Ich, das wir unterdrücken – entdecken.

Wenn wir unser Leben damit verbringen, anderen zu gefallen, bekommen wir nie Gelegenheit, uns tatsächlich auf das einzulassen, was wir wirklich wollen, und unser Leben zu genießen. Schlimmer noch: Wenn unsere Selbstakzeptanz zu stark davon abhängt, was andere über uns denken, steigt der Wunsch, *ihnen* zu gefallen, weiter an, und unsere Selbstachtung hängt von der Anerkennung anderer ab. Wenn die erhoffte Anerkennung ausbleibt, sind wir deprimiert und besorgt.

Wozu ist Schuld dann überhaupt gut? Sie ist eine Art Barometer, das uns darauf aufmerksam macht, dass etwas nicht unserem Gewissen entspricht, und dass wir unser Verhalten vielleicht ändern sollten. Die Frage ist: Reagieren wir auf unser

Gewissen? Wenn ja, wie? Wie beeinflussen Schuldgefühle unser Verhalten?

Laut einer Studie von 2012 versuchen Menschen, die wegen ihres eigenen Tuns Schuldgefühle haben, entweder, es dem anzulasten, den sie verletzt haben, oder ihre Schuld zu lindern, indem sie jemand anderem helfen.[9] Weil Schuld ein ganz anderes Gefühl ist als »sich schlecht fühlen«, kann sie – in Maßen und richtig ausgerichtet – tatsächlich einem positiven Zweck dienen: Wenn man jemandem wehtut, ist die Beziehung zu diesem Menschen in Gefahr. Wer sich deswegen schuldig fühlt, verhält sich dieser Person gegenüber dann besonders zuvorkommend und zeigt damit, dass er diese Beziehung zu schätzen weiß.

Aber wie schieben wir der Schuld, die sich immer wieder meldet, sobald wir einen Konflikt verspüren oder uns einer Herausforderung stellen müssen, einen Riegel vor?

Nein sagen

Warum tun wir uns mit einem derart kleinen Wort manchmal so schwer? Viele Frauen schrecken davor zurück, Nein zu sagen, weil sie befürchten, sich dadurch in ein negatives Licht zu rücken – die anderen könnten sie für faul, gefühllos oder selbstsüchtig halten. Doch wenn wir so selbstsicher und zuversichtlich sind, dass wir uns selbst wahrnehmen, sollte es keine Rolle spielen, was andere über uns denken!

Die Autorin von *Nice Girls Can Finish First,* Daylle Deanna Schwartz, demonstrierte bei ihrem Auftritt in Oprah Winfreys Talkshow, welcher Wunsch dem Bedürfnis, es anderen recht zu machen, zugrunde liegt. Sie fragte die Menschen im Publikum, ob sie lieber gemocht oder respektiert werden würden. Praktisch alle Anwesenden sagten, sie würden lieber gemocht werden. Und für die meisten war der Wunsch, als »netter Mensch« gesehen zu werden, mit Gefälligkeiten für andere verknüpft.

Teilweise fällt solchen »netten Menschen« das Neinsagen schwer, weil sie zu wenig Selbstvertrauen haben. Viele glauben, dass sie dank ihres entgegenkommenden Verhaltens gesündere Beziehungen führen können, aber dafür existieren keine Belege. Wer sich unablässig bemüht, es anderen Menschen recht zu machen, wird seinen Beziehungen am Ende eher schaden, denn auf die Dauer fühlt man sich ausgenutzt oder rutscht gar in eine Opferrolle und entwickelt negative Gefühle für sein Gegenüber, ob Partner, Freund oder Kollege.[10]

Das Problem an dem Versuch, es anderen immer recht zu machen, besteht darin, dass man dafür unangenehme Gefühle wie Unmut und Ärger unterdrücken muss. Wenn solche Gefühle nicht auf gesunde Weise gezeigt werden können, gehen sie irgendwann in passive Aggression über und äußern sich in sarkastischen Kommentaren, schlechten Witzen oder aber subtilen Abwehrmaßnahmen – man tut jemandem beispielsweise einen Gefallen, erledigt die Sache aber nicht ordentlich und provoziert damit absichtlich Verärgerung.

Groll kann unsere Beziehungen erheblich beschädigen, und

das lässt sich nur verhindern, indem man die eigenen Gefühle und Gedanken kommuniziert. Denn woher sollen die anderen wissen, dass wir nicht glücklich sind, wenn wir es ihnen nicht sagen? Wer sich zu Wort meldet, gibt anderen eine Chance: Sie erfahren, dass sie etwas getan haben, was ihr Gegenüber stört, und dann kann man das Problem gemeinsam klären.

In der Therapie greife ich gern zu Rollenspielen, in denen Menschen, die es allen recht machen wollen, üben können, selbstbewusster aufzutreten. Fangen Sie mit einer Freundin an. Anfangs wird es sich merkwürdig anfühlen, sich zu behaupten oder Nein zu sagen, aber wenn man lange genug geübt hat, unfaire Forderungen abzulehnen, wird es irgendwann ganz normal.

Versagensängste

Wir Frauen haben vor allem im Beruf größere Angst vor dem Scheitern als unsere männlichen Kollegen, wie eine weltweite Umfrage unter Unternehmerinnen aus 63 Ländern 2012 ergab.[11] Der *Women's Report* belegte, dass Frauen in allen 63 Ländern stärkere Versagensängste hegten als Männer. (Interessanterweise war diese Angst in den wirtschaftlich besser entwickelten Regionen, zum Beispiel einigen europäischen und asiatischen Staaten sowie Israel, am stärksten ausgeprägt.)

Es gibt unterschiedliche Gründe, weshalb viele Frauen sich so vor einem Scheitern fürchten. Dazu zählt auch die Vorstellung, wir müssten alles perfekt machen. Viele von uns Frauen glauben, dass wir alles doppelt so gut machen müssen wie die Männer, denn schließlich haben unsere Vorgängerinnen für uns die gläsernen Decken durchstoßen und uns all die Chancen erkämpft, die uns inzwischen offenstehen. Aber dieser Druck, sich selbst zu beweisen, kann uns auch davon abhalten, Risiken einzugehen und Herausforderungen mutig anzunehmen, so dass er uns schlimmstenfalls lähmt. Der *Women's Report* legt nahe, dass weibliche Versagensängste mit dem insgesamt niedrigeren Unternehmerinnenanteil auf der Welt zusammenhängen (in 60 der 67 Studienländer waren Frauen als Unternehmerinnen in der Minderheit). Vermutlich hat das etwas mit dem Risiko zu tun, das eine Unternehmensgründung mit sich bringt, denn gemäß der bisherigen Erläuterungen in diesem Kapitel (und im Kapitel »Online-Ich und Offline-Ich«, S. 79 ff.) sind Frauen im Durchschnitt weniger risikofreudig als Männer.

Und anstatt aus ihren Fehlern zu lernen, erklären Frauen sich leicht auf ganzer Linie und für immer gescheitert: Ein Fehlschlag ist endgültig und definiert mich als Versagerin. Tatsächlich scheitern die meisten erfolgreichen Frauen (und Männer!) irgendwann einmal. Etwas in den Sand zu setzen, ist ein integraler Bestandteil auf dem Weg zum Erfolg, und wenn wir mehr darüber reden würden, könnten wir dies auch so sehen. Doch wir sind darauf konditioniert, unsere Fehler zu kaschieren, was vielleicht daran liegt, dass wir anderen so gern gefallen möchten. Wir verspüren ständig Druck, niemanden zu enttäuschen und niemandem zu verraten, dass wir etwas falsch gemacht oder ganz und gar nicht perfekt sind.

Ehrgeiz und Erfolg – alles Männersache?

»Normalerweise stehe ich sehr früh auf, weil ich so lange brauche, bis ich mich geföhnt und geschminkt habe. Einmal hatte ich verschlafen und hatte keine Zeit mehr, mich ordentlich zu frisieren und Make-up aufzulegen. Als ich ins Büro kam, hatte ich das Gefühl, als würden mich alle anstarren. Ich hielt den Kopf gesenkt und dachte den ganzen Tag darüber nach, wie viel das äußere Erscheinungsbild ausmacht. Männer kommen mit so vielem durch. Kein Wunder, dass so viele Frauen irgendwann die Nase voll haben und vorzeitig das Handtuch werfen.«

Clara (27)

Natürlich sind auch Frauen ehrgeizig, aber sie zeigen ihren Ehrgeiz nicht so deutlich wie Männer, bei denen er eher als wünschenswerte Eigenschaft gilt als bei Frauen.[12] Männer werden so häufig an ihrem beruflichen Erfolg gemessen, dass sie eher dazu bereit sind, sich voll und ganz diesem vermeintlichen Kapital zu widmen. Zu Frauen hingegen, an denen Jugend, Schönheit, Mutterschaft und Multitasking-Fähigkeiten geschätzt werden, scheinen Ehrgeiz und Zielstrebigkeit weniger gut zu passen.

Als ehrgeizig tituliert zu werden – »Ellbogenmentalität und

so«, wie eine meiner Studentinnen es ausdrückte – kann für Frauen eine regelrechte Beleidigung und ihnen beim Erklimmen der Karriereleiter eher hinderlich sein. Männer hingegen werden immer beliebter, je höher sie aufsteigen, wie die Facebook-Chefin Sheryl Sandberg in ihrem Buch *Lean In: Frauen und der Wille zum Erfolg* erklärt.[13] Dort heißt es: »Erfolg und Beliebtheit korrelieren bei Männern positiv und bei Frauen negativ. Wenn ein Mann erfolgreich ist, wird er von Männern wie Frauen gemocht. Wenn eine Frau erfolgreich ist, mögen Menschen beiderlei Geschlechts sie weniger gern.« Sandberg glaubt, dass Frauen gezielt vermittelt wird, dass sie sich von der Macht fernhalten sollten und dass sie deshalb ihren Ehrgeiz und ihr Erfolgspotenzial beschneiden.

Die meisten Frauen würden dem Satz zustimmen, dass Erfolg Veränderungen benötigt. Wer nicht anpassungsbereit ist, wird keinen großen Erfolg haben. Aber Veränderungen können sowohl positive als auch negative Folgen haben. So mancher behauptet, gern mehr Erfolg haben zu wollen, obwohl die negativen Auswirkungen die positiven überwiegen würden.

Dass wir teilweise weniger zielstrebig und erfolgsorientiert sind, liegt auch daran, dass – wie bereits erwähnt – Frauen von Kindesbeinen an zu empathischem Verhalten erzogen werden. Wir lernen, dass wir auf die Gefühle anderer Rücksicht nehmen sollten, bevor wir auch nur dazu ansetzen, unsere eigenen Wünsche zu erfüllen. Das könnte bedeuten, dass wir manche Dinge ungern angehen, weil wir Angst haben, dass sie sich für andere negativ auswirken. Zum Beispiel arbeiten wir vielleicht nicht auf eine Beförderung hin, weil wir Kollegen, die sich ebenfalls darauf Hoffnungen machen, nicht verstimmen wollen. Oder wir befürchten womöglich, wir würden die Fähigkeiten und Leistungen anderer ausnutzen (außerdem möchten Frauen normalerweise nicht angeben oder Eigenwerbung betreiben). Alternativ haben wir vielleicht auch nur das Gefühl, wir hätten unseren Erfolg nicht verdient.

Die Angst der Frauen vor dem Erfolg wurde in einer Studie evaluiert, die feststellte, dass Collegestudentinnen Erfolg mit einem Verlust an Weiblichkeit gleichsetzten.[14] Eine andere Studie ergab, dass der Drang von Frauen, sich einzufügen, anderen zu gefallen und ihre Erwartungen zu erfüllen, einen negativen Einfluss auf ihre Leistungen hat.[15] Wenn eine Frau zum Beispiel an einer renommierten Universität angenommen wird und ihre Freunde und Freundinnen nicht, befürchtet sie möglicherweise Kritik und Zurückweisung durch die anderen, auch wenn die Universität ein besseres Sprungbrett für ihre Karriere wäre. Damit steigt die Tendenz, die eigenen akademischen Erfolgschancen einzuschränken, indem Frauen lieber eine weniger gute Universität wählen – vor lauter Angst, was ihre Freunde denken könnten.[16]

Die Vorstellung, den Erfolg nicht verdient zu haben, geht unmittelbar auf unser Selbstvertrauen zurück. Frauen heimsen ungern ihre Lorbeeren ein und neigen dazu, etwas gar nicht erst anzustreben, wenn sie sich dieser Sache nicht würdig fühlen. Männer hingegen sind eher bereit, Grenzen zu überschreiten und Risiken einzugehen, weil ihnen die damit verbundene Beachtung gefällt.

Berücksichtigt man zusätzlich, dass sich Frauen in Finanzfragen häufig weniger gut auskennen als Männer, also nicht so gut verstehen, wie Geld die Welt regiert,[17] überrascht es kaum, dass Frauen sich meist davor scheuen, eine bessere Vergütung anzustreben. Auf diese Weise verpassen wir den besseren Job, die Beförderung und den Gehaltssprung, was wiederum bedeutet, dass viele Frauen auf wenig erfüllenden Positionen festhängen.

Beruflich riskieren jene Frauen, die für ihre Leistungen anerkannt werden wollen und bereit sind, sich der Konkurrenz zu stellen, dass sie damit die Gesamtheit der Frauen in Misskredit bringen. Oft heißt es von solch zielstrebigen Frauen, sie würden ihren männlichen Konkurrenten den Job »wegschnappen«. Sie werden entweder als unattraktiv und asexuell oder als promiskuitiv und verführerisch (»Die hat sich doch nach oben geschlafen!«) charakterisiert. Zu ehrgeizig oder erfolgreich zu erscheinen schürt die Angst, nicht dazuzugehören, denn Frauen beziehen ihr Selbstbewusstsein teilweise aus der Anerkennung und Akzeptanz ihrer Peergroup.

Deshalb ist es eigentlich keine große Überraschung, dass Mädchen, wenn sie unter sich sind, bessere Leistungen erbringen (siehe Kapitel »Online-Ich und Offline-Ich«, S. 79 ff.). Wenn sie nicht das Gefühl haben, sich vor Jungen womöglich eine Blöße zu geben, sind sie eher in der Lage, sich aktiv an Diskussionen zu beteiligen, Risiken einzugehen und Führungsrollen zu übernehmen.

Eine Studie von 2004 ergab zudem, dass Lehrer an koedukativen Schulen Jungen mehr selbstwertfördernde Aufmerksamkeit und Ermutigung zukommen lassen als Mädchen, zum Beispiel indem sie Jungen aufforderten, sich am Unterricht zu beteiligen oder Fragen zu beantworten.[18] Deshalb unterschätzen Mädchen möglicherweise ihre Fähigkeiten, und es fällt ihnen schwer, die erforderliche Aufmerksamkeit und Unterstützung einzufordern. Vielleicht erklärt diese Beobachtung, warum Frauen mehr Bestätigung suchen als Männer und sie sich Männern gegenüber anders verhalten und andere Erwartungen hegen.

Erwartungen von allen Seiten

Sich beurteilen zu lassen fällt vielen Frauen schwer, denn es beeinflusst unser Selbstbewusstsein und kann uns ausbremsen. Der Grund dafür ist ein zu geringes Vertrauen in die eigenen Fähigkeiten, was wiederum erklären könnte, warum Frauen sich weniger oft selbstständig machen als Männer. Der bereits erwähnte *Women's Report 2012* (siehe Seite 119 f.) ergab, dass es weltweit vielerorts deutlich weniger Unternehmerinnen als Unternehmer gibt. Im Vereinigten Königreich gründen beispielsweise nur elf Prozent der 18- bis 30-jährigen Frauen ein eigenes Unternehmen, aber 19 Prozent der jungen Männer.[19]

Ein denkbarer Grund für den Mangel an Unternehmerinnen liegt laut dem *Women's Report* in dem Umstand, dass

Frauen ihre Fähigkeiten häufig unterschätzen und sich die Selbstständigkeit nicht zutrauen. Zudem schreiben Frauen Misserfolge sich selbst zu, und zwar schon bevor jemand anderes überhaupt darüber geurteilt hat. Sie glauben, andere würden schlecht über sie denken, und machen sich dadurch verwundbar. Diese Angst vor einem Urteil betrifft nicht nur das berufliche Umfeld, sondern auch viele andere Situationen, zum Beispiel wenn eine Frau etwas Persönliches preisgibt, um Hilfe bitten oder ihre Komfortzone verlassen muss.

In der heutigen Gesellschaft vermitteln viele Väter ihren Töchtern Leistungserwartungen, die Männer früher nur auf ihre Söhne übertrugen.[20] Gleichzeitig wird Mädchen von ihren Müttern schon früh die zusätzliche Last aufgebürdet, kulturellen Schönheitsidealen nachzueifern – worüber sich Jungen nicht gleichermaßen Gedanken machen müssen. Stephen Hinshaw und Rachel Kranz untersuchen in ihrem Buch *The Triple Bind* die negativen Auswirkungen des dreifachen sozialen Drucks – von beiden Eltern sowie von der Peergroup – auf junge Frauen.[21] Mit Universitätseintritt steigt bei ihnen der Stresspegel, weil sie mit unbekannten Erwartungen, einem überwältigenden Arbeitspensum und universitären Ansprüchen konfrontiert sind. Sie sollen weiterhin gute Leistungen und Noten bringen, es sportlich möglichst in die Universitätsmannschaft schaffen, sich engagieren, nebenher noch arbeiten und natürlich eine stabile Partnerschaft vorweisen.

Insgesamt lauten die Erwartungen an eine junge Frau: »Sieh umwerfend aus, verhalte dich wie eine Dame, denke wie ein

Mann, arbeite wie ein Chef.« Frauen setzen sich durchaus in ehemals männlich dominierten Institutionen durch. Im Gegensatz zu ihren männlichen Kollegen versuchen sie dabei jedoch, all das zu erhalten, was traditionell von einer Frau erwartet wird: hilfsbereites, entgegenkommendes Verhalten, andere einfühlsam unterstützen und so weiter.[22]

Kranz und Hinshaw arbeiten heraus, dass das, was die Frauen eigentlich durch neue Chancen befreien sollte, sie effektiv neuen Erwartungen und Zwängen unterwirft, die psychische Probleme wie ein angeknackstes Selbstbewusstsein, Angst, Depressionen und selbstschädigendes Verhalten nach sich ziehen können. All diese Dinge sind keineswegs selten. Laut einer Umfrage des britischen Amts für Statistik sind Depressionen heute die häufigste psychische Störung in Großbritannien und betreffen jeden fünften Erwachsenen. Der Prozentsatz der britischen Mädchen mit psychischen Problemen liegt bei den Fünf- bis Zehnjährigen bei 5,9 Prozent und steigt bei den Elf- bis 15-jährigen auf 9,65 Prozent; in den USA leiden bei den Zehn- bis 19-jährigen 20 Prozent unter Depressionen jedweder Art.[23] Deshalb bewältigen viele junge Mädchen und Frauen den täglichen Druck nur mit Antidepressiva und Schlaftabletten und rutschen leicht in die Abhängigkeit hinein.

Und jetzt?

Um das innere Gleichgewicht zu finden, müssen wir das Neinsagen lernen, Schuldgefühle aushalten können und es nicht mehr allen recht machen wollen. Dazu brauchen wir uns keineswegs von Grund auf zu ändern – viele Eigenschaften, auch Freundlichkeit und Empfindsamkeit, sind äußerst wertvoll. Daran sollten wir festhalten und stolz darauf sein. Unerlässlich ist jedoch die Klärung der eigenen Bedürfnisse, und dass wir diese äußern und durchsetzen. Bitten Sie um das, was *Sie* wollen. Es ist immer einfacher, mit dem Strom zu schwimmen, aber manchmal tut es der Selbstachtung gut, wenn man ausspricht, was man will, wenn man den Kinofilm auswählt oder das Urlaubshotel bucht.

Hilfreich ist auch die Erkenntnis, welcher Impuls uns dazu bringt, es anderen recht machen zu wollen. Wenn Sie nicht Nein sagen können – haben Sie dann Angst, andere zu enttäuschen, oder wollen Sie ihnen ehrlich näherkommen? Das ist ein wichtiger Unterschied. Wer Angst hat, sollte die eigenen Befürchtungen näher beleuchten. Sind sie realistisch? Vielleicht fürchten Sie sich vor einer Zurückweisung, weil Sie nicht auf bedingungslose Liebe vertrauen, oder Sie fürchten Verrat, weil ein Freund oder Partner Sie einmal nach einem Streit verlassen hat. Was auch immer Sie ängstigt, prüfen Sie, ob diese Ängste in der Realität wurzeln oder eher auf ungelösten psychischen Altlasten beruhen.

Achten Sie bitte auch darauf, dass Beziehungen nicht zur

Einbahnstraße werden. Wenn immer nur Sie diejenige sind, die Hilfe anbietet, anstatt darum zu bitten, sollten Sie einen Schritt zurücktreten und die jeweilige Beziehung gründlich unter die Lupe nehmen. Die Angst, jemanden zu enttäuschen, ist nicht gleichzusetzen mit der Angst, die betreffende Person würde Sie hassen und nie wieder mit Ihnen reden, weil Sie Nein gesagt haben oder nicht jeder Bitte um Hilfe nachkommen konnten. Wenn das Äußern eigener Bedürfnisse tatsächlich eine solche Wirkung auf eine andere Person hat, ist es wahrscheinlich besser, wenn diese nicht mehr Teil Ihres Lebens ist. Schützen Sie sich vor Leuten, die Sie ausnutzen und manipulieren wollen. Für andere kann es durchaus angenehm sein, einen Allen-alles-recht-Macher um sich zu haben, aber Sie sollten sich fragen: »Wenn jemand nicht akzeptieren kann, dass ich eigene Bedürfnisse habe, will ich diese Person dann wirklich in meinem Leben haben?«

Wichtig ist auch, sich das eigene Verhalten bewusst zu machen und Verantwortung dafür zu übernehmen, wie andere Menschen uns behandeln. Zwischen dem, was wir von anderen erwarten, und dem, was wir von uns selbst erwarten, sollte ein Gleichgewicht bestehen. Denken Sie auch an Situationen, in denen Sie Dinge geduldet oder akzeptiert haben, die Ihnen eigentlich inakzeptabel erschienen. Wie fühlt es sich stattdessen an, wenn andere Sie respektvoll behandeln – und wenn Sie sich selbst respektieren?

Durchsetzungsfähigkeit und Neinsagen zu lernen ist nicht leicht, aber es gibt ein paar hilfreiche Taktiken. Bevor man auf eine Bitte reagiert, sollte man stets gründlich überlegen, wozu man gerade Ja sagt – wie viel Zeit und Aufwand ist damit verbunden, welche sonstigen Aktivitäten und Verpflichtungen könnten darunter leiden und so weiter. Man hat stets die Wahl, auch Nein zu sagen. Dafür hat man in der Regel gute Gründe, und wenn andere damit nicht glücklich sind – na und? Wir müssen hinnehmen, dass wir es nicht jederzeit jedem recht machen können. Dazu gehört auch die Akzeptanz, dass manche Menschen über unsere Entscheidungen nicht glücklich sind – echte Freundschaften und auch gesunde Beziehungen unter Kollegen halten ein paar Neins aus!

Außerdem darf sich der Selbstwert nicht daran bemessen, wie viel man für andere tut. Das muss aufhören! Anderen zu helfen ist eine feine Sache, aber wir sollten das tun, weil wir es *wollen*, nicht weil wir uns dazu verpflichtet fühlen. Hier lautet die entscheidende Frage: »Mache ich das freiwillig oder weil ich sonst Schuldgefühle habe?«

Wenn es Ihnen zu schwerfällt, sofort Nein zu sagen, müssen Sie lernen, die Entscheidung zu verschieben. Sagen Sie, dass Sie darüber nachdenken, oder bitten Sie sich Bedenkzeit aus. Und wenn Sie Nein sagen, sollten Sie auch Nein *meinen*. Lassen Sie sich nicht wieder breitschlagen – bleiben Sie bei Ihrem Wort! Dazu muss man weder unhöflich noch aggressiv werden, sondern lediglich klarer kommunizieren. Nehmen Sie die Bedürfnisse Ihres Gegenübers wahr, und teilen Sie mit, was Ihnen wichtig ist.

Und wenn Sie am Ende doch Schuldgefühle entwickeln,

dann machen Sie sich klar, worum es dabei geht. Manche Dinge können wir kontrollieren, andere nicht. Wegen etwas, das wir nicht beeinflussen können, müssen wir keine Schuldgefühle haben. Zudem bedeutet das Empfinden einer Schuld keineswegs, dass wir auch schuldig sind. Oft beruhen Schuldgefühle auf unerfüllbaren Maßstäben. Fühlen Sie sich nicht schuldig, weil Sie nicht perfekt sind, denn Perfektion gibt es nicht!

Rundum sexy, allzeit bereit

»Es kommt einem so vor, als wäre äußerliche Attraktivität für Männer das Einzige, was zählt, und all das Gerede von den ›inneren Werten‹ die reine Lüge. Es zählt nicht, wie nett oder klug oder kreativ eine Frau ist – was zählt, ist: ›Bist du sexy?‹, und ›Kannst du einen Mann dazu bringen, dich zu begehren?‹ Ich hasse es, dass ich darüber nachdenken muss, wie attraktiv ich auf Männer wirke, damit ich mit mir zufrieden bin, aber es ist so.«

Cassie (24)

Ein Grundsatz der sozialen Lerntheorie ist, dass Menschen durch Beobachtung lernen und dass sie dazu neigen, ein Verhalten zu imitieren, das offensichtlich geschätzt oder belohnt wird. Das sollten wir im Hinterkopf behalten, wenn wir untersuchen, was Männer und Frauen in den letzten Jahren in unserer Kultur zu den Themen Geschlecht und Sexualität »beobachten« konnten.

Die Welt ist heute von mehr Bildern gesättigt als je zuvor in der modernen Geschichte. Was aber wirklich zählt, sind die Botschaften hinter diesen Bildern. Jedes Bild vermittelt eine Wertung, Andeutungen und Hinweise darauf, wie wir sein und wie wir uns verhalten sollten. Die vorherrschende Botschaft an Mädchen und junge Frauen lautet, dass ihr Wert von ihrer Attraktivität abhängt, und an Jungen und junge Männer, dass sie extrem maskulin und stark sein und die Oberhand haben müssen. In Kapitel »Schlankheits- und Schönheitswahn« (S. 43 ff.) haben wir besprochen, welche Rolle sexualisierte Bilder seit dem Aufkommen der Massenmedien in der Werbung spielen. Neu sind heute Umfang und Ausmaß ihres Einflusses, weil diese Bilder den gesamten Alltag durchziehen. Das hat natürlich viel mit dem technischen Fortschritt zu tun: In den 1970er Jahren sahen wir durchschnittlich 500 Anzeigen pro Tag; heute hingegen Schätzungen zufolge um die 5000.[1] Kinder und Erwachsene sitzen länger vor ihren Geräten, und weil es weit mehr Medien gibt als früher und die Werbetrommel weitaus lauter gerührt wird, werden die Grenzen immer weiter hinausgeschoben, und man versucht auf immer extremere Weise, Aufmerksamkeit zu erregen.

Eines der Hauptprobleme bei der Gleichberechtigung ist die unausgewogene Darstellungsweise von Männern und Frauen in den Medien. Der weibliche Körper wird in der Werbung und in der Popkultur derart objektifiziert, dass er Männern wie Frauen die tückische Botschaft vermittelt, der Konsum und die allgemeine Verfügbarkeit der weiblichen Gestalt sei absolut normal.

An dieser Stelle möchte ich kurz den Begriff »Objektifizierung« erläutern. Abgeleitet ist er von dem Wort »Objekt«. Ein Objekt ist etwas, *mit dem* etwas getan wird – Objekte werden verwendet. Ein Subjekt hingegen ist der, der etwas tut – derjenige, der ein Objekt verwendet. Das Objekt ist demnach passiv, das Subjekt ist aktiv. In der heutigen Gesellschaft werden weibliche Körper weit häufiger als Objekt eingesetzt (also »objektifiziert«) als männliche: 96 Prozent aller sexualisierten Bilder zeigen einen weiblichen Körper.[2]

Ich will hier eindeutig klarstellen, dass Sexualisierung nicht gleichbedeutend damit ist, selbst sexy zu sein. Es handelt sich vielmehr um einen Begriff, der beschreibt, dass der individuelle und gesellschaftliche Wert eines Menschen an sexuellen Attributen gemessen wird. Sexuelle Empfindungen zu haben, sich sexy zu fühlen, Spaß am Sex zu haben und damit zu experimentieren – das alles sind normale, wunderbare Bestandteile des Lebens. Wenn ich von Sexualisierung spreche, meine ich die ständige, arrangierte Darstellung des weiblichen Körpers (oder seiner Teile), die routinemäßig und unter Ausblendung sonstiger menschlicher Eigenschaften abläuft, um andere als Sexobjekt zu erfreuen.

Und das sehen wir überall. Objektifizierung findet in Musikvideos statt, in denen Frauen im Hintergrund als Dekoration dienen, aber auch in Werbespots, die Schuhe, Autos, Fast Food-Ketten und Sonstiges in Verbindung mit einem hübschen Busen darbieten. Sie steckt dahinter, wenn es als normal dargestellt wird, dass ein Mann einer Frau nachpfeift, aber nicht umgekehrt, oder wenn die meisten Magazine für Männer wie Frauen denselben Körpertyp auf dem Cover zeigen. Objektifizierung bedeutet den Unterschied zwischen Faschingskostümen für Jungen (furchteinflößend) und für Mädchen (niedlich und/oder sexy). Sie ist der Grund, dass Brustimplantate bei jungen Frauen inzwischen häufiger sind als Nasenoperationen. Und sie lässt uns einen Artikel um den anderen verschlingen, in dem wir lernen, wie wir unseren Körper und unser Verhalten noch begehrenswerter machen können. Das ist tatsächlich ein Problem, denn da die Objektifizierung von Frauen ständig und überall stattfindet, ist sie mittlerweile zum Normalzustand geworden. Man hat das Gefühl, es müsse so sein, und so registrieren wir es nicht einmal mehr (oder zucken nur mit den Schultern), wenn gewisse Dinge uns eigentlich wütend machen und einen Aufschrei provozieren sollten.

Bilder, die uns vor wenigen Jahren noch schockiert hätten, sind heute ganz normaler Mainstream, so dass die Grenzen sich immer mehr verschieben. In der Werbung finden sich Andeutungen für Gruppenvergewaltigungen, oder Frauen werden auf seelenlose Körperteile reduziert. Pornographische visuelle Darstellungen sind derart zum Kult geworden, dass das Frauenbild sich in eine Karikatur seiner selbst verwandelt. Schön, attraktiv und sexy ist eine Frau inzwischen nicht mehr aufgrund ihrer individuellen Eigenheiten, die sie einmalig auf der Welt machen. Man scheint nur noch eine Checkliste abzuhaken: großer Busen, volle Lippen, tolle Extensions, künstliche Nägel und so weiter.[3]

In einem Artikel zur sexuellen Darstellung von Frauen wird es folgendermaßen in Worte gefasst:

»... die Botschaft der Werbetreibenden und der Massenmedien an Mädchen (die irgendwann Frauen werden) lautet, dass sie immer sexuell verfügbar sein sollen, immer an Sex denken sollen, sich bereitwillig dominieren lassen sollen und auch sexuelle Aggressionen zu erwarten haben.«[4]

Jungen wird häufig von klein auf vermittelt, dass es in Ordnung ist, den weiblichen Körper zu konsumieren. Hingegen lernen die Mädchen, dass sie in erster Linie aufgrund ihrer sexuellen Attraktivität einen Wert haben und wertgeschätzt werden. Schon in der Kindheit und Jugend akzeptieren wir somit, dass die männliche Sexualität aktiver sein sollte und dass es normal ist, wenn Männer Frauen benutzen. Männer müssen sich nicht besonders herrichten, damit man sie ernst nimmt. Bei Männerunterwäsche werden nicht die Hoden besonders betont, und es steht auch nicht »Hallo Mädels« drauf. Männerkörper werden nicht zergliedert, damit wir daraufhin überflüssige Produkte kaufen. Männer hüpfen nicht halbnackt in Musikvideos herum, während Frauen voll bekleidet die Instrumente spielen und singen. Männer gelten als vollständige menschliche Wesen, nicht als Konglomerat aus verschiedenen sexuellen Körperteilen, und weil das Aussehen nicht so wichtig ist, brauchen sie lange nicht so viel Zeit für die Selbstobjektifizierung, machen sich nicht so viel Gedanken über ihr Erscheinungsbild und können sich mehr auf ihre Ziele und ihre Karriere konzentrieren. Wie bereits erwähnt (siehe Seite 45 und Seite 59) sehen Psychologen in dieser Form der Selbstobjektifizierung den Grund, weshalb Mädchen in der Schule weniger zu den MINT-Fächern (Mathematik, Informatik, Naturwissenschaften, Technik) tendieren und politisch weniger Einfluss nehmen. Sie ist aber auch ein wichtiger Faktor für Essstörungen und ein gestörtes Körperbild und ein Grund, warum Frauen ihren Körper deutlich genauer überwachen als Männer. Zusammengefasst unterminiert die Objektifizierung inzwischen die Beiträge der Frauen zur Gesellschaft und ihren Einfluss.

Die Feministin und Politikwissenschaftlerin Caroline Heldmann beschrieb 2013 in ihrem TED-Talk[5] zu diesem Thema einen selbst entwickelten Test, den »Sexobjekttest«, anhand dessen man erkennen kann, ob Bilder objektifiziert sind oder nicht. Eine Darstellung ist aus ihrer Sicht objektifizierend, wenn folgende Merkmale vorliegen:

- Es werden nur Teile eines sexualisierten menschlichen Körpers gezeigt oder ein Teil steht für das Ganze (zum Beispiel wenn ein Frauentorso mit einem Bierlogo versehen wird – somit ist die Frau geköpft und als sexy Gefäß dargestellt).
- Die sexualisierte Person ersetzt ein Objekt (die Verlobte von Roman Abramovich provozierte einen Aufschrei, weil sie für ein Mode-Shooting ein schwarzes Model als Stuhl einsetzte).
- Das sexualisierte Bild erscheint austauschbar (zum Beispiel in einer Anzeige, in der sich ein Mann ein Mädchen aus einem Verkaufsautomaten »zieht«).

- Das Bild bestätigt Phantasien, in denen die körperliche Integrität einer sexualisierten Person, die sich nicht wehren kann, verletzt wird (Modewerbung zeigt häufig glamouröse Vergewaltigungsszenen, in denen mehrere Männer weibliche Models dominieren oder unterwerfen).
- Es wird sexuelle Verfügbarkeit suggeriert, als wäre dies eine entscheidende Eigenschaft dieser Person (ein Beispiel ist laut Heldman eine Gebrauchtwagenwerbung, in der eine Frau verführerisch in die Kamera blickt, mit dem Untertitel: »Du bist nicht ihr Erster, aber ist das wirklich wichtig?«)
- Sie zeigt eine Person, die als Massenware gekauft und verkauft wird (zum Beispiel die Werbung eines Modehauses, in der das Model mit steifen Armen, leeren Augen und den nötigen Accessoires zum Ankleiden als Barbiepuppe posiert).
- Der Körper dient als Leinwand (bei Anzeigen, in denen Frauenkörper wie Notizblöcke beschriftet werden).

Angesichts solcher Kriterien kann man wohl kaum behaupten, dass die Medien Frauen nicht überproportional häufig zum Objekt machen. Leider sickern diese Botschaften in unser Unterbewusstsein und beeinträchtigen unsere Wahrnehmung von Geschlecht, Sexualität und unserer Geschlechterrolle.

Vor und hinter den Kulissen

In den 20 Jahren von 1979 bis 1999 wuchsen die weltweiten Ausgaben für Werbung von 20 Milliarden US-Dollar auf 180 Milliarden US-Dollar an[6] und liegen heute bei geschätzten 467 Milliarden US-Dollar.[7] Das liegt einzig und allein daran, dass Werbung funktioniert. Sie beeinflusst unsere Einstellungen, und diese wiederum beeinflussen unser Verhalten. Von Kindesbeinen an vermittelt uns die Werbung, was in der Gesellschaft zählt und worum wir uns bemühen sollten. Mit dem Grundsatz »Sex sells« lehrt sie uns auch, dass Sexualität gewinnträchtig ist – aber warum sind die Plakatwände und Werbespots dann nicht voller knackiger halbnackter Männer? Liegt es vielleicht doch nicht so sehr am Sex an sich, sondern eher daran, dass diejenigen, die diese Bilder erzeugen, bestimmte Vorstellungen von dem haben, was wir sehen wollen? Mich erinnert das ein wenig an die Entscheidungsfindung in Hollywood, die davon ausgeht, dass Frauen auch Filme über Männer ansehen, Männer aber keine Filme über Frauen. Die Medien erzeugen ein Bewusstsein, und wenn die Medienmacher aufgrund ihrer Voreingenommenheit davon ausgehen, dass nur der Blick heterosexueller Männer zählt, dann sollten wir uns fragen, ob wir ihnen diese Botschaft wirklich abkaufen wollen.

Ich habe in den vergangenen Jahren viel zur Sexualisierung von Kindern und Jugendlichen geforscht, doch ich hege keinen Zweifel, dass hiervon auch junge Erwachsene betroffen sind. Im therapeutischen Rahmen habe ich immer wieder mit bildhübschen jungen Frauen zu tun, die einfach nicht begreifen, wie ihre Partner beim Sex so blind für ihre Bedürfnisse sein können. Eine dieser Frauen sagte kürzlich zu mir:

> *»Ich mag ihn wirklich, aber er hat es gern richtig grob – er zieht mich an den Haaren und redet versaut daher, aber nur, wenn wir im Bett sind. Ich tue so, als wäre das okay, weil es ihm offenbar gefällt, aber in Wahrheit mag ich es nicht.«*
>
> Soraya (27)

Ich stoße immer häufiger darauf, dass Frauen glauben, ihre sexuellen Wünsche nicht oder nur unzureichend äußern zu dürfen. Eine andere Frau erzählte mir:

> *»Ich glaube, es herrscht die Erwartung, wenn man im Bett nicht für alles offen ist, dann ist man irgendwie verklemmt – uncool oder ohne Spaß am Sex … und natürlich hast du das Gefühl, wenn du bei irgendwas nicht mitmachst, dann sucht er sich dafür eben eine andere. Deshalb spielt immer irgendwie der Druck mit, es ihm recht zu machen, damit er dich nicht verlässt.«*
>
> Tanya (21)

Hier hat eine Verschiebung stattgefunden. An die Stelle eines gemeinsamen sexuellen Erlebnisses rückt für Frauen das Gefühl, dass sie sexuellen Wagemut beweisen, indem sie ihren Partner optimal befriedigen, manchmal auf Kosten dessen, was ihnen selbst Genuss bereitet oder womit sie sich wohlfühlen.

Sowohl in der Forschung als auch in meiner therapeutischen Arbeit stoße ich auf junge Frauen und Mädchen (!), die fest daran glauben, dass sexuelle Freiheit bedeutet, perfekten oralen Sex zu praktizieren, egal ob es ihnen persönlich Genuss bereitet – oder auf Gegenseitigkeit beruht, so dass sie ebenfalls ihren Spaß haben – oder nicht. Viel zu oft geht es nur darum, nicht vom Script abzuweichen, auch wenn diese Vorgaben nichts mit dem zu tun haben, was wir wirklich wollen.

Es wird so intensiv dargestellt, was Frauen alles tun können, um ihre Partner sexuell zu befriedigen, dass dies inzwischen als das eigentliche Ziel erscheint, ohne dass wir noch viel Aufmerksamkeit darauf verschwenden, was *wir* wollen oder was *uns* unserer Erfahrung nach guttut. Der ganze Trend zu »falschen Lesben« ist weitgehend ein Ergebnis dieser Entwicklung: Während die LGBT-Bewegung seit Jahren gegen Doppelmoral und Missverständnisse ankämpft, ist der Umstand, dass heterosexuelle Frauen lesbische Beziehungen simulieren, um Männer zu reizen, nur ein weiteres Beispiel dafür, wie wenig wir über Sexualität bestimmen. Wieder reduziert sich die Botschaft auf: »Ich muss dafür sorgen, dass du mich begehrst«, im Gegensatz zu: »Das ist es, was ich mir wünsche.« Jemanden zu verführen spielt in der Sexualität und in Beziehungen natürlich eine große Rolle, doch ich möchte hervorheben, dass wir auch hier wieder ein Drehbuch abarbeiten – diesmal eines, das uns von Werbern, Pornoproduzenten und Starkult präsentiert wird. Interessanterweise sprechen Männer im Fernsehen nicht über das kleine Experiment mit dem anderen Mann, damals an der Uni. Weder erklären sie sich im Interview für offen nach allen Seiten, noch singen sie darüber, wie sie Jungs mit Kirschlippen geküsst haben und wie gut das geschmeckt hat. Und warum nicht? Das hat wieder mit Marketing zu tun, denn momentan wird das »Falsche Lesbe«-Image vornehmlich für und von heterosexuellen Männern als besonderes Verkaufsinstrument angeheizt.

Und dann gibt es da natürlich noch die doppelten Maßstäbe. Trotz all der grundlosen Sexualisierung von Frauen herrscht in der Gesellschaft nach wie vor die Auffassung vor, dass Männer viel Sex haben sollten und Frauen nicht.

Studien zufolge stehen junge Frauen unter anderem vor dem Dilemma, dass sie einerseits die Blicke der Männer auf sich lenken wollen, andererseits jedoch überlegen, was noch akzeptabel ist und was »zu weit geht«. Bestimmte sexuelle Verhaltensweisen gelten für eine junge Frau häufig als »ungesund und unmoralisch«,[8] und wenn eine Frau viele Partner hat oder eine entspannte Einstellung zur Sexualität pflegt, gilt sie leicht als Sexualobjekt und nicht als potenzielle Partnerin für eine Beziehung. Männer müssen in dieser Frage nicht so genügsam sein.[9] Das soll natürlich nicht heißen, dass eine derartige Polarisierung der Geschlechter und ihrer Stereotypen nicht auch Männer negativ beeinflusst. Männer fühlen sich häufig als Versager, wenn sie nicht mit so vielen Frauen schlafen, dass sie den hypermaskulinen Idealen entsprechen, die in unserer Gesellschaft ebenfalls geschätzt werden.

Sexualität und Pornographie

Als uns in der Mittelstufe die ersten Biologiebücher ausgeteilt wurden, suchten wir gleich nach den Abbildungen der Genitalien und kicherten dabei nervös. Für einen Haufen Elf- und Zwölfjährige, die sich in jener spannenden, neuen Welt der Sexualität zurechtfinden wollten, waren diese klinischen Schwarz-Weiß-Illustrationen faszinierend. Ich weiß auch noch, wie meine Freundin einige Jahre später in der Sockenschublade ihres Bruders eine Videokassette mit einem Pornofilm entdeckte und wie wir heimlich versuchten, diese auf ihrem alten Fernseher anzuschauen, der die Farben so stark verzerrte, dass wir anschließend beide lange davon überzeugt waren, gewisse Körperflüssigkeiten seien leicht bläulich.

Der Wunsch, mehr über Sex zu erfahren und uns möglichst viele Informationen darüber zu besorgen, ist in bestimmten Reifephasen ganz normal. Während Schulbuchdarstellungen der Genitalien und verwackelte *Playboy*-Filme schon ewig kursieren, ist die heutige Verfügbarkeit von Pornographie sowohl quantitativ als auch qualitativ eine vollkommen andere Größenordnung.

Pornoseiten stellen etwa 1,5 Prozent aller Websites[10], und viele davon zählen zu den meistbesuchten Seiten überhaupt. Die Suchmaschinen verarbeiten täglich rund 68 Millionen Suchen nach pornographischem Material – das sind etwa ein Viertel aller Suchanfragen im Netz.[11] Die Menschen sehen also deutlich mehr pornographisches Material als früher, und die Pornographie hat sich inzwischen sehr verändert. Waren es früher vor allem die typischen Mann-und-Frau-Streifen (»Hey Süße, hast du eine Pizza bestellt?«), geht der Trend heute zu »expliziter«, »Hardcore«- oder »Gonzo«-Pornographie, die sexuelle Handlungen ohne jeglichen Handlungsstrang oder Beziehungen darstellt. Häufig wird dabei eine Frau grob behandelt, beschimpft und durch mehrere Männer an ihre körperlichen Grenzen gebracht.

Da Pornographie so leicht zugänglich ist und ihre Themen (vom rasierten Schamhaar bis hin zu künstlichen Brüsten) Eingang in die normale Alltagskultur finden, sollte man ernsthaft darüber nachdenken, wie Pornographie unser Verhalten beeinflusst. Immerhin wissen wir, dass Menschen gemäß der Theorie zum sozialen Lernen durch Beobachtung lernen und Verhaltensweisen, die belohnt werden, gern nachgeahmt werden.[12] Hierbei ist jedoch zu bedenken, dass nicht unbedingt der tatsächliche Gehalt der Medien den größten Einfluss hat, sondern die impliziten Werte, die vermittelt werden. Was uns tatsächlich beeinflusst, ist nicht das Bild von zwei Personen, die miteinander Sex haben, sondern die kleinen Hinweise drumherum: In welcher Beziehung stehen sie zueinander, wie gehen sie miteinander um, welche Haltung nehmen sie ein? Wenn wir also eine Frau sehen, die sich den dominanten, groben sexuellen Annäherungsversuchen eines Mannes widersetzt, aber irgendwann nachgibt und sich scheinbar daran erfreut, lautet die Botschaft: *Du musst nur grob genug auftreten. Wenn sie anfangs Nein sagt, ignoriere es einfach, denn eigentlich will sie es ja doch.*[13]

Wie bei allen Medien beruht die Wirkung natürlich immer darauf, ob wir das Bild oder die Geschichte als realistisch einstufen und wie wir emotional darauf reagieren. Dennoch bleibt festzuhalten, dass viele Studien belegen, dass die Darstellung von sexueller Erregung im Zusammenhang mit Gewalt mehr frauenfeindliche Haltungen hervorbringt als das Ansehen expliziter sexueller Handlungen oder auch nicht-sexualisierter Gewalt gegen Frauen.[14]

Was also entnehmen wir den »Anleitungen« der Pornoindustrie? Sie unterstreichen die Vorstellung, dass Männer sexuell dominant und unersättlich sein müssen; sie betonen unrealistische Schönheitsideale und die Vorstellung, dass es beim Sex nur um die Penetration geht – einen körperlichen Akt, der mit tiefer menschlicher Verbindung nichts zu tun hat; sie reden uns ein, dass Frauen es lieben, wenn man auf sie ejakuliert; und sie zeigen, dass Konzepte wie Kuscheln oder Vorspiel nicht wirklich relevant sind.[15]

Dennoch spiegeln diese Skripte nicht, wie Sexualität sich im wahren Leben abspielt. Sicher kann eine heiße, brodelnde, rein körperliche Beziehung mitunter phantastisch sein, doch zu anderen Zeiten sind vor allem Zärtlichkeit und emotionale Intimität gefragt. Manchmal ist man zu müde oder kommt nicht in Stimmung, weil man wegen einer dummen Bemerkung verletzt ist – oder aus einem anderen, oft ganz banalen Grund, der in den unrealistischen Sexdarstellungen in den Pornos schlichtweg nicht existiert. Doch während all diese Dinge zweifellos zu der allgemeinen Verwirrung beitragen, was es nun bedeutet, sexy zu sein und uns und unseren Partner zufriedenzustellen, ist der erschreckendste Aspekt doch die Ungleichheit und die Gewalt, die in der modernen Pornographie so vorherrschend sind. Eine inhaltliche Analyse der 50 meistverkauften Pornofilme ergab, dass Unterwerfung und Aggression sich wie ein roter Faden hindurchzogen: Von über 300 analysierten Szenen enthielten 50 Prozent verbale Aggressionen und über 88 Prozent körperliche Aggressionen, die zu 87 Prozent gegen die Frau gerichtet waren. Am erschütterndsten jedoch war die Tatsache, dass 95 Prozent der Frauen darauf entweder lustvoll reagierten oder neutral wirkten.[16]

Die vielleicht größte Ironie daran ist, dass Sex bei starker sexueller Objektifizierung letztlich weniger Spaß macht, die Lust bremst und sogar zu sexueller Dysfunktion führen kann, weil wir derart darauf fixiert sind, beim Sex gut auszusehen. Anstatt uns dem Moment hinzugeben und ihn einfach zu genießen, überlegen wir, wie wir dabei wohl aussehen und ob wir dem Ideal entsprechen – als würden wir neben uns stehen und uns beurteilen. Aber guter Sex ist keine Darbietung. Man muss nicht auf eine bestimmte Weise erscheinen oder gleichzeitig über den persönlichen kleinen Miniporno im Kopf Regie führen. Sex funktioniert buchstäblich blind, denn es geht darum, im Augenblick präsent zu sein, sich auf die Gefühle zu konzentrieren und im Bewusstsein eigener Bedürfnisse um das zu bitten, was man will, und das auszuschlagen, was man nicht möchte – und dabei den Partner mit dem gleichen Respekt zu behandeln. Echte Intimität entsteht, wenn man sich selbst so gut kennt und so respektiert, dass man die Nähe des anderen zulassen kann, ob nun beim One-Night-Stand oder in einer dauerhaften Partnerschaft.

Von Sexualisierung und Objektifizierung zu Gewalt

Wenn man diese verstörenden Entwicklungen konsequent zu Ende denkt, trägt die Sexualisierung und Objektifizierung von Frauen zu einer Kultur bei, in der sexuelle Gewalt nicht mehr ernst genommen wird. Eine besonders schädliche und tückische Folge davon ist, dass dadurch die Vorstellung bestätigt wird, es sei normal, dass Männer Macht über Frauen haben. Es unterstreicht die ungleiche Machtverteilung und fördert die Botschaft, dass Frauen devot sind, dass sie sich wünschen sollten, begehrt zu werden, und dass sie auch sexuelle Belästigung als Kompliment ansehen sollten. Natürlich ist es nicht falsch, wenn ein Mensch einen anderen begehrt und sich wünscht, dass dieser andere sich zu ihm hingezogen fühlt. Durch die Objektifizierung werden allerdings die Gedanken, Gefühle, ja, sogar die Identität einer Person ignoriert, und es erscheint irrelevant, ob sie diese Aufmerksamkeit wünscht oder nicht. Was zählt, ist nur noch, dass sie sexuell attraktiv ist und dass sie diese Aufmerksamkeit will. Da Frauen unablässig in übertrieben sexualisierter Form dargestellt werden, geht man allgemein davon aus, dass *alle* Frauen diesem Stereotyp entsprechen, und dass es somit akzeptabel ist, mit allen auf diese Weise umzugehen.

In einer Welt, die den Frauenkörper routinemäßig zum Objekt erklärt, erscheint es uns normal, dass der weibliche Körper ein Gebrauchsobjekt ist. Allerdings erleichtert jegliche Entmenschlichung – wie auch bei Rassismus oder Homophobie – eine Rechtfertigung von Gewalt.[17]

Diese Botschaft kann auch jungen Männern schaden, die unter Druck geraten, einem Männerbild zu entsprechen, bei dem Macht über Frauen normal ist. Untersuchungen zeigen, dass Menschen, die sexuell objektifizierende Bilder von Frauen in allgemein verbreiteten Medien sehen, Gewalt eher hinnehmen, weil Frauen eher als Objekt betrachtet und aggressive Einstellungen und aggressives Verhalten als die Norm angesehen werden. Sowohl die Bilder, die wir aufnehmen, als auch die Art und Weise, wie wir sie aufnehmen, untermauern somit die Vorstellung, dass Frauen dazu da sind, benutzt zu werden, und Männer, um sie zu benutzen.[18]

Liebe auf Knopfdruck?

»Kürzlich unterhielt ich mich mit meinen Freundinnen darüber, wie die Popularität des Online-Dating (besonders über Apps wie Tinder oder OkCupid) die Vorstellung fördert, dass Frauen für Männer Gebrauchsartikel darstellen. Die nächste Person ist so leicht verfügbar, dass beim Daten schnell jedes Anstandsgefühl abhandenkommt, denn man kann schließlich jederzeit eine Frau für eine hübschere oder schlankere wegwischen – besonders bei

Apps, die eher auf Fotos setzen als auf Informationen und Einzelheiten, so dass man bei der Entscheidung, ob jemand der oder die Richtige sein könnte, nur nach Äußerlichkeiten geht. Wegen dieser Betonung des Aussehens fühlen Frauen sich genötigt, Selfies im Bikini hochzuladen. Männer hingegen veröffentlichen lustige Fotos, mit denen sie ihre Persönlichkeit und ihre Interessen darstellen.«

Keira (25)

Sex und Liebe sind zeitlose Konzepte und damit relativ statisch. Zumindest theoretisch. Was sich verändert, ist die Art und Weise, wie wir damit umgehen und danach streben, und das beruht auf Veränderungen, die nicht nur mit Sozialpolitik und kulturellen Normen, sondern auch mit dem wirtschaftlichen und technologischen Fortschritt zu tun haben. Wir brauchen nicht mehr auszugehen oder auch nur Freunde zu besuchen, um jemanden zu treffen. Es ist nicht einmal mehr nötig, spontan einen frechen Spruch loszulassen. Dafür gibt es heute Apps.

Marken wie OkCupid oder Match.com, die traditionelleren Online-Partnerschaftsportale, haben inzwischen Apps entwickelt, die einem immer und überall zeigen, wie man sich in der Welt des Online-Datings gerade schlägt. Die Website Chatroulette führt einen per Zufallsgenerator mit Menschen aus der ganzen Welt zusammen. Das erscheint zwar nicht sonderlich romantisch im herkömmlichen Sinne, aber kann durchaus spannend sein, um alle möglichen durchgeknallten Typen, vom Narzissten bis zum Exhibitionisten, live vor der Kamera zu erleben. Hinzu kommen Apps wie Grindr, bei denen es weniger darum geht, »die eine« zu finden, sondern eher »die, die am nächsten dran ist«, wo also nicht die persönliche Übereinstimmung zählt, sondern eher die räumliche Nähe. Weiterhin gibt es Apps wie Tinder, die eine Wahl des potenziellen Partners rein über Fotos ermöglichen wollen, oder solche wie FriendScout24, die »Freundschaften« herstellen. Jede versucht letztlich, den nächsten Schritt in der Paarbildung einzuleiten. Dank des Erfolgs derartiger Apps sind wir an eine »On-Demand-Kultur« gewöhnt, in der Produkte und Dienstleistungen schnell und mühelos bereitstehen. Dieses Prinzip übertragen wir nun auch auf unsere Beziehungen. Das Bedürfnis nach prompter Befriedigung hat seinen Sinn, wenn es um eine kurze Affäre geht, aber wird es Einfluss auf unser, nach Ansicht einiger Menschen evolutionäres, Bedürfnis nach einer echten menschlichen Verbindung haben?

Zweifellos beeinflussen die technischen Möglichkeiten unsere soziale Entwicklung, ganz gleich, ob wir eher den Argumenten des amerikanischen Autors Nicholas Carr zuneigen, der das Internet für wachsende kognitive Probleme verantwortlich macht, oder ob wir uns eher auf die Seite des Journalisten und Autoren Clive Thompson schlagen, der die Ansicht vertritt, dass die neuen Technologien unsere Fähigkeiten eher erweitern.[19] Von biochemischen Veränderungen im Gehirn bis hin zu einer neuen Aufgabenverteilung zwischen Daumen und Mittelfinger (um das Smartphone besser halten zu können), betreffen unsere Entscheidungen darüber, was wir konsumieren und wie wir die vorhandenen technischen Möglichkeiten nutzen wollen, auch wer wir werden – sowohl als Individuen als auch als Gesellschaft. Doch im Gegensatz zur biologischen Evolution, bei der es um überlebenswichtige Eigenschaften ging, ist die technische Evolution stärker von unseren Wünschen getrieben als von existenziellen Bedürfnissen. Häufig beruht die technische Entwicklung auf den Botschaften der Marketingabteilungen, die uns ein sichereres, besseres Leben suggerieren.

Manche Theorien vergleichen den Einfluss der Technik auf die Nutzung bestimmter sozialer Fähigkeiten mit der biologischen Atrophie, die eintritt, wenn bestimmte Körperteile (zum Beispiel das Fell) nicht mehr benötigt werden – irgendwann werden sie überflüssig.[20] Die moderne Technologie soll uns das Leben in erster Linie erleichtern, damit wir uns auf wirklich wichtige Dinge konzentrieren können. Wenn bestimmte Dinge dabei allerdings *zu* einfach werden, entfällt am Ende womöglich das, was eigentlich zählt.

Professor Tim Wu von der Columbia Law School, vormals Aufsichtsratsvorsitzender der reformorientierten Mediengruppe Free Press, betont in seiner diesbezüglichen Veröffentlichung, dass wir zwar alle wissen, dass es leichter ist, auf einen Berg hinaufzufahren, als ihn zu erklimmen – dass das Hinauffahren aber nie dasselbe Gefühl einer besonderen Leistung vermitteln kann. Ich frage mich, ob dies auch für Beziehungen und Technik gilt.[21] Die Vorstellung, dass wir »alles Nötige« auf einem Silbertablett serviert bekommen, zweidimensionale Bilder durchblättern können, die vermutlich das Wesen eines Menschen nur unzureichend widerspiegeln, dass wir voneinander erwarten, unsere Identität in leicht verdauliche, einprägsame Sätze zu destillieren, die andere dann bewerten dürfen – könnte all das bedeuten, dass wir uns selbst unter Wert verkaufen, nur um leichter einen Partner zu finden? Machen wir es dem anderen *so* leicht, dass wir irgendwann nicht mehr einsehen, dass sich der lange Weg zur Spitze des Beziehungsgipfels lohnt?

Tatsächlich kommunizieren wir in Beziehungen inzwischen in einer Form, die bis vor wenigen Jahren undenkbar war, und das hat sowohl Vorteile als auch Nachteile. Wichtig erscheint mir dabei, dass wir darauf achten, wirklich das zu vermitteln, was wir beabsichtigen, und dass die dafür verwendete Technik ein Mittel zum Zweck bleibt, mit dem wir uns auf die gewünschte Weise ausdrücken, und nicht zu etwas wird, das unsere Botschaft einengt oder verzerrt.

Sexting – Mein Bild gehört nicht mir

Eine Singlefreundin von mir sagte kürzlich: »Heute geht alles nur noch per SMS oder WhatsApp. Jemanden anzurufen wirkt ein bisschen komisch, geradezu bedürftig oder aufdringlich.« Gleichzeitig scheinen bei SMS oder WhatsApp-Botschaften alle Hemmungen zu fallen.

Rihanna soll einmal gesagt haben: »Wenn du deinem

Freund keine Nacktfotos schickst, tut er mir leid.« Was mag eine derartige Aussage in unserer promibesessenen Kultur wohl für Folgen haben? Doch als intime Bilder, die Rihanna selbst ihrem Freund geschickt hatte, an die Öffentlichkeit gerieten, sagte sie interessanterweise:

> *»Das war das Schlimmste, was mir je passiert ist. (Beim ersten derartigen Vorfall) … kam ich mir vor, als hätte man mir meine gesamte Privatsphäre geraubt, und als es nun wieder geschah, dachte ich: ›Na, super, jetzt gibt es wirklich gar nichts mehr, was sie nicht über mich und mein Privatleben wissen.‹ Es war demütigend und peinlich, besonders dass meine Mutter das miterleben musste.«*[22]

Im Gegensatz zu ihrer ersten Aussage schaffte es ihre Reaktion über die Verletzung ihrer Privatsphäre allerdings nicht in die Klatschpresse.

Rihannas Erfahrung ist keineswegs ein Einzelfall. Das sogenannte Sexting – eine Zusammensetzung aus den Wörtern »Sex« und »texting« (für versandte Bild- oder Textnachrichten) – ist Untersuchungen zufolge eine der Hauptquellen für geteiltes pornographisches Material und hat eine große Bedeutung für potenziellen sexuellen Missbrauch, Ausbeutung, Erpressung und Mobbing. Laut einer Studie von 2012 ist Sexting »eine Erfahrung, die unter Druck entsteht, aber freiwillig erscheint – Sie entscheiden sich mitzumachen, haben aber nicht die Option, Nein zu sagen.«[23]

Für einige Wissenschaftler, die sich gründlicher mit den Selfies von Frauen in Sexting-Nachrichten beschäftigt haben, spiegelt die Art, wie Mädchen und junge Frauen hier posieren, ihren Schmollmund zeigen und ihren Körper präsentieren, das Ausmaß des Einflusses der Pornoindustrie auf das persönliche Verhalten.[24] Andere bemerken, dass die Bitte eines Mannes um ein Bild von seiner Partnerin normalerweise von sexueller Lust motiviert ist,[25] was Konformitätsdruck erzeugt. Es wird auch darauf hingewiesen, dass die Frauen dabei leicht in eine aussichtslose Position geraten – entweder werden sie wegen ihres Verhaltens als »Schlampe« tituliert oder sie gelten als »frigide«, wenn sie entsprechende Posen verweigern.[26] Der Empfänger hingegen erhöht mit solchen Bildern sein Ansehen, denn für ihn stellen sie »Trophäen« [27] dar, sind also ein Prestigeobjekt[28].

Es dürfte kaum überraschen, dass den meisten Menschen aktuell nicht bewusst ist, dass Bilder, die in sozialen Netzwerken gepostet werden, gemäß der allgemeinen Geschäftsbedingungen dieser Seiten (denen man bei der Anmeldung zustimmt), ins Eigentum dieser Seiten übergehen. Ein Artikel auf *Sky News* schilderte einen besonders perfiden Fall von Datenmissbrauch und Erpressung: Ein Mann Ende 20 erstellte eine Website mit sexuell geprägten Fotos anderer Menschen, die er sich durch Hacking verschafft hatte. Diese Bilder verlinkte er mit den privaten Facebook-Seiten der Opfer und veröffentlichte zusätzlich Name, Alter und Wohnort. Den Betroffenen bot er an, die Bilder gegen eine Zahlung von mehreren

Hundert Dollar wieder zu entfernen. Apps wie Snapchat, wo man Kontakten und Onlinebekanntschaften ein Bild schicken kann, dass diese nur zehn Sekunden betrachten können, ehe es gelöscht wird, vermitteln eine trügerische Sicherheit. Die Empfänger können in dieser Zeit einen Screenshot machen und die Bilder anschließend an ihre Freunde weiterleiten oder gar online stellen. Das alles kann Mobbing, Drohungen und Erpressung nach sich ziehen.[29] Je mehr sich dieses Verhalten verbreitet, desto normaler erscheint es uns. Deshalb überrascht es kaum, dass die Untersuchung von privaten Seiten in sozialen Netzwerken ergab, dass viele Menschen dort sexuell eindeutige Bilder von sich posten und einander mit sexistischen, abfälligen oder erniedrigenden Kommentaren bewerten.[30]

Nur ein Spiel?

Dabei ist es keineswegs nur die Online-Technologie, die unser sexuelles Verhalten potenziell leiten und beeinflussen kann. Computerspiele werden grafisch immer ausgefeilter und realistischer.[31] In der neuesten Version von *Grand Theft Auto* kann der Spieler beispielsweise Sex mit einer Prostituierten kaufen und dabei aus einem Dropdown-Menü die gewünschten Dienste auswählen – 50 Dollar für Oralverkehr, 70 Dollar für halb oral, halb vaginal, 100 Dollar für den Komplettservice. Die Kamera lässt sich so positionieren, dass sie einen guten Winkel hat, während die Frau schreit: »Oh, mein Gott, fick mich, komm, gib's mir.« Anschließend lässt man sie liegen, überfährt sie mit dem Wagen oder schlägt und vergewaltigt sie. Wenn sie tot ist, kann der Spieler das Geld wieder an sich nehmen. Das Spiel belohnt ein solches Verhalten, denn Sex mit einer Prostituierten erhöht die Lebenspunkte des Charakters.[32] Ich behaupte keineswegs, dass es einen direkten kausalen Zusammenhang zwischen dem Spielen derartiger Spiele und dem persönlichen Verhalten gibt. Doch es ist vorstellbar, dass das in realistischen Spielumgebungen dargestellte Machtgefälle und die Gewalt gegen Frauen durchaus sowohl die persönliche Einstellung beeinflusst (was ist akzeptabel?) als auch die kulturelle Norm (was darf noch als Unterhaltung gelten?).

Und jetzt?

> *»Wie konnten Sex, verführerisches Auftreten und Sexualisierung in den letzten Jahren derart an Stellenwert gewinnen, dass sie inzwischen als Maßstab für den Wert von Frauen und Mädchen gelten? Dieses Phänomen ist zwar keineswegs neu, doch die Dimensionen haben sich verändert, und es betrifft immer jüngere Mädchen.«*
>
> Dr. Betty McLellan[33]

Vor über 30 Jahren erklärte der Kulturtheoretiker Marshall McLuhan, dass wir die Wirkung der Medien auf uns so gut wahrnehmen wie Fische das Wasser, in dem sie schwimmen.

Die Objektifizierung von Frauen und die Hypersexualisierung der Kultur sind so allgegenwärtig geworden, dass sie eine Art Hintergrundrauschen bilden, ständig vorhanden, aber von uns nicht mehr wirklich registriert.

Als Individuen und als Gesellschaft müssen wir kritisch beobachten, was die Medienbotschaften, denen wir ausgesetzt sind, mit uns anstellen. Wir müssen aufhören, schädliches Zeug zu konsumieren, das unser Selbstkonzept beeinträchtigt. Das Schönheitsideal, das uns so oft präsentiert wird, ist einschränkend, und die Botschaft, die ihm zugrunde liegt, ist laut und deutlich: Das Wichtigste im Leben ist Attraktivität, und die erreichst du am besten, wenn du dich unterwürfig und übertrieben sexuell verhältst. Für Männer ist die Botschaft ebenso unverblümt: Sei hypermaskulin, nicht so gefühlsbetont und konsumiere die weibliche Gestalt, denn die Objektifizierung von Frauen macht dich männlicher. Solche Botschaften internalisieren wir natürlich nicht über Nacht. Der Prozess ist fortschreitend und unterschwellig – es sind Puppen für Kinder, die wie Stripperinnern bekleidet sind; es ist das Angebot, im Videospiel per Dropdown-Menü Oralsex von einer Prostituierten zu kaufen und sie anschließend zu überfahren; es sind Kleidungsvorschriften für Schülerinnen, damit nur ja die Jungen nicht abgelenkt werden und auf dumme Gedanken kommen;[34] es ist die Fixierung von Männern jedes Typs und jeden Alters auf junge, schlanke, feste Frauenkörper; es ist die breite Mehrheit der Fernsehshows und Filme. Die Botschaft beschallt uns aus allen Richtungen, als wäre die ganze Welt damit austapeziert, und das müssen wir uns bewusst machen. Wir müssen uns zu Wort melden und sagen, dass es *nicht* akzeptabel ist, wenn ein Frauenkörper als Objekt etwas ganz Normales ist, und dass es ebenso inakzeptabel ist, wenn Männer und Frauen den weiblichen Körper als Mischmasch sexueller Körperteile ansehen, Männer hingegen als vollwertige menschliche Wesen.[35]

Die gute Nachricht ist, dass wir mit mehr Aufmerksamkeit wirklich Einfluss nehmen und etwas verändern können. Anfang 2014 reagierte das amerikanische Magazin *Seventeen* auf die Onlinepetition von Julia Bluhm auf Change.org mit der Selbstverpflichtung, keine nachbearbeiteten Bilder von Models mehr zu verwenden. Die Achtklässlerin hatte die Initiative ergriffen, als sie registrierte, dass etliche ihrer Freundinnen in der Ballettschule mit ihrem Gewicht haderten.

2013 führte Schweden eine Bewertung für Geschlechterklischees im Kinofilm ein: Eine »A«-Bewertung kennzeichnet Filme, denen es an »weiblichen Blickwinkeln« mangelt. (Das Bewertungssystem heißt Bechdel-Test, nach der amerikanischen Feministin Alison Bechdel. Er untersucht insbesondere drei Fragen: Gibt es im Film mindestens zwei Frauenrollen? Sprechen die beiden Frauen miteinander? Reden sie über etwas anderes als Männer?)

Dank der Arbeit der Gruppierung *Object,* die eine Kampagne gegen die Objektifizierung von Frauen in den Medien führt, musste im Vereinigten Königreich die Leveson-Kommission (eine Untersuchungskommission zur Ethik in den

Medien) nicht nur Sexismus in der Presse zur Kenntnis nehmen, sondern auch den Bedarf an einem neuen Regulierungsgremium, das dazu befugt ist, die Beschwerden repräsentativer Frauengruppen anzunehmen.

Wir können also etwas verändern, aber es ist überaus wichtig, dass wir uns dessen erst einmal bewusst werden. Wenn Sie also etwas sehen, was Ihnen nicht richtig erscheint, dann reden, twittern, schreiben Sie darüber. Denken Sie dabei immer daran, dass alle großen Veränderungen in der Welt, die zu mehr Gleichberechtigung und Gerechtigkeit geführt haben, damit begonnen haben, dass Einzelne mutig und engagiert genug waren, das zu hinterfragen, was die Mehrheit für normal hielt.

Wenn es um Freude am Sex geht, müssen wir selbst über unsere Sexualität bestimmen – ob heterosexuell, bisexuell, homosexuell oder was auch immer wir für uns als richtig erachten. Wir müssen uns so sicher und so wohlfühlen, dass wir zu eigenen Bedingungen experimentieren können, unabhängig von den Botschaften einer Gesellschaft, die künstliche, bearbeitete und häufig schädliche Darstellungen von dem anbietet, was uns anturnen »müsste«. Lasst uns lernen, Sex zu genießen, anstatt eine Vorstellung abzuliefern. Unsere Umwelt scheint so darauf bedacht zu sein, uns ein schlechtes Selbstbild zu vermitteln, dass wir selbst in den intimsten Momenten vergessen, dass es beim Sex nicht darum geht, wie wir aussehen, sondern nur darum, wie es sich anfühlt. Sex hat nichts mit künstlicher Sonnenbräune, prallen Brüsten und perfekten Oberschenkeln zu tun. Wichtig ist vielmehr, dass man die Nähe des anderen genießen kann, ob körperlich oder seelisch oder beides. Dazu gehört die Gewissheit, was man selbst in die Beziehung einbringt, denn sonst nimmt man mehr hin und erwartet weniger für sich.

Seien Sie kein Sexobjekt! Seien Sie aktiv, nicht passiv. Sie dürfen selbst entscheiden, was Sie mögen und was nicht!

Ich habe es schon im Kapitel »Schlankheits- und Schönheitswahn« gesagt, aber weil es so überaus wichtig ist, sage ich es an dieser Stelle noch einmal: Der weibliche Körper ist ein erstaunliches Instrument, das uns gestattet, mit unserer Umwelt zu interagieren, sie zu genießen und mehr über sie zu erfahren. Wir haben unseren Körper zu lange als ästhetisches »Work in Progress« und damit als ständig zu verbesserndes Objekt betrachtet, anstatt als kostbares Werkzeug, mit dem wir das Beste aus unserer Welt machen können.

Sie haben die Wahl. Schönheit allein ist keine Lebensgrundlage – im Gegensatz zu Ihren Gedanken, Ihren Beziehungen und dem, was Sie antreibt. Deshalb ist es an der Zeit, uns und andere Frauen nicht mehr danach zu bewerten, wie begehrenswert wir sind, sondern uns darauf einzulassen, selbst zu entscheiden, was Sexualität und Schönheit für uns bedeuten.

Keine Macht den Mobbern

»Bei der Arbeit fühle ich mich mitunter von den anderen Frauen ausgegrenzt. Ich weiß nicht, ob sie das wirklich so meinen, aber sie machen häufig bissige Kommentare zu meiner Kleidung – ich sei ja mutig, bei meinen Beinen flache Schuhe zu tragen, und Ähnliches –, und sie fragen mich nie, ob ich in der Mittagspause mitkommen will. Sie posten dauernd auf Instagram oder Facebook ihr Essen und verlinken sich gegenseitig. Ich habe das Gefühl, sie lassen mich absichtlich außen vor.«

Zoe (27)

Mobbing ist definitiv inakzeptabel, aber jeder hat es schon einmal am eigenen Leib erfahren, ob durch die Wortführerinnen in der Schule, eine Chefin, Facebook-»Freundinnen«, die Frauen, die uns am nächsten stehen, oder eigenes Tun. Vom Spielplatz bis in die Vorstandsetagen sind Beziehungen hierarchisch geprägt, so dass wir dem Mobbing nie entwachsen.

Manche Evolutionstheoretiker glauben, dass Mobbing sich bis in die frühesten Wurzeln der Menschheit zurückverfolgen lässt, in der unsere Vorfahren vor rund 250 000 Jahren lernen mussten zu überleben. Für Frauen war es von elementarer

Bedeutung, sich dazu mit anderen Frauen zu verbünden, aber gleichzeitig herrschte Konkurrenz, insbesondere um die Aufmerksamkeit von Männern. Das machte die Frauen unsicher und verletzbar.[1] Die Entwicklung der Fähigkeit, Situationen heimlich zu steuern und zu manipulieren, eröffnete ihnen die Chance, möglichst gefahrlos das zu bekommen, was sie wollten.

Mobbing unter Mädchen und Frauen findet häufig verdeckt statt – es gibt eine verborgene Kultur weiblicher Aggression. Mädchen verfügen über reichlich Instrumente, einander kleinzukriegen, darunter Tratsch, absichtliche Ausgrenzung und im Extremfall Hetze und Bloßstellung in sozialen Netzwerken. Frauen bevorzugen im Konkurrenzkampf generell Taktiken, die keine äußerlichen Narben hinterlassen, doch jede Frau, die schon einmal gemobbt wurde, weiß, dass die inneren Wunden weit schlimmer sind. Und deshalb möchte ich sie durch die Abgründe weiblicher Beziehungen führen, ob privat oder beruflich, damit Sie besser verstehen, warum Frauen einander schikanieren und wie man sich darüber stellt.

Gemeinsam sind wir stark

Die Vorstellung, dass Gemeinschaft die persönliche Sicherheit erhöht, stammt aus der Steinzeit, als es lebenswichtig war, einander Schutz und Unterstützung zu gewähren. In der heutigen westlichen Gesellschaft geht es für Frauen in der Gruppe weniger um körperliche als um emotionale Bedürfnisse. Eine Einzelgängerin steht nun einmal allein auf weiter Flur. Deshalb rankt sich unser ganzes Leben um Gruppen wie die Familie, Schulfreundinnen, Studienkolleginnen, die Frauen, mit denen wir Sport treiben, und natürlich die Kolleginnen bei der Arbeit. Isolation widerspricht allen sozialen Instinkten – wir wollen von anderen gemocht und akzeptiert werden. Als Teil einer Gruppe fühlen wir uns geschützt, gebraucht und zugehörig.

Vor diesem Hintergrund ist es kein Wunder, wie stark der Wunsch nach Zugehörigkeit zu einer Gruppe ist. Sozialpsychologen können seit langem belegen, dass dieser angeborene Drang so intensiv ist, dass regelmäßig Gruppen entstehen, nur damit man dazugehören kann.

Menschen schließen sich häufig zu Gruppen zusammen, in denen die Unterschiede zwischen Mitgliedern und Nichtmitgliedern kaum erkennbar sind. Dieses Phänomen nennt sich »minimales Gruppenparadigma« und wurde erstmals von dem britischen Sozialpsychologen Henri Tajfel und seinen Kollegen beschrieben, die in den 1970er Jahren eine viel beachtete Studie an 14- bis 15-jährigen Jungen durchführten. Dabei wurden die Teilnehmer (die einander vorher nicht kannten) gebeten, sich zwischen bestimmten Bildern von Klee und Kandinsky zu entscheiden. Anschließend teilte man ihnen mit, sie würden entweder zur Klee-Gruppe oder zur Kandinsky-Gruppe gehören. (Die Namen der Gruppen erweckten den Eindruck, die Wahl wäre aufgrund ihrer eigenen Entscheidung erfolgt, doch in Wahrheit war die Zuordnung völlig willkürlich.) Daraufhin begannen praktisch augenblicklich und eigentlich ohne jede Basis Gruppenbildungsprozesse. Im zweiten Teil des Experiments erhielten die Teilnehmer virtuelles Geld, das sie nach Gutdünken an die Mitglieder beider Gruppen verteilen sollten. Über die anderen Studienteilnehmer wussten sie nichts außer deren Teilnehmernummer, aber dennoch bevorzugten sie bei der Geldverteilung stets die »eigene« Gruppe. Diese Bevorzugung war mit keinerlei persönlichem Vorteil verbunden. Tajfel schloss daraus, dass Menschen »ihresgleichen« beschützen, weil Zugehörigkeit zur eigenen Identität beiträgt.[2]

Identitätsbildung ist ein Hauptgrund für die Anziehungskraft von Gruppen. Wenn wir mit anderen zusammen sind, können wir die wichtige Frage beantworten: Wer bin ich? Andere tragen nicht nur zu unserer persönlichen Identität bei, sondern helfen uns auch, eine breitere soziale Identität zu entwickeln – wollen wir beispielsweise diese Gruppe anführen oder uns lieber im Hintergrund halten? Dank der sozialen Medien und der allgemeinen Ich-Kultur beschäftigen wir uns mittlerweile allerdings weniger mit den Bedürfnissen der Gruppe als mit unseren eigenen. Die soziale Identität hat heute vielleicht etwas an Bedeutung verloren, aber unser Wunsch nach Gruppenzugehörigkeit ist nach wie vor sehr stark.

Ob eine Gruppe eine starke Identität und viel Macht hat (so wie die Wortführer in der Schule), steht und fällt mit den Mitgliedern. Sie sind die Bausteine des Images und der Identität der Gruppe. Gruppenmitglieder haben eine gemeinsame Basis, auch wenn diese so oberflächlich ist wie der Besitz einer Mulberry-Handtasche (als Symbol für Geld, Stil und Erfolg)[3] oder der Wunsch, in der Unterhaltungsbranche zu arbeiten.

Wenn wir einem Freundeskreis angehören wollen, müssen wir unser Benehmen so anpassen und verändern, dass es zu den Normen und Verhaltensvorgaben der Gruppe passt. Wer sich einer Volleyballmannschaft anschließt, sollte zum Beispiel den nötigen Kampfgeist mitbringen – wenn der Rest der Gruppe unbedingt ein wichtiges Spiel gewinnen will, sollten wir das nicht auf die leichte Schulter nehmen. Zahlreiche Studien belegen, dass wir uns in Gruppensituationen nach Möglichkeit anpassen (auch wenn die Gruppe sich ungewöhnlich oder merkwürdig verhält), weil wir nicht auffallen möchten. Ein berühmter Versuchsansatz stammt von dem amerikanischen Psychologen Solomon Asch, der in den 1950er Jahren das Thema Konformität untersuchte. Er bat Studienteilnehmer, sich einer achtköpfigen Gruppe anzuschließen, die nur so tat, als wären sie Teilnehmer (in Wahrheit waren es Schauspieler, die von Asch klare Anweisungen erhalten hatten). Man zeigte ihnen auf einem Bildschirm drei unterschiedlich lange Linien und dann eine weitere Linie als Referenz. Danach sollte die Gruppe sagen, welche zwei Linien gleich lang wären. Die Schauspieler in der Gruppe gaben (wie zuvor abgesprochen) die falsche Antwort. Und selbst wenn die richtige Antwort offensichtlich war, schlossen sich in über der Hälfte der Versuche 50 Prozent der Teilnehmer dem Rest der Gruppe an und nannten die falsche Antwort. Nur 25 Prozent aller Teilnehmer ließen sich nicht beeinflussen.[4]

1962 ersann Asch ein neues Experiment. Für den Fernsehbeitrag *Face the Rear* filmte er in einem Aufzug Schauspieler, zu denen sich ein Studienteilnehmer gesellte. Die Schauspieler hatten die Anweisung, mit dem Rücken zur Aufzugtür zu stehen und sich dann zur rechten oder linken Wand zu drehen, also nicht wie üblich mit dem Gesicht zur Tür. Der Teilnehmer wirkte jedes Mal verlegen und durcheinander, drehte sich dann aber langsam um, bis er in dieselbe Richtung blickte wie die Gruppe.

Unser Bedürfnis, uns anzupassen, ist also stärker als alles andere, vom Vertrauen auf die eigenen Augen bis hin zum gesunden Menschenverstand. Offenbar handelt es sich um einen sehr mächtigen Antrieb.

Und nun überlegen Sie, was dies vor der Kulisse der heutigen Technologie bedeutet, wo boshafte Kommentare schnell eskalieren. Vielleicht beruht manches davon auf dem Gefühl, sich mit einer bestimmten Gruppe verbinden zu müssen oder die eigene Zugehörigkeit zu demonstrieren. Isoliert würden solche Kommentare gemäßigter ausfallen.

Dabei wollen wir uns Gruppen nicht nur anschließen, sondern uns dadurch auch besonders und exklusiv fühlen. Deshalb möchten wir anderen den Zugang zu unserer Gruppe bewusst oder unbewusst erschweren.[5] Vom Spielplatz bis ins Büro gibt es Initiationsriten, auch wenn diese manchmal verkappt daherkommen. Mal muss man erst einmal den giftigen Kommentaren beim Mannschaftsabend standhalten, bevor man in die Universitätsmannschaft aufgenommen wird; mal gehört die

Teilnahme an einer Demonstration dazu, ehe man von einer Aktivistengruppe akzeptiert wird.

Gruppen erhöhen auf vielen Ebenen unser Sicherheitsgefühl, und das hat viele Vorteile, die uns im Leben eine Basis verschaffen, die wir allein nie erreicht hätten. Doch die Sicherheit, die wir aus unserer Gruppenmitgliedschaft beziehen, und die Sicherheit der Gruppe an sich müssen sorgfältig ausbalanciert sein. Gruppen sind fragile Gebilde, denn sie beruhen einzig und allein auf Menschen, deren Gefühle und Handlungen sich unablässig verändern. Um also von einer Gruppe optimal zu profitieren, müssen wir uns so viel individuelle Freiheit erhalten, dass wir über ihr Handeln nachdenken und es beurteilen können. Ansonsten riskieren wir, uns blind an Verhaltensweisen, Überzeugungen und Einstellungen anzupassen, die uns oder unseren Mitmenschen schaden könnten.

Gruppendynamik und Mobbingtaktiken

Für die meisten von uns gehören Schulfreundschaften zu den ersten wichtigen Gruppenerfahrungen außerhalb der Familie. Manche entstehen durch gemeinsame Interessen wie die Begeisterung für eine Band oder gemeinsames Joggen am Wochenende. Gruppenbildung signalisiert, dass man etwas gemeinsam hat, und das Besondere an einer Gruppe stärkt die Freundschaft und erzeugt bei Mädchen das Gefühl, irgendwo dazuzugehören und etwas Sinnvolles zu tun. Zudem imitieren Mädchen einander in vielerlei Bereichen. Das fängt schon im Grundschulalter an und kann alles Mögliche umfassen, ob Söckchen mit Wellenrand oder Pferdeschwanz am Mittwoch oder ähnlich bestückte Brotzeitdosen.

Beim Übergang auf die weiterführende Schule und mit Einsetzen der Pubertät verlassen sich Mädchen verstärkt auf ihre Freundinnen. Jetzt geht es nicht mehr um Hüpfspiele auf dem Pausenhof, sondern zunehmend um weniger konkrete, eher abstrakte emotionale Themen. Die Gruppendynamik beruht auf verbaler Kontaktaufnahme – die Mädchen erzählen einander von persönlichen Erfahrungen, Erlebnissen, Anregungen und Wünschen, reden aber auch über das Verhalten anderer Mädchen. Das ist die Geburtsstunde der Clique.

Gruppen, die sich in der Schule bilden, folgen häufig bestimmten Mustern: Es gibt die Beliebten, die Streberinnen, die Mädchenhaften, die Ehrgeizigen und die Sportlichen. Auch wenn jede Gruppe ihre eigene Identität besitzt, scheint Schulkindern besonders viel daran zu liegen, zu den Beliebten zu gehören (also zur Spitze der sozialen Nahrungskette). Die Gruppe der beliebten Mädchen entsteht, indem man Einzelne gemäß ihrer Beliebtheit und ihrem möglichen Beitrag zur Gruppe aufnimmt oder ausschließt. Meistens gibt es ein Mädchen, das sich von den anderen abhebt – dieses Mädchen übernimmt die Führungsrolle und beeinflusst Verhalten und Einstellung der anderen. Es beschließt, ob alle sich kohlenhydratfrei ernähren sollten oder ob sie nächstes Wochenende auf eine Party gehen. Es hat eine beste Freundin, und beide halten zusammen wie Pech und Schwefel. Klingt vertraut? Das dachte ich mir.

Von der beliebten Gruppe zurückgewiesen oder konkret schikaniert zu werden hat oft eine negative Wirkung, besonders für Jugendliche, die über die Gruppenzugehörigkeit ihre Identität und ein Gefühl sozialer Sicherheit entwickeln müssen. Entsprechende Untersuchungen legen nahe, dass Mobbing absichtlich stattfindet. In ihrem Bericht von 2010 zu Mobbing in der Schule argumentiert Alana James von der Goldsmiths-Fakultät der London University, dass Mobbing absichtlich geschieht und das Opfer gezielt verletzen und schädigen soll. Dass Freundinnen einander necken, ist ein unschuldiges Spiel, wenn es jedoch darum geht, jemanden gezielt zu verletzen, handelt es sich um Mobbing.[6]

Der norwegische Psychologieprofessor Dan Olweus verwendet dieselbe Definition für Mobbing, das er als »aggressive, absichtlich negative Handlung« bezeichnet, die sich über längere Zeit wiederholt.[7] Vereinfacht ausgedrückt ist Mobbing eine Machtdynamik zwischen zwei Menschen, bei der einer seine Macht über den anderen ausspielt. Dabei muss Mobbing keineswegs mit körperlichen Aggressionen einhergehen. Mädchen neigen eher zu verdeckteren, aber schädlicheren Taktiken und schikanieren ihre Opfer weniger körperlich als Jungen.[8]

Zu den typisch weiblichen Mobbingtaktiken gehören nachweislich Tratsch, Gerüchte streuen, Distanzierung und Ausschließen von sozialen Aktivitäten.[9] Der Mobber überzeugt andere Gruppenmitglieder mitzumachen, so dass die Verantwortung für das Handeln geschickt verteilt wird. Das macht das Vorgehen nicht nur undurchsichtiger, sondern erzeugt zugleich ein gemeinsames Geheimnis oder schlechtes Verhalten, das die Gruppe stärker zusammenschweißt. Das Opfer fühlt sich dadurch umgekehrt noch stärker verletzt und isoliert.

Während Jungen sich also eher körperlich traktieren, indem sie zuschlagen oder boxen und dann irgendwann aufhören (wobei Schikanen auch hier über Smartphones und soziale Netzwerke verbreitet werden und ausarten können), bleiben gezielte Aggressionen unter Mädchen häufig unauffällig. Schon auf dem Spielplatz heißt es: »Nein, du darfst nicht mitspielen«, und zwar Tag für Tag, und es hört einfach nicht auf. Frauen und Mädchen neigen als Täterinnen außerdem zu Heimlichtuerei. Anfang der 1990er Jahre untersuchten schwedische Wissenschaftler weibliche und männliche Aggression und stellten fest, dass Frauen sich ebenso feindselig verhalten wie Männer, aber nur, solange sie sich dabei unbeobachtet fühlen.[10]

Diese Form von verdeckter Schikane und Aggression gilt als »Beziehungsaggression«.[11] Bei der Untersuchung, wie Mädchen enge, von Zuneigung getragene Beziehungen aufbauen, zeigte sich, dass Mobberinnen diese Bindung gegen ihre Opfer verwenden, um gezielt deren Gefühle zu verletzen. Wenn zum Beispiel drei eng befreundete Mädchen regelmäßig Barbie-Kleider tauschen, eine aber das Outfit nimmt, welches das andere Mädchen gerade haben möchte, schließt die Mobberin das Mädchen aus der Gruppe aus und erzählt den anderen, sie würde die Kleider immer kaputt machen und könnte nicht mehr mitspielen. So wendet sich die Freundschaft gegen das Opfer. Es geht um Kontrolle durch Ausschließen, und das erklärt, warum Mädchen zu diesem Zweck so gern Gerüchte in Umlauf bringen.

Die Macht der Bienenkönigin

Vielleicht kennen Sie den Film *Girls Club – Vorsicht bissig!* (2004) mit der Schuldiva Regina George. Die Mobberin wird in der Schule von allen umschwärmt, und alle wollen zu ihrer Gruppe gehören. Sie ist clever, sie ist im Sport in den wichtigsten Teams, und alle Jungen laufen ihr nach. Unter erwachsenen Frauen sind es dieselben, die mobben – sie sind in ihrer Clique die unangefochtenen Anführerinnen, und alle wollen sich ihnen anpassen.

Aber warum reagieren Mädchen und Frauen in dieser Form? Dafür gibt es verschiedene Gründe. In manchen Fällen werden sie selbst zu Hause schikaniert oder misshandelt und ahmen die erlernte Familiendynamik nach. In anderen Fällen genießt die Mobberin einfach den damit verbundenen Machtzuwachs und die Aufmerksamkeit. Jedenfalls hat Mobben häufig etwas mit unzureichender sozialer Reife zu tun und geht auffallend oft mit einem Mangel an Empathie einher.[12]

Wir wissen jedoch, dass Mobben sich keineswegs auf die Schulzeit beschränkt. Auch im Berufsleben schüchtern Frauen andere Frauen ein. Bei einer Umfrage eines auf dieses Thema spezialisierten Instituts gab 2010 mehr als jede dritte Amerikanerin (35 Prozent!) an, schon einmal am Arbeitsplatz gemobbt worden zu sein.[13] Dr. Gary Namie, der Leiter der Studie, glaubt, dass Frauen ihre Kolleginnen häufig mobben, um in männlich dominierten Umgebungen voranzukommen. Aus feministischer Perspektive erscheint mir dieser Gedanke interessant: Die Vorstellung, dass geschlechtsspezifische Auffassungen über Stärke und Kontrolle das Verhalten am Arbeitsplatz vorschreiben – dass Frauen also in der Wirtschaft nur vorankommen, wenn sie sich in ein »Alphatier« verwandeln.

Die Mobberin hat eine überlegene soziale Stellung inne, denn sie entscheidet, wer zu ihrer Gruppe gehören soll und wer nicht. Mittels Kommentaren und Witzen zu Kleidung, Gewicht oder Arbeitsleistung anderer Mädchen und Frauen übernimmt sie bei der emotionalen Verfolgung eine aktive Rolle. Und wie viele Mobberinnen ist sie häufig selbst unsicher. Dass jemand anders ihre Position einnehmen oder ihr in der Gruppe ebenbürtig werden könnte, jagt ihr panische Angst ein.

Wenn eine junge Frau hübsch und talentiert ist und in der Schule oder im Beruf gute Leistungen erbringt, fühlen sich andere oft unterlegen. Solch eine Frau picken sich die Mobberin und ihre Komplizinnen gern als Opfer heraus und stellen sie als eingebildet und arrogant hin. Damit haben sie in ihren Augen die perfekte Ausrede, auf ihr herumzuhacken und ihr jede Chance zu nehmen, selbst eine beliebte Gruppenführerin zu werden.

Mit zunehmendem Alter und wachsender Konkurrenz um männliche Aufmerksamkeit gewinnt derartiges Mobben an Fahrt.[14] Die Soziologinnen Elizabeth Armstrong und Laura Hamilton stellten fest, dass »Zicken« ihr Verhalten an der Universität und auch im Beruf fortsetzen. Dabei werden ihre Taktiken mit den Jahren immer subtiler.[15] Erwachsene Mobberinnen legen es mitunter darauf an, sich mit anderen zu verfeinden, indem sie andere Frauen auf ihren Platz verweisen und Machtspielchen auskosten.

In jedem Setting kann es nur ein Alphaweibchen geben, und wenn dieses sich erst einmal positioniert hat, darf ihm kein anderes in die Quere kommen oder ihm den Status streitig machen. In ihrem Buch *Queen Bees and Wannabes* beleuchtet Rosalind Wiseman die Machtdynamik in weiblichen Freundeskreisen. Ihrer Ansicht nach gibt es häufig eine Bienenkönigin, die eine »Bankerin« steuert, welche ihr Informationen (also Klatsch) über die anderen Mädchen in der Gruppe zuträgt und diese dann in der Gruppe weitergibt, wo sie sich wie eine Infektion ausbreiten und Konflikte hervorrufen.[16] Die Bienenkönigin ist geschickt genug, sich vom Rest der Mädchen ausreichend zu distanzieren, um ihre Spitzenposition dadurch nicht zu gefährden.

Manche halten Margaret Thatcher für eine hervorragende Vertreterin dieser Taktik.[17] Die erste Premierministerin des Vereinigten Königreichs von Großbritannien und Nordirland hatte kein Interesse an Frauenproblemen. Ihre Haltung war: »Ich habe es geschafft. Die anderen können es mir gern nachmachen.« Thatcher verlegte sich auf eine maskuline, sehr selbstbewusste, kontrollierende Regierungsweise, mit der sie an der Macht blieb und sicherstellen konnte, dass sie die Oberhand behielt – deshalb nannte man sie die »Eiserne Lady«. In der Wirtschaft wird Frauen gern suggeriert, sie könnten nur erfolgreich sein, wenn sie sich genauso (rücksichtslos) benehmen würden wie Männer. Daraus folgern Frauen dann gern, dass es akzeptabel ist, andere Frauen zu manipulieren und zu schikanieren.[18] So werden Frauen ermutigt, einander zu demoralisieren und Wettbewerberinnen auszustechen – wie einst das umschwärmte Mädchen in der Schule.

2012 untersuchte Michelle Duguid von der Olin Business School die Fragestellung, warum Frauen, die es in der Wirtschaft ganz nach oben geschafft haben, nur selten dazu bereit sind, vielversprechende, ehrgeizige Frauen auf unteren Ebenen zu unterstützen und ihnen Mut zu machen.[19] Dabei entdeckte sie drei Schlüsselfaktoren: die Wettbewerbsdrohung, die kollektive Drohung und die Begünstigungsdrohung. Drohender Wettbewerb ist buchstäblich zu verstehen, denn die Spitzenfrauen befürchten, die Neue könnte qualifizierter, talentierter oder kompetenter sein als sie. Die andere Seite der Medaille ist die kollektive Drohung: Die neueste Mitarbeiterin gilt als weniger qualifiziert als die Mobberin, die nun befürchtet, dass die Neue zu den stereotypen Negativverhaltensweisen von Frauen greifen und den Status quo der übrigen Frauen in der Abteilung oder Firma gefährden könnte. Der dritte Faktor ist der Vorwurf der Begünstigung – so verrückt es auch erscheint,

Frauen wollen sich nicht vorwerfen lassen, dass sie andere Frauen unterstützen.

Im Beruf sollte keine positive Diskriminierung stattfinden müssen. So wie man niemanden einstellen sollte, weil er oder sie schwarz oder weiß ist oder aus Asien stammt, sollte man auch eine Frau nicht wählen, weil sie eben eine Frau ist. Umgekehrt sollten wir Kolleginnen aber auch nicht als Konkurrentinnen betrachten. Die Bankenkrise hat der ganzen Welt gezeigt, dass Alphatier-Gehabe bei der Arbeit – nur einer ist wichtig und trifft alle Entscheidungen – nicht funktioniert. Die Banken, die den Finanzcrash von 2007 überlebten, waren diejenigen, die stärker auf Zusammenarbeit gesetzt hatten.

Andererseits ist es nur natürlich, dass man im heiß umkämpften Arbeitsmarkt seine Position verteidigen und selbst brillieren will. Doch wir alle müssen neu definieren, was Erfolg für uns bedeutet, und herausfinden, wie wir unsere Fähigkeiten ins beste Licht rücken und gleichzeitig auf die Arbeitsleistung von Kollegen zurückgreifen können. Führungstalent bedeutet, dass man aus Menschen ihr Bestes herausholt, nicht dass man sie herabsetzt, um selbst zu glänzen. Teamwork ist in jeder Firma und Organisation von elementarer Bedeutung. Deshalb sollten Sie beruflich stets daran denken, jeden – auch andere Frauen – einzubeziehen.

Wer umgekehrt am unteren Ende der Hackordnung landet, fühlt sich mies und ungeliebt. Unabhängig von Person und Alter macht Mobbing Angst und erzeugt das Gefühl, allein und unzureichend zu sein. Die Frage »Warum ich?« ist ganz natürlich, ebenso die Selbstkritik, weil wir glauben, wir machten etwas falsch. Doch es ist nicht unsere Schuld! Wichtig ist, wir mit der Situation umgehen. Eine Kleinigkeit kann man ignorieren und einfach weitermachen, ohne auf die Provokation einzusteigen; das ist häufig die beste Vorgehensweise. Wenn Sie jedoch viel darüber nachdenken, Selbstzweifel entwickeln oder psychisch leiden, müssen Sie etwas unternehmen. Die meisten Mobber laben sich an den Reaktionen ihrer Opfer. Versuchen Sie, weder Angst noch Ärger zu zeigen, sondern geben Sie sich so selbstbewusst wie möglich. Konfrontieren Sie die Mobberinnen auf neutralem Boden, und achten Sie dabei auf Körpersprache (wie Sie stehen, Augenkontakt und so weiter) und eine sichere, nicht aggressive Stimmlage. Überlegen Sie sich vorher, was Sie sagen wollen, bleiben Sie bei den Fakten, und sagen Sie deutlich, welche Veränderung Sie sich wünschen. Je klarer Sie sich dabei ausdrücken, desto besser. Wenn das nicht funktioniert, können Sie einen Dritten einschalten, in der Firma zum Beispiel jemanden aus der Personalabteilung, zu Hause oder im sozialen Umfeld ein Familienmitglied oder eine Freundin. Wichtig ist: Wenn jemand mobbt, sagt das mehr über diese Person aus als über mich selbst.

Mobbing im Beziehungskarussell

Mobberinnen sind wohl ein unvermeidbarer Bestandteil der Gesellschaft. Ein Grund für die »Stutenbissigkeit« ist laut einer Untersuchung der Universität Ottawa der Wunsch, in der Dating-Hierarchie ganz oben zu stehen (und dort zu bleiben), und für dieses Ziel setzen Frauen gezielt bestimmte Methoden ein, darunter Klatsch und Tratsch, Kritik von Äußerlichkeiten, Ausschließen und Gerüchte säen (»Sie ist eine Schlampe.«).[20]

Ab der Pubertät beteiligt sich eine erschreckend hohe Anzahl Mädchen an dieser Strategie. Die kanadischen Wissenschaftler stellten fest, dass über die Hälfte der 15-jährigen Mädchen ihre Altersgenossinnen durch Mobbing oder indirekte Aggressionen kontrollieren (was nur jeder fünfte Junge tut). Wir haben bereits festgestellt, dass Mädchen lieber verdeckt vorgehen, denn im Gegensatz zu einer körperlichen Auseinandersetzung besteht dabei nur geringe Gefahr, selbst verletzt zu werden. Zugleich halten sie sich damit die perfekte Ausrede offen – sie können schließlich immer behaupten, sie hätten niemandem wehtun wollen. Solche »Zickenkriege« werden mit zunehmendem Alter schlimmer und flammen ab dem Teenageralter bis Anfang 20 – also in den Jahren, in denen der stärkste Wettbewerb um potenzielle Partner herrscht – immer wieder auf.[21] Man geht daher davon aus, dass Mobbing abläuft, weil die jungen (und auch die älteren) Frauen um männliche Aufmerksamkeit buhlen.[22]

Mobbingopfer tröstet möglicherweise die nachweisliche Erkenntnis, dass die Gefahr, gemobbt zu werden, mit zunehmender Attraktivität steigt. Es gibt auch Hinweise, dass Frauen, die als »leicht zu haben« gelten oder zumindest gerne flirten und provokativer auftreten als andere, vermehrt den Feindseligkeiten anderer Frauen unterworfen sind. Sex ist für Frauen seit Urzeiten ein wichtiges Verhandlungsargument bei der Frage der Partnerwahl. Frauen unterdrücken das Sexualverhalten anderer Frauen, indem sie schlecht über sie reden oder solche Frauen ausschließen, um auf diese Weise die eigenen Chancen auf einen Sexualpartner zu erhöhen. Eine Theorie besagt, dass sexuell promiskuitive Frauen Sex zu leicht verfügbar machen, womit dessen »Marktwert« sinkt. Ich bin mir nicht sicher, ob diese These nicht vielleicht auf Vorurteilen über beide Geschlechter beruht, doch es ist ein Ansatz, der gern genannt wird, um weibliches Mobbingverhalten aus evolutionärer Sicht zu erklären.[23]

So besehen hat es seinen Sinn, dass Frauenmobbing so gut wirkt – wenn eine Frau eine andere Frau demütigt und verunsichert, wird diese dadurch weniger begehrenswert und fällt als Rivalin um die männliche Aufmerksamkeit aus.[24]

Cybermobbing

Die digitale Revolution und die damit verbundenen technischen Fortschritte haben unsere Kommunikationsweise und die Art des Beziehungsaufbaus völlig verändert. Auch die Mobbingmethoden verändern sich. Besonders junge Menschen sind zunehmend verwundbar, denn Mobbing beschränkt sich nicht mehr auf die Schule, sondern wird durch Textnachrichten und soziale Netzwerke allgegenwärtig.

Die Macht des Internets, wo Mobber unsichtbar bleiben können, erschwert es Eltern, Lehrern und Polizei massiv, die Online-Aktivitäten junger Leute zu beobachten und zu überwachen, vor allem, wenn man bezüglich der angesagten Apps und Technologien nicht auf der Höhe der Zeit ist. Zudem gibt es unendlich viele Wege, andere über Netzwerke, Chaträume oder Apps zu schikanieren, die häufig eine perfekte Plattform für sexuell provokative Nachrichten, Drohbotschaften oder gewalttätiges Material bilden. Und Cybermobbern stehen etliche Möglichkeiten offen, ihre Spuren zu verwischen.

Wie Trollen ist auch Cybermobbing ein Produkt des Internets. Menschen können bequem anonyme Botschaften senden und üble Nachrede verbreiten, ohne befürchten zu müssen, dass dies auf sie zurückfällt. Die Verlockung ist daher sehr hoch. Im März 2013 erschien im Vereinigten Königreich ein Regierungsbericht zum Thema Mobbing, demzufolge 38 Prozent der jungen Briten schon gemobbt wurden. 2011 und 2012 riefen 31 599 Kinder bei ChildLine, einer Notrufnummer für Kinder, an, weil sie gemobbt wurden. Bei Mädchen bleibt es dabei im Gegensatz zu Jungen doppelt so häufig nicht bei einem einmaligen Ereignis, sondern das Mobbing wird zur Dauererfahrung.[25]

Die Technik tritt an die Stelle früherer Möglichkeiten, bei denen es immer noch zeitliche Verzögerungen gab, in denen eventuell noch einmal darüber nachgedacht wurde, was man gerade anrichtet. Doch seit dem Siegeszug des Smartphones lässt sich Filmmaterial in Sekundenschnelle aufnehmen und ins Netz stellen. Die Kurzlebigkeit der Online-Welt lässt kaum noch Zeit und Raum zum Nachdenken. Wenn man vor einigen Jahren ein Bild verbreiten wollte, musste man es aufnehmen, warten, bis es entwickelt war und danach überlegen, wem man es zeigen wollte. Dieser Person oder diesen Personen konnte man es dann zuschicken oder eine Begegnung vereinbaren. Das waren diverse separate Stufen, und auf jeder Stufe dieses Prozesses waren bestimmte Überlegungen erforderlich. Heute hingegen wird geklickt, hochgeladen, und sofort kann man ein Bild mit Millionen teilen – ohne noch zu überblicken, welche Folgen dies haben kann.

Ein Beispiel hierfür ist der Fall des 17-jährigen »Slane Girl«, die wegen ihrer sexuellen Kontakte zu zwei Männern im Rahmen des Eminem-Auftritts beim Slane-Concert 2013 bekannt wurde. Jemand fotografierte sie, während sie einen der beiden oral befriedigte, und schon einen Tag später war das Bild viral geworden. #Slanegirl war ein weltweiter Trend auf Twitter, und die Facebook-Seite »Slane Girl«, die kurz darauf erstellt wurde, erhielt 8000 Likes, bevor sie geschlossen wurde. Bis dahin jedoch war das Slane Girl bereits identifiziert und ihr Name öffentlich bekannt, obwohl sie noch nicht einmal volljährig war. Die Fotos wurden später von Webseiten entfernt und Konten gesperrt, nachdem man das Mädchen als »Schlampe«, »Hure«, »verdorben« und »widerwärtig« beschimpft hatte. Die junge Frau war von dem Medienecho so traumatisiert, dass sie ins Krankenhaus eingeliefert werden musste; der Mann hingegen galt als Held.

Seiten wie Facebook gestatten uns das Versenden privater Nachrichten und die öffentliche Bekanntgabe von Informationen aus unserem Leben durch Updates, Pinnwandeinträge und Fotos, auf die der Rest der virtuellen Gemeinschaft reagieren kann. Zugleich ist Facebook das perfekte Medium, um andere auszugrenzen. Man kann beispielsweise Events veröffentlichen, bestimmte Leute absichtlich davon ausschließen und ihnen dies dann unter die Nase reiben, indem man Bilder veröffentlicht, auf denen alle Teilnehmer markiert sind. Die ausgegrenzte Person entdeckt dann morgens im Onlinefeed, dass sie die einzige war, die zu einer bestimmten Party nicht eingeladen wurde. Solche Ausgrenzungen oder Ablehnungen schwappen häufig in unser reales Leben über.[26]

Die Online-Welt beeinflusst auch, wie wir uns auf tieferer Ebene mit anderen verbinden, und sie desensibilisiert für die Gefühle andere Leute. Welche Wirkung es hat, wenn wir bestimmte Nachrichten mit »Gefällt mir« markieren oder kommentieren, ist uns nicht so bewusst, weil uns diese Wirkung emotional nicht erreicht. Eine Online-Handlung ist nicht dasselbe wie ein körperlicher Angriff oder ein persönliches Gespräch – hinterher schaltet man einfach Smartphone oder iPad ab und tut so, als wäre nichts gewesen.

Schlampen-Alarm

Dank der sozialen Medien herrscht eine gewisse Verwirrung, welches Verhalten online als »normal« gilt. Uns wird eingeredet, dass wir begehrenswert und sexuell freizügig, aber gleichzeitig unschuldig zu sein haben. Das Profilbild auf Facebook muss also scharf oder sexy aussehen, aber nicht so, als würde man die Männer wechseln wie die Höschen. Noch verstörender ist der Eindruck, dass wir offenbar zunehmend in dem Bewusstsein leben, nach unserem Sexappeal bewertet zu werden (siehe auch »Schlankheits- und Schönheitswahn«, S. 43). Also müssen Frauen den Balanceakt zwischen Online- und Offline-Persönlichkeit bewältigen und entscheiden, welche sexuelle Identität online akzeptabel erscheint.

Deshalb ist ein neues Regelwerk entstanden, was online und real als »nuttig« gilt. Diese Parameter beruhen auf dem Respekt vor anderen innerhalb unseres sozialen Kreises. Wer den Partner der Freundin küsst oder ein Oben-ohne-Bild auf Instagram einstellt, kann zum Beispiel den eigenen Ruf schädigen. Auf diese Weise lernen wir, einander gegenseitig zu kontrollieren und uns gleichzeitig von den »Schlampen« abzugrenzen, die diese zentrale Regel nicht kennen[27] – wir sagen also: »Ich bin keine Schlampe, denn ich habe nicht dasselbe gemacht wie die da.«

Schlampen-Dreschen (»Slut Shaming«)[28] mag nur unter jungen Mädchen verbreitet sein, doch dem Opfer haftet dieses Etikett noch lange Jahre an. Der Soziologe Michael Flood stellte fest, dass Begriffe wie »Schlampe« oder »Nutte« ein machtvolles Instrument sind, um das sexuelle Verhalten und Wissen und die Erfahrungen von Frauen zu regulieren.[29]

Als Schlampe in Misskredit zu geraten, kann jedem Mädchen passieren.[30] Verhaltensforscher haben festgestellt, dass Mädchen Konkurrenzgefühle entwickeln und sich bedroht fühlen, wenn andere rascher reifen als sie. Wenn die meisten Mädchen noch einfache Tops tragen, eines aber bereits einen BH, wird es von den Mädchen kritisch beäugt, weil es die Aufmerksamkeit der Jungen auf sich zieht. Das Mädchen gerät dann in Gefahr, gemobbt zu werden, und sein Körper leistet den Gerüchten Vorschub, weil die Mobber herumerzählen, sie sei eine Schlampe, auch wenn sie noch gar nicht sexuell aktiv ist.[31] Mädchen werden aber auch abgestempelt, weil sie einen Jungen küssen, ohne Beziehung Sex haben oder sich sexy kleiden.[32] Und diese Titulierung ist nicht nur eine verbale Beleidigung, sondern breitet sich aus und kann zu Hänseleien führen, Freundschaften zerbrechen lassen und zur Folge haben, dass man mit anderen Personen in einen Korb geworfen wird, die für ihre sexuelle Freizügigkeit berüchtigt sind. Gleichzeitig kann so ein Mädchen eher Opfer von sexuellem Missbrauch und Misshandlungen durch Jungen werden, die glauben, es wäre leicht zu haben.[33]

Eine Studie von Tracy Vaillancourt von der Universität Ottawa untersuchte 2011, wie Menschen sexuelle Gerüchte verbreiten, und stellte fest, dass Frauen diese Taktik regelmäßig zum Mobben einsetzen.[34] Für diese Studie teilte man junge

Frauen in Paare ein und gesellte ihnen jeweils eine hübsche Frau hinzu, die entweder sexy oder unauffällig gekleidet war. Jedes Zweierpaar verhielt sich der sexy gekleideten Frau gegenüber verdeckt aggressiv. Das zeigt, dass attraktive Frauen von anderen häufig als Bedrohung wahrgenommen werden, insbesondere wenn der eigene Freund oder Ehemann in der Nähe ist.

Die Psychologin Kathryn Stamoulis ist der Ansicht, dass der Begriff »Schlampe« aktuell einen Bedeutungswandel durchläuft und mitunter bewusst zur Schau getragen wird.[35] Sie erklärt, dass viele unterdrückte Gruppen auf diese Weise versuchen, das Wort zurückzuerobern, das sie am meisten verletzt, und ihm damit einen Teil seiner Macht nehmen. So verwenden beispielsweise einige Schwarze das Wort Neger. Als der kanadische Polizist Michael Sanguinetti 2011 erklärt, Frauen sollten sich nicht schlampenhaft kleiden, damit sie nicht angegriffen oder vergewaltigt werden, schlossen sich feministisch gesinnte Frauen zu Protestmärschen, den »Slut Walks« zusammen, um die Thematik der »Schlampen« ins Bewusstsein zu rücken. Bis die Sexualität von Frauen jedoch neu gesehen wird, können wir dieses Wort trivialisieren, so sehr wir wollen – es wird seinen Stachel behalten.

Als ich vor einigen Jahren Untersuchungen zum Thema Sexualisierung durchführte, gewann ich den Eindruck, sexuelles Mobbing sei im Anstieg begriffen.[36] Ob online oder durch körperliche Belästigung in der Schule, am Ausbildungs- oder Arbeitsplatz: Sexuelles Mobbing ist ein unglaublich persönlicher Angriff, auf den das Opfer mit Angst, Isoliertheitsgefühl, Depressionen und schlimmstenfalls Suizidgedanken reagiert. Das liegt vermutlich daran, dass den sexuellen Entscheidungen und dem Verhalten junger Frauen so viel Wert beigemessen wird (was sie auf ihre sexuelle Attraktivität reduziert). Damit muss Schluss sein! Wir müssen uns gegen die Wertungen auflehnen, die in der Sprache auftauchen, sobald wir über Frauen und Sexualität sprechen, denn letztendlich mobben wir damit uns selbst – weil wir es nicht schaffen, ein lächerliches Konglomerat unklar gezogener Grenzen und antiquierter Ideale zu durchbrechen, das den Wert einer Frau an ihrem sexuellen Verhalten misst.

Die Busenfeindin

In der englischsprachigen Bloggerszene kursiert das griffige Wort »Frenemy«, eine Mischung aus friend (Freund) und enemy (Feind), das psychologisch durchaus einleuchtend erscheint, weil es für passiv-aggressive Freunde steht, die häufig mit uns konkurrieren. In schweren Zeiten sind sie gerne für dich da, doch wenn alles bestens läuft, fällt es ihnen schwer, dir dein Glück zu gönnen. Was bei einer solchen Busenfeindin schmerzt, sind die vielen positiven Dinge, die sie und ihre Freundschaft mit sich bringen. Busenfeindinnen können phantastische Freundinnen sein, doch sobald es um Männer oder Karriere geht, können sie eifersüchtig reagieren, konkurrieren und es genießen, uns auszustechen.

Derartige Beziehungen sind sogar gesundheitlich belastend, denn sie können die Stimmung drücken und Stress auslösen.[37] Das belegt eine Studie von 2003, bei der die Teilnehmer drei Tage lang ein Blutdruckmessgerät trugen und alle sozialen Interaktionen dokumentierten, die länger als fünf Minuten dauerten. Außerdem bewerteten sie die Begegnungsqualität.[38] Wie zu erwarten stieg der Blutdruck der Teilnehmer an, wenn sie ambivalenten Freunden oder Busenfeindinnen begegneten. Überraschenderweise lag der Blutdruck in der Gegenwart von Busenfeindinnen höher als bei Klassenkameraden oder Kollegen, die den Freiwilligen ausdrücklich unsympathisch waren.

Ein denkbarer Grund dafür wäre, dass eine bereits vorhandene Antipathie gegenüber einer bestimmten Person bei einer Begegnung nicht überraschend auftritt. Ja, wir fühlen uns in ihrer Nähe unangenehm, aber wir wissen bereits, dass wir mit diesem Menschen nicht gut auskommen. Gegenüber einer Busenfeindin empfinden wir jedoch Hass und Liebe zugleich – ähnlich wie bei einem Exfreund –, so dass es immer wieder aufs Neue schmerzt, wenn diese Person etwas sagt oder tut, das uns verletzt. Wir haben es nicht kommen sehen.

In einer früheren Studie derselben Forschungsgruppe wurden 133 Personen zwischen 30 und 70 gebeten, ihre Freunde nach ihrem unterstützenden beziehungsweise verletzenden Verhalten zu sortieren.[39] Danach bekamen die Teilnehmer zwei stressige Aufgaben vorgesetzt: eine Kopfrechenaufgabe und eine Situation, in der sie sich verbal gegen eine falsche Anschuldigung zur Wehr setzen mussten. Diejenigen, die in ihrem Bekanntenkreis mehr ambivalente Freundschaften aufwiesen, reagierten bei den Aufgaben mit einem Anstieg von Puls und Blutdruck, waren also stärker gestresst. Diese Teilnehmer wiesen zugleich vermehrt Anzeichen für Depressionen auf. Belastende Freundschaften können also den Stresspegel heben, wohingegen gesunde, unterstützende Freundschaften uns helfen, besser mit Stress umzugehen.

Wenn man dies berücksichtigt, erscheint es verrückt, dass wir überhaupt solche Freundschaften pflegen. Studien belegen jedoch, dass wir an schwierigen Freundschaften aus sentimentalen Gründen festhalten, zum Beispiel weil man zusammen zur Schule gegangen ist. Derartige Beziehungen bestehen also fort, weil man sich schon lange kennt, obwohl diese Menschen sich nicht wie echte Freunde verhalten. Gleichzeitig sind wir der Ansicht, dass die positiven Anteile dieser Person und ihrer Freundschaft die negativen überwiegen.

Wer die Beziehung zu einer Busenfeindin aufrechterhalten will, sollte darauf achten, sich für deren unangenehme Verhaltensweisen einen emotionalen Rettungsanker zuzulegen. Wenn die andere beispielsweise Verabredungen regelmäßig in letzter Minute absagt, müssen wir uns klarmachen, dass dies nichts mit uns zu tun hat. Bleiben Sie also nicht frustriert zu Hause, sondern verabreden Sie sich künftig mit einer ganzen Gruppe und gehen Sie trotzdem aus.

Und jetzt?

Wie durchbrechen wir die schier endlose Mobbingspirale?

Zunächst einmal sollten wir uns vor Augen halten, dass Mobbing etwas ist, das den meisten Menschen einmal widerfährt. Von Mobbing ist heutzutage schnell die Rede; wir müssen Neckereien, Frechheiten oder Störungen abgrenzen von Verhaltensweisen, die uns zum Opfer abstempeln und uns gezielt verletzen sollen. Gegen die zuerst genannten Verhaltensweisen gibt es zwei Gegenmaßnahmen – man ignoriert die Person, oder man spricht sie darauf an und macht ihr bewusst, was dieses Verhalten auslöst. Das reicht normalerweise völlig aus. Bei absichtlichem Mobbing hilft je nach Zusammenhang (am Arbeitsplatz oder in sozialen Gruppen) das Hinzuziehen einer dritten Partei, die den Mobber zur Rechenschaft ziehen kann. Ein guter erster Schritt besteht auf jeden Fall darin, das Problem nicht bei sich selbst zu suchen, sondern bei der Person, die mobbt.

Das schlimmste Mobbing tun wir meiner Erfahrung nach uns selbst an. Für eine gesunde Selbstachtung müssen wir ein Gefühl dafür entwickeln, was wir mit unserem Leben anstellen wollen. Konzentrieren Sie sich auf Ihre Stärken, bauen Sie diese aus, strengen Sie sich an, um Ihre Ziele zu erreichen, und nehmen Sie Anerkennung an. Dazu muss man begreifen, worin man selbst gut ist, und diese Talente gewinnbringend nutzen. Noch wichtiger ist das Ende des Selbstmobbings durch Vergleiche mit anderen. Konzentrieren wir uns lieber darauf, was *uns* besonders macht. Akzeptieren Sie, dass jeder Mensch gelegentlich versagt. Es geht darum, wie man mit dem Auf und Ab des Lebens umgeht.

Natürlich kann das hart sein, besonders wenn das Leben uns übel mitspielt. Doch mit einer positiven Lebenshaltung können wir der inneren Mobberin (und den anderen, die uns von außen zusetzen wollen) ein Schnippchen schlagen. Wer jedwedes Mobbing im Keim ersticken will, muss die eigenen platonischen und sexuellen Beziehungen durchschauen. Nur so können wir erkennen und wertschätzen, was eine gesunde Beziehung ausmacht, anstatt sich zu wünschen, bei der Arbeit, an der Uni oder wo auch immer zur beliebtesten Gruppe zu gehören. Wenn wir uns lediglich dem unterwerfen, was die umschwärmten Frauen tun, und nachahmen, wie sie auftreten, sich kleiden oder reden, erreichen wir leicht das Gegenteil von dem, was wir wollen.[40]

Es ist ganz natürlich, zu verschiedenen Gruppen gehören zu wollen, aber wenn Sie mit Ihren Kolleginnen zusammenarbeiten oder die neuen Nachbarinnen näher kennen lernen wollen, müssen Sie immer darauf achten, sich nicht zu verstellen, nur um dazuzugehören. Wenn die neuen Mitbewohner also zu einer Raveparty wollen, die Musik und Atmosphäre Ihnen aber nicht gefällt, dann gehen Sie nicht mit! Von Gruppen profitieren wir nur dann wirklich, wenn wir dabei ein Individuum mit ganz persönlichen Interessen und Abneigungen bleiben, gleichzeitig aber etwas mit anderen Menschen in der Gruppe gemeinsam haben. Also gehe ich mit den neuen Freunden vielleicht nicht zu der Technoparty, aber durchaus einmal in eine angesagte neue Bar.

Achten Sie darauf, wie Frauen einander im Verborgenen mobben. Wir werden dazu ermuntert, gegenseitig auf uns herumzuhacken – lassen Sie sich nicht dazu hinreißen. Durch gezieltes Arbeiten am eigenen Selbstwertgefühl sinkt das Bedürfnis, auf andere herabzusehen und ihr Erscheinungsbild oder ihre Arbeitsleistung zu kritisieren. Und wenn Sie merken, dass Sie gemobbt werden, machen Sie sich bewusst, dass dies nicht unbedingt auf eine eigene Schwäche hindeutet. Sehr häufig werden Frauen von anderen als Bedrohung eingestuft – eine Konkurrentin, die auszuschalten ist –, weil sie intelligent, erfolgreich und attraktiv sind. Das sollten Sie also im Hinterkopf behalten.

Auf eigenen Beinen stehen

»Ich habe immer von einem Job in der Unterhaltungsbranche geträumt, und meine Eltern haben mich sehr unterstützt. Nach der Uni wollte ich mit meiner besten Freundin eine Wohnung in London mieten, mit Blick auf die Themse. Stattdessen arbeite ich in einem Gesundheitszentrum in der Verwaltung und teile mir mit anderen ein Haus in einem heruntergekommenen Vorort. Ich habe jeden Monat Mühe, meine Rechnungen zu zahlen, und bin ganz und gar nicht in Promikreisen unterwegs, auch wenn ich mir etwas anderes wünsche!«

Marissa (24)

Was wollten Sie werden, als Sie klein waren? Krankenschwester? Tänzerin? Superheldin?

Kindern erscheint das Erwachsenenleben wie ein weiteres lustiges Spiel, doch spätestens wenn wir als Jugendliche mit der rauen Wirklichkeit konfrontiert werden und begreifen, dass wir niemals so eine Schönheit wie Sandra oder so eine Überfliegerin wie Marlene werden, müssen wir begreifen, dass das Leben nicht immer unseren Vorstellungen entspricht.

Dieses unangenehme Erwachen wiederholt sich Anfang 20, und für Frauen dürfte das einer der schwierigsten Lebensabschnitte sein. Es ist eine Übergangsperiode, in der wir unser sicheres, geregeltes Zuhause (und unsere Eltern) verlassen und als unabhängige Person zu leben beginnen. Viele Erfahrungen machen wir nun zum ersten Mal: der erste Job, die erste Wohngemeinschaft, der erste Umzug in eine andere Stadt, die erste ernsthafte Beziehung. Das alles kann aufregend sein, ist aber zugleich verwirrend. Deshalb wächst die Unsicherheit, und man fragt sich: »Wohin geht meine Reise?«

Da kann Beyoncé noch so leidenschaftlich die »Independent Woman« (unabhängige Frau) besingen – wenn die Eltern einem kein Taschengeld mehr zustecken, die Wäscheberge wachsen und uns nach einem miesen Tag keiner tröstend in den Arm nimmt, können wir uns nicht mal mehr über die todschicken, mühsam ersparten Schuhe an unseren Füßen freuen, schließlich haben wir uns darin gerade üble Blasen gelaufen …

Während der ersten tastenden Schritte im Erwachsenenleben müssen wir uns der Erkenntnis stellen, dass Karriereträume, das eigene Haus und finanzielle Freiheit in weiter Ferne liegen. Das erste Gehalt oder gar nur der erste Praktikantenlohn reichen vielleicht kaum zum Überleben, geschweige denn für eine Garderobe à la Victoria Beckham oder ein Partyleben à la Kelly Brook. Gleichzeitig müssen wir uns um neue Freundschaften und den Ausbau unseres eigenen sozialen Netzes bemühen. Das ist anstrengend und kann daher eine einsame und harte Zeit sein. Doch wir wachsen an solchen Herausforderungen – ehrlich!

Miss Independent

Was bedeutet es heutzutage, als Frau unabhängig zu sein? Unabhängig ist eine finanziell autarke Frau ebenso wie eine alleinerziehende Mutter. Unabhängigkeit beruht sowohl auf persönlichen Entscheidungen als auch auf unserer finanziellen Situation – wollen wir beispielsweise unser Leben mittels Kreditkarten und Versandkäufen auf Pump finanzieren oder uns unser Budget einteilen und notfalls Überstunden schieben? Mit dem Freund zusammenzuleben und bei allem Halbe-Halbe zu machen kann ebenso für Unabhängigkeit stehen wie die selbst finanzierte Weltreise. In meinen Augen ist Unabhängigkeit eng mit Autonomie verbunden, dem Bewusstsein, selbst zu entscheiden, wie wir unser Leben führen wollen.

Knifflig wird es, wenn der Wunsch nach Unabhängigkeit und die Erwartungen an diesen Status im wahren Leben unerfüllbar sind. Diese Erkenntnis kann erschreckend sein, entmutigen und sogar die Selbstwahrnehmung beeinträchtigen. Die Gesellschaft suggeriert, dass wir mit Mitte 20 die ersten Schritte im Beruf geschafft haben, in einer angesagten Gegend wohnen und wie ein Star aussehen sollten. Dadurch kann ein enormer Druck entstehen.

Der Auszug von Zuhause ist zwar ausgesprochen aufregend,

aber häufig folgt darauf das Gefühl, nun ohne das elterliche Sicherheitsnetz dazustehen und ganz allein auf sich gestellt zu sein. So ähnlich fühlen sich auch Frauen, die finanziell von ihrem Freund oder Mann abhängig geworden sind und nach einer Trennung erstmals zusehen müssen, wie sie nun für sich selbst aufkommen.

Für diesen Lebensabschnitt gibt es unterschiedliche Anpassungsstrategien. Manchen kommt es so vor, als hätten sich ihr Selbstvertrauen und ihr Sicherheitsgefühl in Luft aufgelöst (häufig weil bisher immer die Eltern zur Stelle waren, wenn es eng wurde); andere hingegen genießen es, alles aus eigener Kraft und nach eigenem Gusto zu regeln. Wenn es darum geht, allein zurechtzukommen, hat jede Frau ihr eigenes Tempo, und Vergleiche mit den Freundinnen sind wie üblich nicht sonderlich zielführend. Denken Sie lieber daran, was Sie in Sachen Unabhängigkeit gewinnen, nicht daran, was Sie verlieren. Ja, der Geldbeutel kann schmaler werden, aber es liegt eine gewisse Befreiung darin, die eigenen Bedürfnisse nach Priorität zu ordnen. Wir müssen uns auf das Wichtige konzentrieren und eventuell gründlich in uns gehen, um festzustellen, was uns am meisten wert ist. Mehr Selbstbestimmung geht stets mit Verantwortung einher, und auch wenn es uns zunächst Angst macht und auch schwierig sein kann, ist es doch enorm befriedigend, dass wir unabhängig zurechtkommen und uns auf die eigene Kraft verlassen können.

Gehalt, Karriere und der Arbeitsmarkt

Die Wirtschaftskrise zu Beginn des 21. Jahrhunderts hat das Leben junger Menschen radikal verändert, und zwar nicht nur die unmittelbare Zukunft. Die Bankenkrise, die 2008 begann, hatte mancherorts katastrophale Auswirkungen auf den Arbeitsmarkt, während gleichzeitig die Mieten in astronomische Höhen schnellten. In vielen Gegenden im Vereinigten Königreich sind auch die Immobilienpreise seither derart gestiegen, dass Mittzwanziger vom Eigenheim nur noch träumen können. Das Geld reicht weder für die Raten noch für ein Objekt, das auch nur annähernd in der gewünschten Gegend liegt. Bei Mietwohnungen sieht es ähnlich aus. Wer gerade mit der Schule fertig ist und nun ein Studium anfängt, bekommt beim Blick in die Wohnungsanzeigen einen ordentlichen Schreck. Die persönliche Entscheidungsfreiheit ist somit begrenzt: Entweder wenden wir weit mehr als die durchschnittlichen 28 Prozent des Haushaltseinkommens für die Miete auf, oder wir entscheiden uns für eine Wohngemeinschaft.[1] Doch ist es extrem schwierig, zusätzlich zur Miete noch einen angemessenen Eigenkapitalanteil für Wohneigentum zusammenzusparen. Dazu kommt vielleicht noch ein Darlehen für die Ausbildungs- oder Studiengebühren, ein eigenes Auto, hohe Lebenshaltungskosten … das eigene Haus rückt in weite Ferne.

Die Konjunktureinbrüche nach der Finanzkrise haben die Jobchancen vor allem junger Menschen stark beeinträchtigt, und viele Firmen quetschen unter diesem Druck das Letzte aus ihnen heraus, greifen zu Praktikanten- und Zeitverträgen oder frieren die Gehälter ein. In vielen Ländern werden soziale Absicherungen wie die Arbeitslosenversicherung ausgedünnt oder sind für Berufsanfänger noch nicht ausreichend tragfähig.

Dank der Bildungsoffensive der letzten Labour-Regierung hat sich im Vereinigten Königreich seit 1997 der durchschnittliche Schulbesuch verlängert. Mehr junge Menschen studieren und treten später ins Arbeitsleben ein. Ausgerechnet zum Zeitpunkt der Wirtschaftskrise gab es dadurch zahlreiche Universitätsabgänger, die beruflich nur schwer einen Einstieg fanden (eine ähnliche Krise traf in Deutschland in den 1990er Jahren insbesondere Absolventen der Naturwissenschaften).

In vielen Ländern Europas gibt es aktuell viele hoch qualifizierte, arbeitslose junge Menschen, die viele Jahre und viel Geld in ihre Ausbildung investiert haben, von der sie sich einen guten Job und ein gutes Auskommen erhofften. Diese jungen Menschen stellen nun fest, dass sie um schlecht bezahlte Praktikantenstellen konkurrieren, auf denen sie als Arbeitnehmer ausgebeutet werden und nur mit einem Nebenjob über die Runden kommen, die Eltern um Unterstützung bitten oder wieder zu Hause einziehen müssen. Und wenn man das Glück hat, einen sicheren Arbeitsplatz zu ergattern, hat dieser häufig nichts mit der eigentlichen Ausbildung zu tun. Eine Biologin arbeitet dann plötzlich als persönliche Assistentin für den Geschäftsführer eines Baukonzerns, oder eine Historikerin landet in der Logistik.

Laut einer Studie des Nationalen Amts für Statistik (ONS)

lag der Durchschnittslohn einer Frau im Vereinigten Königreich 2013 bei rund 24 000 Pfund pro Jahr (33 200 Euro), wobei weibliche Graduierte tendenziell eher unter ihrer Qualifikation arbeiteten als ihre männlichen Kollegen. Auch insgesamt liegt die Beschäftigungsquote bei Männern über 22 Jahren höher als die gleichaltriger Frauen; Zahlen des Statistischen Bundesamts kommen zu ähnlichen Ergebnissen.[2] Die Umfrage »The Mistakes That Girls Make« (»Die Fehler, die Mädchen machen«) unter 3600 Leserinnen des Magazins *Glamour* stellte fest, dass 61 Prozent der Befragten gegenwärtig mehr ausgeben, als sie verdienen. 38 Prozent greifen auf ihren Überziehungsrahmen zurück; 46 Prozent haben keinerlei Ersparnisse. Laut ONS leihen sich sechs von zehn jungen Frauen regelmäßig Geld von ihren Eltern, wobei der durchschnittliche Betrag in der Altersgruppe der 20- bis 30-Jährigen bei 103 Pfund im Monat (derzeit 142 Euro) liegt. Die Umfrage von *Glamour* ergab zudem, dass 45 Prozent ihrer Leserinnen davon ausgingen, bis Ende 20 ihren Traumjob zu ergattern, und 44 Prozent sagten, sie hätten gern früher gewusst, was sie eigentlich wollten – denn sie hätten vielleicht leichter Arbeit gefunden, wenn sie schon als Jugendliche erste Arbeitserfahrungen gesammelt und sich so einen Erfahrungsvorsprung verschafft hätten.

»Meine Eltern waren superstolz, als ich einen erstklassigen Abschluss hinlegte, aber dann waren die Stellen, die ich wollte, hart umkämpft. Mit 21 bezog ich Arbeitslosengeld und hatte ein Zimmerchen bei entfernten Verwandten. Manchmal schob ich

Nachtschichten im Parkhaus, aber jetzt arbeite ich seit vier Jahren in einem Call Center und teile mir mit fünf Mitbewohnern die Miete. Die Studiengebühren hätte ich mir auch sparen und gleich mit sechzehn in den Arbeitsmarkt einsteigen können!«

Zoe (25)

Zurück ins Elternhaus – die Generation Bumerang

Steigende Mieten und Immobilienpreise in Kombination mit einem instabilen Arbeitsmarkt und begrenzten Jobchancen spielen bei der Unsicherheit und Angst bezüglich des eigenen Lebens eine wichtige Rolle. Rechnet man die Herausforderungen einer neuen Umgebung, neuer Freunde und eines neuen Lebensabschnitts hinzu und wägt dies gegen die Ideale und Werte ab, die man bisher vertreten hat, ist die Versuchung groß, all diese Verantwortung und die finanzielle Unabhängigkeit abzuschütteln und wieder bei den Eltern unterzuschlüpfen. Damit schieben wir Ehe, Kinder, Hauskauf und viele andere Übergangsriten junger Erwachsener allerdings auf die lange Bank.

Laut Statistik ist die Anzahl der 20- bis 30-Jährigen, die bei ihren Eltern leben, seit 1997 um 20 Prozent gestiegen. Ein Drittel aller jungen Frauen zwischen 20 und 24 wohnt noch zu Hause. Und solange das leibliche Wohl gesichert ist, ist es kein Wunder, dass die Rückkehr der »Bumerangkinder« ins elterliche Nest so verlockend erscheint.[3] Man kann in Ruhe weiterlernen, ein finanzielles Polster fürs eigene Haus ansparen, das neue Auto oder die Weltreise finanzieren, eine Band gründen oder einen Job suchen, ohne sich um Rechnungen und Miete sorgen zu müssen.[4] Die Rückkehr ins Elternhaus bietet zudem eine gewisse Sicherheit. Plötzlich ist wieder jemand da, der für uns kocht, putzt oder wäscht.

Andererseits birgt dieser Schritt auch Fallstricke, wie jeder weiß, der ihn gegangen ist. Mit der Zeit kann das Zusammenleben schwierig werden, und damit meine ich nicht nur die väterlichen Witze oder die Versuche der Mutter, uns Essen aufzunötigen. Vielmehr steigt die Gefahr, dass die Eltern uns wieder wie ein Kind behandeln – wir sollen Bescheid sagen, wo wir hingehen und wann wir zurück sind, sollen unser Zimmer aufräumen oder müssen uns für den gewagten Ausschnitt rechtfertigen. Im Kampf um die eigene Unabhängigkeit kann es sehr belastend werden, die Eltern ständig in unser Tun und Lassen, Kommen und Gehen einbeziehen zu müssen, ganz zu schweigen von den endlosen Fragen zu Arbeit, Liebesleben, Finanzen und allem andern. Weil wir unter ihrem Dach leben, fühlen wir uns verpflichtet, offen zu ihnen zu sein, und möchten zugleich ihrem Urteil entgehen. Auf diese Weise fällt der One-Night-Stand vermutlich aus, weil wir wissen, dass die Eltern dies missbilligen würden.

Wenn dieser Zustand andauert, stellen wir unser Leben um und verlieren nicht nur unsere Unabhängigkeit, sondern jene Autonomie, die wir alle als glückliche, gut angepasste Erwachsene ersehnen.

»Nach der Uni bin ich wieder zu meinen Eltern gezogen, damit ich genug sparen konnte, um ein halbes Jahr auf Reisen zu gehen. Anfangs war das großartig, aber meine Mutter hielt wenig von meiner Liebe zum Feiern, und es passte ihr nicht, dass ich häufig erst um drei Uhr früh heimkam. Deshalb bin ich irgendwann nicht mehr ausgegangen und nicht einmal mehr weggefahren, sondern habe lieber für ein Haus gespart.«

Sarah (22)

Auch Beziehungen können zum Problem werden, wenn man noch bei den Eltern wohnt. Einen heißen Typen aufzureißen und für die Nacht abzuschleppen wird zu einem Ding der Unmöglichkeit. Und selbst wenn alles ganz harmlos und lustig ist, kann es hochnotpeinlich werden, wenn man die neue Bekanntschaft am folgenden Morgen heimlich aus dem Haus schmuggeln möchte. Laut einer Umfrage von YouGov von 2012 für die gemeinnützige Organisation *Shelter* geben 50 Prozent der jungen Menschen, die noch unter dem elterlichen Dach leben, an, dass Beziehungen kompliziert sind. Mitunter haben die Eltern traditionellere Ansichten und Schwierigkeiten mit der Vorstellung, dass eine junge Frau (die eigene Tochter!) sexuell aktiv ist, auch wenn der 16. Geburtstag schon Jahre her ist. Ihnen mag zwar bewusst sein, dass sie keine Jungfrau mehr beherbergen, aber dennoch wollen sie ihre Tochter gern so sehen, und es ist ihnen unangenehm, wenn morgens ein Mann aus dem »Kinderzimmer« tritt. Um solche Situationen zu vermeiden und trotzdem mit dem Partner intim werden zu können, muss man kreativ werden und andere Orte finden. Wenn eine Beziehung besteht, fühlen sich die Eltern zudem leicht genötigt, bei Streitigkeiten einzugreifen, besonders wenn die Tochter heulend nach Hause kommt. Das kann sowohl das Verhältnis zu den Eltern als auch das zum Partner belasten.

Daher überrascht es kaum, dass parallel zum Bumerangkinder-Effekt auch das Heiratsalter deutlich angestiegen ist. 1970 heiratete eine Frau mit durchschnittlich 21 Jahren, im Jahr 2000 hingegen mit 25 (bei Männern ist dieser Trend ebenfalls zu beobachten; das Durchschnittsalter für die Eheschließung stieg in diesen 30 Jahren von 23 auf 27 Jahre an).[5]

Laut Statistik des ONS sind Frauen bei der Eheschließung inzwischen durchschnittlich 29 Jahre alt und Männer 31. Auch der Zeitpunkt der Familiengründung hat sich nach hinten verschoben. 1971 lag das Durchschnittsalter der Erstgebärenden zwischen 20 und 24; 2010 waren die Frauen beim ersten Kind zwischen 30 und 34. Die Jahre unter 30 scheinen somit inzwischen der Zeitraum zu sein, in dem man sich auf Karriere, Reisen und Sparen für das Eigenheim konzentriert, bevor man eine Familie gründet.

Die Qual der Wahl

Seit der Zulassung der Pille im Jahr 1961 hat sich das Leben von Frauen radikal verändert. Endlich können wir selbst entscheiden, wann wir Kinder wollen und wie viele sexuelle Beziehungen wir vor der Ehe eingehen möchten. Parallel dazu wurde es zunehmend normal, auch unverheiratet als Paar zusammenzuleben. Frauen galten nicht mehr in erster Linie als künftige Hausfrau und Mutter, sondern erwarben scharenweise höhere Bildung und stürmten die Universitäten. Sie konnten beruflich aufsteigen, und die Gleichberechtigung wuchs.

Heute leben wir in einer Welt, die mehr Wahlfreiheit bietet denn je. Das ist einerseits phantastisch, andererseits überwältigend. Neben einer Vielfalt an beruflichen Laufbahnen und Familienmodellen dürfen wir auch entscheiden, wo wir wohnen wollen, ob wir lieber herumreisen oder unseren Master machen, ob wir zu Hause bei den Kindern bleiben, Teilzeit arbeiten, uns selbstständig machen oder was auch immer. Einerseits ist es eine spannende Geschichte, so viele Optionen zu haben, aber andererseits kann dies zum Hemmschuh werden. Angesichts derart vieler wichtiger Weichenstellungen fürchtet man sich am Ende so sehr vor einer falschen Entscheidung, dass man lieber gar keine trifft. Mehr Auswahl erzeugt mehr Stress, und wenn man damit nicht gut umgehen kann, steckt man irgendwann in der Sackgasse und löst sich gar nicht mehr aus der heimatlichen Komfortzone.

Wo viele Möglichkeiten offenstehen, sollten wir zunächst die persönlichen Prioritäten klären. Die Frage, was es zu Mittag gibt, ist sofort gelöst, wenn die Priorität auf »schnell« liegt: Ein Sandwich ist dann besser als ein Drei-Gänge-Menü. Wenn es uns hingegen beunruhigt, dass alle Freundinnen Heiratspläne schmieden, während wir uns auf unzähligen Datingportalen tummeln, muss die Frage lauten: »Ist das für mich wirklich das Richtige?«

Das Gute am modernen Leben ist jedoch, dass es zwar vielleicht zu viele Wahlmöglichkeiten suggeriert, aber auch unglaublich flexibel ist. Die meisten von uns haben mehr als eine Beziehung erlebt und mindestens zwei bis drei Jobs gehabt. Eine falsche Entscheidung lässt sich demnach korrigieren. Dazu müssen wir nur uns selbst gut kennen und wissen, was uns wichtig ist. Ja, es gibt viel Auswahl, aber wenn der erste Versuch in die Hose geht, kann man immer noch wieder bei den Eltern unterkriechen, mit Freunden zusammenziehen oder sich beruflich neu orientieren. Nur Angst ist ein falscher Ratgeber. Wo etwas schiefläuft, gibt es immer einen Plan B.

Das Geheimnis besteht in der Anpassungsfähigkeit. Am glücklichsten sind nämlich die Menschen, die sich dem Auf und Ab des Schicksals stellen und erkennen, dass die Welt nicht unbedingt ein Drehbuch für sie bereithält. Ehrgeiz und hehre Ziele sind gut und schön, aber gehen Sie nicht der Illusion auf den Leim, wenn man etwas nur genug wünschen würde, ginge es auch in Erfüllung. Der Weg von A nach B verläuft nicht immer schnurgerade. Selbst wenn wir mit viel Strampeln am Ende vielleicht das gewünschte Ziel erreichen, geschieht dies möglicherweise nicht zum ursprünglich angestrebten Zeitpunkt. Während wir uns selbst, unseren Partner und unseren Beruf besser kennen lernen, dürfen wir unsere Meinung ändern. Fixieren Sie sich also nicht zu sehr auf ein bestimmtes Ziel, denn die Definition von »Erfolg« kann je nach Lebensphase sehr unterschiedlich ausfallen. Mal sind es Reisen, mal ist es der eigene Betrieb, mal die Chance, das Wochenende mit den Kindern zu verbringen. Wer sich Veränderungen bereitwillig anpasst, hat leichter Erfolg.

Single sein – Fluch oder Segen?

Wer auf eigenen Beinen stehen will und zu Hause auszieht, stellt mitunter plötzlich fest, dass das Single-Dasein nicht unbedingt das ist, was man sich erträumt hat. Die Beziehung zu einem Partner scheint heute leider ein weiterer Punkt zu werden, den wir von einer imaginären Liste abhaken möchten. Wir befürchten, es würde etwas mit uns nicht stimmen, weil wir noch nicht den perfekten Partner gefunden haben. Soziale Netzwerke wie Facebook, die den Beziehungsstatus melden, machen das noch schlimmer. Außerdem sind wir ständig mit neugierigen Fragen zu unserem Liebesleben konfrontiert: »Hast du denn einen Freund? Ach, ihr habt euch getrennt? Wieso hast du denn niemanden? Bist du lesbisch?«

In den Augen der Gesellschaft scheint die Paarbeziehung das Leben abzurunden. Sie steht für Erfolg, wohingegen man sich um einen Single Sorgen machen muss. Eine frühe Folge von *Sex and the City* aus dem Jahr 1999 (»Nur Singles gibt man den Gnadenschuss«) thematisiert die Annahme, dass man als Single mehr Freizeit mit Freundinnen verbringen kann. Allerdings stellt Carrie Bradshaw schon bald fest, dass ihre Freundinnen ständig versuchen, sie zu verkuppeln, indem sie mit beliebigen Typen grässliche Blind Dates arrangieren. Carrie bemerkt dazu, dass allein zu sein die heutige Version von Lepra sei, und dass die Gesellschaft Singles diskriminiere.

Dieser Eindruck wird heute noch stärker als zu Carries Zeiten von den Medien genährt, die uns mit Statusmeldungen über das Liebesleben der Stars bombardieren und einfach nicht akzeptieren wollen, dass zum Beispiel eine Schauspielerin glücklicher Single ist. Eher wird behauptet, sie trauere noch ihrem Ex nach oder wäre verzweifelt auf der Suche nach dem Nächsten.

Offenbar leben wir auch im Hinblick auf Beziehungen in einer Leistungsgesellschaft – wer eine Beziehung hat, gehört dazu, wer Single, getrennt oder geschieden ist, gehört nicht dazu, weil solche Personen entweder nicht gut genug sind oder mit ihnen etwas nicht stimmt; auf jeden Fall ist es ihre Schuld. Mit einer Beziehung fühlt man sich natürlich auch selbst geschätzt und gewinnt an Status, doch viele kluge, hübsche junge Frauen sind ungebunden. Fühlen Sie sich also niemals schlecht, weil Sie »immer noch« Single sind oder weil andere Sie ausschließen, nur weil Sie mit niemandem zusammen sind.

»Alle meine Freundinnen sind gebunden oder steuern schon auf die Hochzeit zu. Ich habe die zahllosen Blind Dates, die One-Night-Stands und die Affären so satt. Ich bin gerne frei und kümmere mich nur um mich selbst, aber an Sonntagen und am Valentinstag merke ich doch, wie einsam man sein kann. Also

habe ich es mit jemandem versucht, den ich eigentlich ad acta gelegt hatte. Mehrere Monate lang wollte ich mich selbst überlisten, aber es funktionierte einfach nicht. Ich kam schnell wieder zu mir und erkannte, dass ich mir den ganzen Druck nur selber mache. Ich brauche mich nicht dafür zu schämen, dass da niemand anders ist.«

Sarah (27)

Wenn es in bestimmten Lebensbereichen nicht rundläuft, zum Beispiel bei der Arbeit oder bei einem Zerwürfnis mit einer engen Freundin, fühlt man sich als Single doppelt schlecht. In solchen Situationen steigt die Angst, man würde nie den passenden Mann finden. Zudem werden uns auch das Ticken der biologischen Uhr und die eigene Einsamkeit bewusst, so dass die Liste der nicht verhandelbaren Ansprüche (wie ich sie gern nenne) sich drastisch verändern kann. Anfangs wünschen wir uns vielleicht einen Mann mit trockenem Humor, Ehrgeiz, Reiselust und ohne komplizierte Ex oder sonstige Altlasten. Mit der Zeit jedoch lösen wir uns von dem einen oder anderen, was uns unverzichtbar erschien, bis schließlich nur noch »ein Mann« auf der Liste steht. Punkt. Anuptaphobie – die Angst vor der ewigen Einsamkeit (also für immer allein zu bleiben oder mit dem Falschen verheiratet zu sein) – ist ein schlechter Ratgeber und ein noch schlechterer Grund, seine Standards zu senken und mit x-beliebigen Männern auszugehen.

Unsere Vorstellungen von einem guten Partner werden mitunter von Hollywood mitgeprägt. Womöglich erträumen wir uns einen Edward Cullen, wie ihn Robert Pattinson in *Twilight* spielte, oder nehmen umgekehrt wie in dem Film *Beim ersten Mal* jemanden, der unter normalen Umständen nie in Frage käme, aber eben einen Penis und ein Y-Chromosom hat. Tatsächlich begnügen sich viele Frauen mit dem, der eben zu haben ist. Sie glauben, sie hätten nichts Besseres verdient, und begnügen sich auf diese Weise mit weniger als ihnen zusteht.

Selbst wenn Gesellschaft, Freunde und Medien uns etwas anderes einreden wollen, sollten wir uns stets daran erinnern, dass Heirat und Beziehungen keine Punkte auf der Checkliste sind. Eine ernsthafte Beziehung ist eine Entscheidung, die zeigt, wie gut wir uns selbst kennen, was wir vom Leben wollen, was wir uns erhoffen, woran wir glauben. Und was vielleicht das Wichtigste ist: Sie sollte etwas sein, das unser Leben bereichert.

Es ist an der Zeit, dass wir alle akzeptieren, dass am Single-Dasein nichts Schlechtes ist. Im Vereinigten Königreich leben derzeit 15,3 Millionen Frauen allein und damit doppelt so viele wie 1970. Statistiken aus den Vereinigten Staaten besagen, dass alleinstehende Frauen die am schnellsten wachsende Bevölkerungsgruppe in Amerika darstellen, wobei 42 Prozent der über 18-jährigen Frauen noch nie verheiratet waren. 2011 veröffentlichten Elizabeth Sharp und Laurence Ganong einen Artikel über eine kleine Gruppe von Single-Frauen und deren Schwierigkeiten im Alltag.[6] Sie arbeiteten heraus, dass bestimmte Ereignisse wie Hochzeiten, das Werfen des Brautstraußes, die Geburt eines Kindes, Weihnachten oder Valentinstag dazu führen, dass es alleinstehenden Frauen schlechter geht. Die Gruppe gab auch an, dass ihnen ihr Status deutlicher bewusst werde, wenn man sie über ihr Liebesleben ausfrage oder wenn andere versuchten, sie zu verkuppeln. Außerdem gäbe es Zeiten, in denen sie sich wie unsichtbar vorkämen, zum Beispiel Familienzusammenkünfte, bei denen jüngere Geschwister mit ihren Kindern im Mittelpunkt stünden.

Natürlich gibt es auch andere Studien, die belegen, dass eine Beziehung (oder keine) keine Auswirkung auf das persönliche Glücksempfinden hat. Eine deutsche Langzeitstudie befragt beispielsweise jedes Jahr 30 000 Personen ab 16 zu ihrem »Glücksstatus«, den die Teilnehmer auf einer Skala von Null bis Zehn angeben sollen.[7] Jedes Mal zeigt sich, dass verheiratete Menschen im Zeitraum der Hochzeit und der Flitterwochen glücklicher sind. Nach einer Weile jedoch sind sie genauso glücklich (oder unglücklich) wie vor der Eheschließung. Diese Erkenntnis wird auch von einer anderen Umfrage gestützt, bei der man Frauen fragte, wie glücklich sie in ihrer Beziehung seien: Ein beträchtlicher Anteil lebte in einer langjährigen Partnerschaft oder Ehe mit einem Mann, den sie nicht als ihre wahre Liebe ansahen. Dennoch blieben sie, teils aus Bequemlichkeit, teils aus Statusgründen.[8]

Der Druck, von einem Mann zur besseren Hälfte auserkoren zu werden, ist demnach häufig so stark, dass viele Menschen es vorziehen, in einer unglücklichen Beziehung auszuharren, als allein weiterzumachen. Aber das haben wir nicht nötig! Frauen – und Männer! – sollten so viel Selbstachtung haben, einen Partner oder eine Partnerin zu wählen, der oder die das Leben leichter, glücklicher und angenehmer macht, nicht jemanden, der einfach nur die Alternative zum Alleinsein ist.

Ein guter Start in den ersten Job

Beim ersten Job stürmen Unmengen von Eindrücken auf uns ein. Wir wissen noch nicht so recht, wie man sich am Arbeitsplatz verhält oder kleidet – was zum Kuckuck bedeutet der Dresscode »Smart Casual«? Muss ich fragen, wann ich Mittagspause machen kann? Darf man mit dem Chef herumblödeln?

Wichtig sind von Anfang an klare Grenzen, denn diese vermitteln eine Vorstellung von den Ansprüchen, die eine Firma an uns stellt, die wir aber auch als Angestellte gegenüber unseren Arbeitgeber hegen. Wir sollten genau wissen, was unsere Jobbeschreibung beinhaltet; ebenso wichtig ist die Firmenphilosophie, die aus geschriebenen und ungeschriebenen Regeln besteht. Vielleicht ist schriftlich festgehalten, dass die Arbeitszeit um 17 Uhr endet, doch wenn man gelegentlich gebeten wird, für eine wichtige Besprechung länger zu bleiben, und alle anderen bereitwillig zustimmen, sollte man sich derartige Erwartungen zumindest bewusst machen. Dasselbe gilt für Partnerbeziehungen im Arbeitsumfeld, zu denen es unterschiedliche Einstellungen gibt. Ehe Sie sich also von dem charmanten

Buchhalter zum Abendessen einladen lassen, sollten Sie sich informieren, was das für Folgen haben könnte.

Äußerst wichtig ist auch das Bewusstsein, dass im Umgang mit Kollegen und Kolleginnen völlig andere Spielregeln gelten als in Freundschaften, die in Schule und Ausbildung entstehen. Mitunter verwischen sich die Grenzen, die Menschen, mit denen wir zusammenarbeiten, sind Freunde *und* Kollegen, und es ist schwierig, die nötige Distanz zur Arbeitswelt einzuhalten. Die Technik verkompliziert dieses Thema, denn wir können über soziale Netzwerke unsere Sozial- und Privatleben mit wenigen Klicks mit dem Kollegenkreis verknüpfen – doch die Nachrichten, Bilder und Kommentare, die unsere Freunde lustig finden, sind für die Kollegen vielleicht weniger amüsant und können uns am Arbeitsplatz im schlimmsten Fall sogar schaden. Eine Studie von 2008 untersucht die Frage, inwiefern Facebook etwas fördert, was der Autor als »Ambient Awareness« bezeichnet, das Bewusstsein eines permanenten Hintergrundrauschens, welches lose Beziehungen ermuntert und unterstützt.[9] Über die sozialen Medien nehmen wir demnach ständig am Privatleben anderer teil, selbst wenn diese nur in unserer Firma an der Rezeption sitzen und ansonsten wenig mit uns und unserer Arbeit zu tun haben.

Auf Seiten wie Instagram oder Facebook mit dem ganzen Büro Freundschaft zu schließen lässt Privates und Berufliches verschwimmen und führt dazu, dass wir möglicherweise aufgrund unseres Online-Profils beurteilt werden, nicht aufgrund dessen, wer wir wirklich sind. Ein Schnappschuss, der uns an einem Dienstagabend beschwipst in einem Club zeigt, dazu entsprechende Kommentare unserer Online-Freunde über unseren schwankenden Gang und den drohenden morgendlichen Kater – und schon stehen wir in dem Ruf, jede Nacht durch die Kneipen zu ziehen und tagsüber im Büro unseren Brummschädel zu pflegen, selbst wenn das eine einmalige Aktion war.

Umgekehrt können wir online natürlich auch ein gutes Verhältnis zu Kollegen und ein stabiles Netzwerk aufbauen, das uns hilft, unsere Branche besser kennen zu lernen und an unserer Karriere zu arbeiten.[10] Berufliches Netzwerken kann demnach vorteilhaft oder nachteilig sein, je nachdem, wie wir damit umgehen.

Gemeinsam einsam

Es klingt ironisch, doch in einer Zeit, in der wir uns dank der Technologie so leicht verbinden können, sagen viele, ausgerechnet die sozialen Medien würden ihre Angst schüren, einsam und verloren dazustehen. Online sind wir mit mehr Menschen verknüpft, als unsere Großeltern sich je hätten träumen lassen, und dennoch haben wir immer noch solche Angst, allein zu sein.[11] Trotz 650 Facebook-Freunden, 1000 Twitter- und noch mehr Instagram-Followern können die sozialen Medien uns isolieren, denn wenn wir nur noch online chatten, fehlt der reale Kontakt zu anderen. Die körperliche Begegnung bleibt aus, und da Computer oder Smartphone uns gestatten, unsere Reaktionen reflektierter und kontrollierter aufzuzeichnen, handeln wir weniger aus dem Bauch heraus. Der amerikanische Autor Jonathan Safran Foer schrieb hierzu in der *New York Times:* »Die Technologie feiert die Verbundenheit, ermuntert jedoch zum Rückzug … Jeder Schritt nach vorn erleichtert es ein klein wenig, der emotionalen Anstrengung der eigenen Präsenz auszuweichen, indem man Informationen weitergibt, anstatt sich als Mensch zu zeigen.«[12] Dank der Technologie – vornehmlich Smartphones, Tablets, Computer und Internet – sind wir der greifbaren Welt, in der man Menschen von Angesicht zu Angesicht gegenübersteht, derart entrückt, dass wir von unseren Kontakten in der Online-Welt förmlich besessen sind.

> *»Am Wochenende arbeite ich, und deshalb kann ich mit meinen Freundinnen nur online oder über WhatsApp Kontakt halten. Das ist super für die Tage, an denen wir uns nicht treffen können, aber manchmal bräuchte ich einfach eine Umarmung von meiner besten Freundin, und es kommt mir so vor, als würden wir auseinanderdriften, weil wir uns nur noch online unterhalten und kaum noch richtig sehen.«*
>
> Hannah (24)

Online können wir mit anderen in Verbindung bleiben und sie an unserem Leben teilhaben lassen. Entsteht dadurch aber ein Mangel an echten sozialen Kontakten, verstärkt dies Einsamkeitsgefühle beträchtlich. Hinzu kommt, dass wir uns gerade dann, wenn uns langweilig ist oder wir uns einsam fühlen, vermehrt auf Facebook tummeln, und das nährt wiederum genau diese Emotionen. Wer kennt nicht das Gefühl, samstags allein zu Hause zu hocken und dann bei Facebook nachzusehen, was denn die anderen so treiben? Eine ehemalige Kollegin hat ein Bild von sich in einem schicken Restaurant markiert. Die beste Freundin hat eine Designertasche erstanden, und die Mitbewohner posten Fotos von der Party, auf der sie gerade abfeiern. Wir hingegen sitzen allein auf dem Sofa. In solchen Momenten ist Facebook nicht etwa unterhaltsam, sondern verstärkt unsere schlechte Stimmung, und schnell sind wir dann mit unserem Leben unzufrieden.

Wie wir im 21. Jahrhundert Beziehungen pflegen, verändert unsere Interaktionen. Im Schutz des Bildschirms können wir uns besser ausdrücken, der Screen ist weniger einschüchternd als ein persönliches Gespräch. Einerseits fällt es uns so vielleicht leichter, mit jemandem Kontakt aufzunehmen, andererseits kann das auch ein Schuss nach hinten sein. Genau das erlebt Jesse Eisenberg in seiner Rolle als Facebook-Gründer Mark Zuckerberg in dem Film *The Social Network:* Er schickt seiner Exfreundin eine Freundschaftsanfrage, wartet ein paar Sekunden, klickt, um zu prüfen, wann sie zuletzt online war und ob sie die Nachricht gelesen hat, und fragt sich dann, warum sie nicht geantwortet hat. Dabei malt er sich bereits Schlimmstes aus. Nicht wenige von uns dürften solche Momente kennen …

»Ich war drei Jahre mit meinem Ex zusammen, da hat er per Telefon mit mir Schluss gemacht. Als ich auf Facebook ging, war ich am Boden zerstört: Er hatte seinen Status bereits auf Single gesetzt, und all die Mädels, die ihn sowieso schon anbeteten, hatten das geliket. Facebook erschwert einem, über eine Trennung hinwegzukommen, denn ich sah ständig, was er machte und mit wem. Es fiel mir schwer zu akzeptieren, dass er so schnell mit mir fertig war, besonders als ich ein Foto davon sah, wie er und eine andere strahlend zusammen unterwegs waren.«

Casey (28)

Ich muss, ich will, ich brauche

Laut verschiedenen theoretischen Überlegungen haben die aktuelle Celebrity-Kultur, der Materialismus, der Zerfall der großen politischen Institutionen und die neue Technologie eine Atmosphäre geschaffen, bei der sich jeder Einzelne in unserer Gesellschaft immer mehr um sich selbst dreht. Das Selbstbild frisst jede Menge Aufmerksamkeit – wie *ich* aussehe, wie es *mir* geht, was *ich* will. Damit wächst die Gefahr, sich von Freunden und anderen zu entfremden. Das eigene Ego bläht sich derart auf, dass wir ein falsches Gefühl für unseren persönlichen Wert entwickeln. Darunter leiden Freundschaften, und am Ende sind wir alle zusammen allein.

Internet und elektronische Kommunikation können das Gefühl verstärken, nicht verbunden zu sein, und dazu führen, dass

Menschen sich von traditionellen Vorstellungen des Zusammenlebens entfernen. Wir sind einander nicht mehr so nahe, und der Traum von einem gemeinsamen Leben mit Familie, Mitbewohnern und Freunden ist damit schwerer zu verwirklichen. Die meisten von uns haben inzwischen Schwierigkeiten, mit Freunden empathisch umzugehen, und das schadet unseren Freundschaften.

Soziale Netzwerke erzeugen Druck, ständig am Ball zu bleiben und alles zu registrieren, was um uns herum vorgeht – zur Eröffnung der schicksten Bar zu erscheinen, sich nach der neuesten Mode zu kleiden und im hippsten Viertel zu wohnen –, auch wenn wir stattdessen gemütlich zu Hause vor dem Fernseher sitzen könnten. Doch auch Reality-TV-Serien wie *Made in Chelsea* oder *Rich Kids of Beverly Hills* können zwar nette Unterhaltung sein, suggerieren aber, dass es von unserem Wohnort abhängt, wie erfolgreich wir werden und wo wir in der gesellschaftlichen Hackordnung stehen.

Da die Stars und ihre Aussagen ständig auf Twitter, auf den Titelseiten und im Fernsehen auftauchen, kann man sich ihrem Einfluss unmöglich entziehen. Wir beneiden sie um ihre Figur, ihre Garderobe, ihre Autos und ihre Villen; wir wären gern genauso erfolgreich und wohlhabend wie sie. Doch wir können uns allenfalls eine Chanel-Handyhülle leisten, nicht die ganze Kollektion.

Wir leben in einer materialistischen Welt, auch wenn viele junge Frauen am Existenzminimum dahinschlittern, und nicht jede wird leicht damit fertig, wenn das Geld nicht reicht, um auszugehen und mit Freunden zu feiern oder zu essen. Das kann sowohl individuelle Freundschaften als auch Cliquen beeinflussen. Wenn der Freundeskreis jeden Geburtstag groß feiert und dies jedes Mal einen mittleren dreistelligen Betrag verschlingt, entstehen Spannungen, weil der Druck von »Ich-muss-alles-haben« das ganze Leben auffrisst. Vielleicht hat man zunächst selbst hohe Erwartungen an sich gestellt, doch Sie dürfen sich ruhig eingestehen, dass Sie diesen nicht jederzeit gerecht werden können.

Die amerikanische Comedy-Serie *Girls* ist ein perfektes Beispiel, wie das Leben für junge Frauen im 21. Jahrhundert aussehen kann. Die Zuschauer erleben mit, wie Hannah, Marnie, Jessa und Shoshanna – alle in ihren Zwanzigern – mit den Widrigkeiten des modernen Lebens fertigwerden müssen, von unbezahlten Praktika bis hin zu bedürftigen Partnern, schlechten Beziehungen und noch schlechterem Sex. Die Serie liefert nicht nur großartige Unterhaltung, sondern ist auch eine brillante Darstellung des modernen Lebens und der Kämpfe, die so viele junge Frauen durchzustehen haben, bis sie finanziell unabhängig, beruflich etabliert und sexuell zufrieden sind.

Und jetzt?

Das alles mag deprimierend klingen, wenn Sie zur Altersgruppe zwischen 20 und 30 zählen. Das muss es aber nicht sein, denn wir können lernen, uns anzupassen.

Ein zentraler Punkt beim Aufbruch ins eigene Leben ist die Akzeptanz, dass wir nicht alles haben können. Noch wichtiger jedoch ist die Frage, ob und warum wir überhaupt alles *wollen*? Was erreichen wir damit? Sind unsere Ziele »nachhaltig«, oder haben wir einfach eine Vorstellung von Erfolg und Glück übernommen, so wie wir einem allgemeinen Schönheitsideal auf den Leim gegangen sind? Wir sind auf die Vorstellung konditioniert, dass andere Menschen uns als »besser« wahrnehmen, wenn wir bestimmte Dinge haben, zum Beispiel einen bestimmten Job, Markengarderobe, ein schickes Haus in einer teuren Gegend – aber all diese Dinge sollten wir uns aus den richtigen Gründen wünschen.

Besinnen Sie sich auf das Wesentliche, und machen Sie genau das, was Sie die ganze Zeit schon wollten. Wenn Sie also schreiben wollen, dann starten Sie ein Blog; wenn Sie im Aufsichtsrat eines selbst gegründeten Fortune-500-Unternehmens sitzen wollen, machen Sie Ihren MBA!

Träume werden nicht immer wahr, und Enttäuschungen gehören zum Leben. Einen Job kann man verlieren, und das Leben entwickelt sich mitunter nicht nach Plan, aber der persönliche Erfolg beruht darauf, wie wir uns solchen Veränderungen und Schicksalsschlägen stellen. Jede Frau erträumt sich gelegentlich ein ideales Leben, aber wir müssen anpassungsfähig bleiben. Das sprichwörtliche Stolpern gehört dazu – wir müssen uns nur wieder fangen, aufstehen und weitergehen.

Falls zu viele Entscheidungen anstehen, sollten wir uns fragen, was wir eigentlich damit erreichen, wenn wir uns möglichst viele Optionen offenhalten. Konzentrieren Sie sich auf ein oder zwei Dinge, an denen Sie wirklich arbeiten wollen, und bedenken Sie, dass auch der Traumjob einen gelegentlich zur Verzweiflung treiben wird. Machen Sie Ihre Sache so gut wie möglich, und bleiben Sie offen für eine Weiterentwicklung.

Auf eigenen Beinen zu stehen kann einem überdeutlich bewusst machen, was es heißt, Single zu sein. Die Gesellschaft redet uns ein, dass jede, die gut genug ist, auch den Richtigen findet und heiratet. Das ist jedoch nicht wahr. Wir alle kennen Menschen, deren Persönlichkeit einiges zu wünschen übrig lässt, die aber trotzdem eine Beziehung führen, und wir alle kennen ein paar richtig tolle Leute, die nun einmal nicht gebunden sind. Menschen sind soziale Wesen, und wir kommen gut zurecht, wenn wir die richtige Person an unserer Seite wissen, die uns unterstützt. Die Betonung liegt allerdings auf »richtig«. Dieses ganze Gerede von »Ohne dich bin ich nur ein halber Mensch« ist Unsinn! Jede Frau sollte sich vollständig und vollwertig fühlen, bevor sie eine wie auch immer geartete Beziehung eingeht. Die Suche nach dem, der uns das Gefühl von Vollständigkeit vermittelt, ist das perfekte Rezept für eine Katastrophe.

Flügge zu werden ist kein Selbstläufer. Es sollte eine aufregende Zeit sein, aber sie macht uns auch Angst und weckt unweigerlich Selbstzweifel. Tue ich das Richtige? Etwas zu tun, das wir uns nie zugetraut hätten, ist der einzige Weg, um als Persönlichkeit zu wachsen und Selbstvertrauen aufzubauen. Wer immer in der Komfortzone verharrt, bremst die eigene emotionale Entwicklung aus. Egal wie einschüchternd die vielen ersten Schritte sind, sehen Sie ihnen zuversichtlich entgegen, denn: Erstens sind Sie nicht allein – jeder und jede muss sich vergleichbaren Herausforderungen stellen. Zweitens brauchen wir zwar Kontakt zu unseren Mitmenschen, um im Leben zurechtzukommen, aber nicht unbedingt Hunderte von Freunden. Zwei oder drei echte Freunde reichen dafür aus. Und drittens ist alles eine Lernkurve, ob in der Beziehung oder im Beruf. Scheuen Sie sich also nicht vor Fehlern, denn die zählen auf die Dauer zu den wenigen Dingen im Leben, die uns ein klares Gefühl dafür vermitteln, was wir wollen und was nicht.

Die Quarterlife Crisis: Ende der Party?

»Ich habe ständig das Gefühl, ich könnte noch mehr machen oder Sachen besser machen. Ich sehe mich um und scheine in jeder Hinsicht den Kürzeren zu ziehen, als wäre ich eine Versagerin auf ganzer Linie. Es klingt verrückt, aber manchmal fühle ich mich jetzt schon alt.«

Sienna (23)

Neulich blätterte ich in einer Zeitschrift und bemerkte eine Anzeige für eine Antifaltencreme, die angeblich Alterserscheinungen stoppt und eine Frau jung und schön erhält. Das Model in der Anzeige sah natürlich aus wie zwanzig. Ein paar Seiten später folgte ein Artikel über »Schulpartys«, für die sich erwachsene Frauen wie Schulmädchen herrichten, einschließlich Kniestrümpfen, gebügeltem Faltenrock und Pferdeschwanz. Und noch etwas weiter hinten zeigte eine andere Anzeige neun- bis zehnjährige Mädchen, die wie sehr viel Ältere gekleidet und gestylt waren; sie wirkten wie eine jüngere Ausgabe der Frauenclique aus *Sex and the City*.

Da fiel es mir wie Schuppen von den Augen: Das gesellschaftliche Ansehen von Frauen erreicht offensichtlich seinen Höhepunkt, wenn die Frauen eigentlich noch viel zu jung sind. Models gleichen Teenagern (selbst jene, die Anti-Aging-Produkte propagieren), erwachsene Frauen geben jedes Jahr Milliarden für Kosmetika und Schönheitsoperationen aus, weil sie unbedingt wie junge Mädchen aussehen wollen, und dank der wunderbaren Welt der Online-Pornographie kommt es uns so vor, als wären die meisten Männer scharf auf »gerade eben volljährige« Mädchen (abgesehen von denen, die auf »geile Muttis« oder »freche Omas« stehen, was im Pornogeschäft Frauen zwischen 30 und 50 bezeichnet – charmant!). Um die Dinge noch mehr zu verkomplizieren, fallen wir dank der visuellen Natur sozialer Netzwerke und unserer Online-Aktivitäten (siehe »Rundum sexy, allzeit bereit«, S. 133) dem gleichen Druck zum Opfer, der bisher nur für Hollywood-Schauspielerinnen galt, die angesichts des Schönheits- und Jugendwahns ständig um ihren Status fürchten müssen.

Forever Young

Es kommt einem so vor, als wäre die Welt zunehmend nur noch für die Freuden der Jugend gestaltet. Doch der hohe Status der Jugend ist ein relativ neuer Trend. Noch zu Beginn des 20. Jahrhunderts existierte kein Konzept für die Entwicklungsphase zwischen 13 und 19 Jahren. Es gab keine kulturellen Normen, junge Menschen zusammenzubringen, und keine

Institutionen, die in großem Stil Bindungen an die Peergroup erzeugt hätten. Heute hingegen ist die Jugendkultur omnipräsent. Teenager und ihre Kultur sind wichtiger denn je. Sie sind heiß umworbene Konsumenten, Trendsetter, Mode-Ikonen, Musiker und Online-Stars.

Doch wie kam es zu dieser Entwicklung? Der zentrale Faktor für die Entstehung der Teenager-Kultur war die massive Expansion der höheren Schulbildung. Zwischen 1910 und 1930 stieg die Anzahl derer, die eine weiterführende Schule besuchten, um fast 400 Prozent an (zum Vergleich: Die deutsche »Volksschule« war bis weit ins 20. Jahrhundert nach acht Schuljahren vorbei; danach folgte der Übergang in die Lehrzeit oder direkt in den Beruf). Je mehr Schüler einen höheren Schulabschluss erwarben, desto stärker veränderte sich auch die Zusammensetzung der Schülerschaft. Während lange nur eine privilegierte Elite Zugang zu weiterführenden Schulen hatte, stammten die Schüler nun plötzlich aus unterschiedlichsten sozialen Schichten und Nationen. Was sie also am meisten verband – was alle gemeinsam hatten –, war ihre Jugend.

Nach dem Zweiten Weltkrieg entdeckte die Werbeindustrie das Potenzial dieser spannenden und brandneuen sozialen Gruppe. Sie begann, Teenager als Konsumenten mit Kaufkraft und eigenen Vorlieben zu behandeln, denn wer jungen Menschen bestimmte Produkte nahebringen konnte, würde sie länger als Konsumenten halten können. Diese Idee ging auf. Sie ging sogar so gut auf, dass Fernsehsender, Tonstudios und Filmindustrie darauf ansprangen und ihre Kampagnen unmittelbar der »Jugend« andienten. Damit begann ein Siegeszug der Jugendkultur, der in der Menschheitsgeschichte seinesgleichen sucht. Natürlich wussten schon die alten Griechen und Römer Jugend und Schönheit zu schätzen, aber damals waren auch Weisheit und Erfahrung hoch angesehen – etwas, das in der heutigen Gesellschaft voller Jugendwahn und Altersphobie zunehmend ins Hintertreffen gerät. Und obwohl die hübschen jungen Dinger schon immer bewundert wurden, scheint unsere Besessenheit mit den Attributen der Jugend (Schönheit, Naivität, Impulsivität) inzwischen ganz neue Formen anzunehmen. In einer breit angelegten Umfrage waren 2012 63 Prozent der Befragten der Meinung, dass der Jugendwahn in der Gesellschaft überhandgenommen hätte.[1]

Daher überrascht es wenig, dass unsere Vorliebe für alles, was mit Jugend zu tun hat, die Angst, dass das Leben an uns vorbeizieht und die Krise mit 25, inzwischen ein wichtiges Thema ist. Laut einer Umfrage des amerikanischen Psychologenverbands APA stehen die »Millennials« (alle nach 1980 Geborenen; auch als Generation Y oder Digital Natives bezeichnet) von allen Generationen am meisten unter Stress. Während die älteren Semester angaben, ihr Stresspegel ginge zurück, stuften die jungen Erwachsenen ihren Stress auf einer Skala von Null bis Zehn bei durchschnittlich 5,4 ein – wobei auf dieser speziellen Skala alles über 3,6 als ungesund gilt. Die Autoren der Umfrage berichten, dass die jüngeren Amerikaner nicht nur am meisten Stress haben, sondern laut eigener Aussage auch nicht gut damit umgehen können.[2]

Leider ist der von Ihnen bestellte Lebensstil derzeit nicht lieferbar

> *»Das Härteste ist, glaube ich, das Gefühl, das Leben hätte besser laufen müssen; es müsste inzwischen irgendwie eine klarere Linie haben. Wenn ich mich so umsehe, scheinen alle anderen ihr Leben besser auf die Reihe zu bekommen als ich… Das ist ein blödes Gefühl – theoretisch bist du noch jung, aber trotzdem rennt dir irgendwie die Zeit davon.«*
>
> Meghan (28)

Warum also der ganze Stress und die Krise mit Mitte 20? Sie scheint auf der Angst zu beruhen, irgendetwas zu verpassen oder die besten Jahre zu vergeuden. Die Sorge, etwas Besseres zu übersehen, spricht aus allem Möglichen, vom ständigen Blick auf das Smartphone bis zu Entscheidungsschwäche bei einfachsten Dingen, weil man mit der falschen Wahl ja etwas anderes verpassen könnte.

Teilweise beruht diese Entwicklung auf der Art und Weise, wie die Jugend heute porträtiert wird. Die ästhetischen Aspekte sind nichts Neues, doch neuerdings scheinen Erfolg und Leistung mehr in den Vordergrund zu rücken. Überall sprießen Listen wie die »Forbes 30 unter 30« oder Medienquellen wie *Young Hollywood* aus dem Boden. Selbst wenn man sie bewusst ignoriert, schleichen sie sich über die Medien irgendwie in unser Bewusstsein und erzeugen dort Bewunderung, Neid und Panik gleichermaßen.

Wir reden oft davon, wie idealisierte Schönheitsvorstellungen die Selbstwahrnehmung verzerren, doch auch idealisierte Erfolgsvorstellungen können beeinträchtigen, wie wir unsere bisherigen Leistungen einstufen. Und wir bewerten uns die ganze Zeit, sogar mit Hightech-Instrumenten. Jede Entscheidung und jede Überlegung lässt sich an der Anzahl der »Likes«, »Freunde«, »Anstupser« oder »Follower« messen. Daran lesen wir ab, wie gut wir unser Leben leben oder (womöglich noch wichtiger) wie gut wir es im Vergleich zu anderen leben. Auch dies ist etwas Neues. Vor ein paar Jahrzehnten hat man vielleicht ab und an zufällig mal gehört, was aus alten Klassenkameraden geworden ist, und man hat vielleicht verblüfft registriert, dass der Typ, der immer derart müffelte, so dass keine mit ihm tanzen wollte, inzwischen Millionär ist. Heute hingegen kann jeder sein Leben online ausbreiten. Die Ironie an der Geschichte ist, dass wir nicht einmal auf den realen Erfolg unserer Peers reagieren, sondern auf die geschönte Version ihres Lebens. Natürlich stellt man eher die Informationen ins Netz, die zeigen, dass alles bestens läuft. Die Wäscheberge im Badezimmer oder die dicke Minuszahl auf dem Kontoauszug fotografiert keiner! So entsteht schnell der Anschein, dass es bei allen besser läuft als bei uns selbst.

Dass uns die Erfolgsgeschichten Gleichaltriger mit Unruhe oder gar Neid erfüllen, ist kein neues Phänomen. Dennoch gibt es heute ein paar neue Aspekte. Während es in früheren Generationen kaum jemand bis Anfang 30 auf die Liste der reichsten Menschen geschafft hatte, führten die meisten zu diesem Zeitpunkt immerhin ein unabhängiges Leben. Sie waren ausgezogen, hatten vielleicht schon ein Eigenheim gebaut und rückten beruflich allmählich in höhere Positionen auf. Dies alles waren für sie und ihre Umgebung Indikatoren für einen erfolgreichen Start ins Erwachsenenleben. Heute hingegen geht es nicht nur um Erfolg, sondern um schnellstmöglichen Erfolg. Es scheint das Mantra »jünger = besser« zu gelten, und das betrifft alle Aspekte des Lebens, vom Körperbild über die Erwartungen an die große Liebe bis hin zur beruflichen Zufriedenheit.

Was jüngere Kolleginnen und Freundinnen aus der Generation Y mir gegenüber häufig erwähnen, ist das Gefühl, nicht schnell genug zu leben oder nicht genug zu leisten, bevor … Mir ist nie so richtig klar, um was für eine Deadline es dabei geht, aber sie scheint etwas mit bestimmten Einstellungen zu tun zu haben, wie lange eine Leistung als cool gilt. Ein Oscar mit Mitte 20, die erste Million vor dem 30. Geburtstag und so weiter. Vielleicht liegt es daran, dass unsere Gesellschaft so visuell orientiert ist. Offenbar können Frauen ihren Erfolg nur genießen, solange sie noch jung und straff sind.

Teilweise liegt dies sicher auch daran, dass die meisten Karrieren, die gegenwärtig im Rampenlicht stehen, früh beginnen. Doch auch dies liegt vornehmlich an der Natur der Branchen, die am lautesten trommeln. Ob Hollywood oder Musik oder Online-Unternehmen – wer auf diesen Gebieten erfolgreich sein will, muss offenbar jung sein, so dass mit Ende 20 der Eindruck aufkommt, wir hätten den günstigsten Zeitpunkt bereits verpasst. Interessanterweise verehren wir zwar die jungen Stars wegen ihres raschen Erfolgs, reagieren aber wenig überrascht, wenn viele von ihnen später unter Burnout leiden und emotional labil sind, was vermutlich gerade auf ihrem übermäßig frühen Erfolg beruht.

Zugleich sollten wir uns klarmachen, dass all dies vor dem Hintergrund der gegenwärtigen prekären wirtschaftlichen Lage abläuft. Die raschen Veränderungen aufgrund technischer Neuerungen machen viele Arbeitsplätze überflüssig, beziehungsweise – so die Worte von Barack Obama – die Jobs der Zukunft existieren heute noch gar nicht. Wer so etwas hört, ist vermutlich nicht von Hoffnung und Begeisterung über die neuen Entwicklungen erfüllt, sondern eher von begründeter, ehrlicher Sorge, ob die Fähigkeiten, die wir uns gerade mühsam aneignen, womöglich bald nicht mehr benötigt werden. Ganz zu schweigen von der Wahrnehmung, die Trendforscherin Maude Standish in ihrem Blog formuliert: »Viele Millennials werden aufgrund ihrer Jugend eingestellt, und die schwindet bereits, während Sie diese Sätze lesen …«[3]

Willkommen in der Wirklichkeit

Im Kapitel »Ein perfektes Leben?« (S. 15) haben wir einen kurzen Blick auf den Ansatz der klientenzentrierten Psychotherapie geworfen. Er erklärt, wie glücklich oder gut angepasst wir uns fühlen, indem wir die Unterschiede zwischen dem realen und dem idealen Selbst betrachten. Wie zufrieden man mit dem Leben ist, hängt demnach davon ab, wie stark die Realität, mit der man konfrontiert ist, mit den Erwartungen übereinstimmt, wer man sein sollte.

Für eine Generation, die mit der Vorstellung aufgewachsen ist, sie sei etwas ganz Besonderes, kann genau das zum Problem werden. Um dies zu verstehen, unternehmen wir einen kleinen Ausflug in die 1970er Jahre, in denen die Erziehung zu Selbstbewusstsein und Gleichberechtigung breit diskutiert wurde. Eltern wollten ihren Kindern viel Selbstbewusstsein vermitteln und so deren schulische und sonstige Erfolgschancen verbessern. Dazu erzählten sie den kleinen Mädchen, sie wären perfekte kleine Prinzessinnen, und suggerierten kleinen Jungen, sie wären cool wie berühmte Rockstars. Am Sporttag bekam jeder seine Teilnehmermedaille – keine Verlierer, lauter kleine Sieger, die allein durch ihre Anwesenheit gewaltig überzeugt hatten. Jede Kritzelei wurde zum Meisterwerk erklärt, egal wie amateurhaft sie tatsächlich war. Die Absicht war natürlich gut (die Methode eher weniger), doch inzwischen wissen wir, dass man das Selbstbewusstsein von Kindern keineswegs stärkt, indem man *alles,* was sie machen, in den Himmel lobt, sondern auf diese Weise eher dem Narzissmus Vorschub leistet.

In ihrem Buch zum Thema Narzissmus erläutert Jean Twenge 2009, dass die Gemeinplätze und Superlative, mit denen wir betonen, wie genial unser Nachwuchs ist, unweigerlich zu Enttäuschungen führen, wenn der Rest der Welt diese Einschätzung nicht teilt.[4] Und Joel Stein bemerkte 2013 in einem großartigen Artikel im *Time Magazine:* »Diese Generation hat in Bezug auf ihre berufliche Laufbahn wahrscheinlich die unrealistischsten Erwartungen und ist gegenwärtig mit ihrem beruflichen Status quo am unzufriedensten. Es handelt sich um eine Krise unerfüllter Erwartungen.« In diesem Artikel zitiert er ein paar Statistiken, die nachdenklich stimmen:

- 40 Prozent der Millennials glauben, sie müssten alle zwei Jahre befördert werden – unabhängig von ihrer Leistung.
- Laut einer Studie von 2007 wären dreimal so viele Schülerinnen der Mittelstufe lieber persönliche Assistentin einer berühmten Persönlichkeit als Senatorin.
- Viermal so viele Schülerinnen sehen sich lieber als persönliche Assistentin einer berühmten Persönlichkeit denn als Chefin eines großen Unternehmen.
- Gemäß einer Meldung der amerikanischen Gesundheitsbehörde NIH ist die Anzahl der narzisstischen Persönlichkeitsstörungen bei Menschen zwischen 20 und 29 dreimal so hoch wie in der Generation, die heute 65 und älter ist.[5]

Nachdem nun Politik, Wirtschaftslage und Erziehungstrends alle Faktoren für die ultimative Gewitterfront beigesteuert haben, in der für die Mehrheit der jungen Menschen zwischen idealem Selbst und realem Selbst ein extremes Gefälle herrscht, überrascht es wenig, dass das Gefühl, nicht zu wissen, wo man hingehört (und zu wem), sich immer mehr ausbreitet.

(K)Ein Job fürs Leben

In beruflicher Hinsicht vertraten die Babyboomer das Motto »Ruhe bewahren und weitermachen«, sie konzentrierten sich also auf ökonomische Sicherheit und Pragmatismus. Auch diejenigen, die zwischen 1980 und der Jahrtausendwende ins Berufsleben eintraten, als die wirtschaftlichen Aussichten insgesamt positiv waren, hatten durchaus gute Chancen. Heute jedoch herrscht insgesamt die Auffassung, berufliche Erfüllung sei nur mit einer »besonderen« Karriere möglich.

Für die Mehrheit der Beobachter liegt das Problem in dem Gefühl der jetzigen Generation, sie hätte ein Anrecht auf eine solche Laufbahn. Professor Cal Newport hingegen, der selbst der Generation Y angehört, vertritt die These, dass der Rat »Mach deine Leidenschaft zum Beruf«, der diese Generation prägt, seine Tücken hat. Seine Arbeiten ergaben, dass dieser Aufruf seit den frühen 1990er Jahren seinen Siegeszug antrat und um die Jahrtausendwende gipfelte, also genau zu dem Zeitpunkt, als viele Millennials die prägenden Schuljahre durchliefen.[6] Ein sehr treffender Artikel auf der Seite waitbutwhy.com beschreibt interessanterweise, dass zu dieser Zeit auch Schlagwörter wie »eine erfüllende Laufbahn« populärer wurden, wohingegen »eine sichere Laufbahn« aus der Mode geriet.[7] Das deutet auf einen echten Wandel in unseren Erwartungen bezüglich der persönlichen beruflichen Entwicklung und dem, was wir dafür investieren wollen, hin.

Aktuell herrscht natürlich weiterhin der Wunsch, finanziell unabhängig zu werden und jede Menge Geld zu verdienen, aber es scheint eine zusätzliche Dimension zu existieren, nämlich dass wir unseren *Idealberuf* finden müssen, den Job, der unser Leben »komplett« macht. Frühere Generationen schienen sich darüber im Klaren zu sein, dass man nur durch harte Arbeit irgendwann den Platz findet, an dem sich die Sache endlich zu lohnen scheint, und dass ein Job zeitweise, nun ja, auch mal weniger erfüllend sein mag; doch die heutige »Talentshow-Gesellschaft« weckt die Erwartung, dass man Erfolg hat, wenn man es sich erstens nur genügend wünscht und wenn man sich zweitens ausreichend von anderen abhebt. Wenn jemand aber mit dem Anspruch ins Berufsleben einsteigt, dass Begeisterung wichtiger ist als harte Arbeit, dürfte sich kaum Zufriedenheit einstellen. An dieser Stelle der ausdrückliche Hinweis: Die meisten wirklich erfolgreichen Menschen mit beachtlichen Karrieren waren vom Erfolg im Alter zwischen 20 und 30 noch himmelweit entfernt.

Seine Arbeit zu lieben ist eine tolle Sache, und man schafft es tatsächlich leichter, wenn man das, was man tut, auch gerne tut. Aber selbst wenn Sie für Ihre Laufbahn bestens gerüstet sind, wird es immer Durststrecken geben. Manchmal sind wir müde und verunsichert und lange nicht so zufrieden wie erhofft. Hinzu kommt die wichtige Erkenntnis, dass nicht unbedingt die anfängliche Begeisterung für den neuen Job zählt, sondern eher die Lust am kontinuierlichen Tun, die sich durch harte Arbeit und das Überwinden von Hindernissen und auch den einen oder anderen Misserfolg allmählich einstellt. Aus seiner diesbezüglichen Forschungsarbeit entnimmt Newport, dass erfolgreiche Menschen nicht unbedingt »ihrer Leidenschaft folgen«, sondern vielmehr aufbauend auf ihren wichtigsten Interessen solide Kenntnisse erwerben und mithilfe dieser Fähigkeiten beruflich vorankommen.[8] Der Ansatz »Mach deine Leidenschaft zum Beruf« suggeriert, dass wir nur herausfinden müssen, was wir wirklich wollen, um dann den entsprechenden Job finden, doch in den meisten Fällen reicht Begeisterung nun einmal nicht aus. Im Gegenteil: Der Wunsch nach persönlicher Erfüllung kann die Zufriedenheit am Arbeitsplatz unterminieren.[9] »Such dir etwas, was dich voll anspricht, dann machst du deine Sache auch gut«, ist ein trügerisches Motto, und es spricht einiges für den Ansatz: »Mach deine Sache gut, dann wirst du feststellen, was dich voll anspricht.«

Ich liebe meine Arbeit (wirklich!), aber diese Liebe ist gewachsen, je besser ich wurde und je mehr ich feststellte, dass ich etwas bewegen kann. Mit der Zeit ging es weniger darum, ob ich mir dabei toll vorkomme, sondern darum, dass ich etwas tue, was zählt und eine Wirkung hat. Das soll weder eingebildet noch sentimental klingen. Ich möchte nur unterstreichen, dass Plattitüden (»Du musst es nur genügend wollen«) nicht wahr sind, sondern im Gegenteil gefährlich sein können, wenn man dies für ausreichend hält.

In einer der genialsten College-Abschlussreden, die ich je gehört habe (nein, nicht die von Steve Jobs), sprach der Comedian Tim Minchin an der University of Western Australia darüber, dass man – im Gegensatz zur landläufigen Meinung – keineswegs seinem großen Traum nachrennen müsse. Man solle sich vielmehr darauf konzentrieren, kurzfristige Ziele mit voller Kraft anzugehen. Am wichtigsten sei der »Mikroehrgeiz« – Ärmel hochkrempeln und das aktuelle Vorhaben konzentriert und mit vollem Einsatz abarbeiten –, denn wenn man sich zu sehr im großen Traum verliert, besteht die Gefahr, dabei andere Chancen zu übersehen, die sich rechts und links des Weges auftun. Mir gefällt diese Idee: Langfristige Ziele sind gut und schön, doch wenn wir aus dem, woran wir gerade arbeiten, das Beste machen und uns richtig reinhängen, können sich alternative langfristige Ziele ergeben, mit denen wir nie gerechnet hätten. So besehen geht es beim Erfolg nicht um ein bestimmtes Ziel wie einen Job oder ein Gehaltspaket, sondern um ernsthaftes Engagement für das, was wir gegenwärtig tun. Und das entspricht meinen Erfahrungen. Wenn ich Ihnen also als Psychologin oder auch als jemand, der das Glück hat, seine Arbeit die meiste Zeit zu lieben, einen Rat geben darf, so sage ich: Hängen Sie sich rein, auch an den Tagen, wo es harte Arbeit ist, und scheuen Sie sich nicht davor, Ihre Meinung zu ändern, wenn Sie sich und Ihr Arbeitsumfeld besser kennen lernen. Bringen Sie vollen Einsatz, riskieren Sie etwas, und akzeptieren Sie, dass Fehler und Enttäuschungen absolut unvermeidlich, aber nie das Ende sind. Wir haben uns an die sofortige Belohnung gewöhnt, doch Psychologen wissen seit Jahren, dass Belohnungsaufschub – erst die Arbeit, dann das Vergnügen – langfristig der Schlüssel zum Erfolg ist.

Von 1968 bis 1974 liefen unter der Leitung des Psychologen Walter Mischel an der Universität Stanford die berühmten Marshmallow-Tests zur Frage des Belohnungsaufschubs. In diesen Experimenten bot man Kindern eine Belohnung an, zum Beispiel ein Marshmallow oder einen Keks. Der Versuchsleiter ließ dann das Kind allein mit der Süßigkeit zurück, und es hatte die Wahl, diese gleich zu essen oder eine Viertelstunde zu warten, bis der Versuchsleiter zurückkäme – dann würde es zwei Marshmallows bekommen. Die meisten Kinder hielten die Wartezeit nicht aus; das gelang nur etwa einem Drittel. In Langzeitstudien wurden die Kinder dann beobachtet, und man prüfte, wie sie auf die Dauer zurechtkamen. Dabei achtete man auf Unterschiede zwischen denen, die ihre Belohnung aufschieben konnten, und denen, die der Versuchung nachgegeben hatten. Die Kinder, die warten konnten, waren später auch die, die von anderen als deutlich kompetenter eingestuft wurden. Dabei erwiesen sie sich auf die Dauer auf verschiedenen Skalen als erfolgreicher, darunter bei schulischen Fähigkeiten[10], dem Bildungsabschluss[11] und sogar beim Body Mass Index, also einem gesunden Körpergewicht[12].

Die Ergebnisse unserer Anstrengungen stellen sich im Leben mitunter nicht so schnell ein, wie wir uns das wünschen. Obwohl die Welt schnelle »mühelose« Erfolge zunehmend bejubelt und hervorhebt, sollten wir uns keinesfalls entmutigen lassen, wenn die gewünschten Lorbeeren mühsam erkämpft werden müssen. Wer also Arbeit sucht oder gar den Traumjob gefunden hat, sollte sich stets vor Augen führen, dass die Vorstellung einer sofortigen Belohnung unrealistisch ist. Erst mit der Zeit werden wir feststellen, wo unsere Stärken liegen, und einen Weg finden, in den wir hineinwachsen, wo wir lernen und gut werden können – im Gegensatz zu einem, wo wir hoffentlich den Erwartungen der anderen entsprechen und nicht befürchten müssen, etwas zu versieben. Die Krise der Mittzwanziger kann Sie trotzdem erwischen, aber Sie sind jung genug, um eine Sackgasse zu erkennen, sich neu zu orientieren und aus Ihren Fehlern zu lernen. Gerade diese Fehler werden Sie mit dem nötigen Biss und dem Wunsch ausstatten, es in Zukunft besser zu machen.

Jung, schön … und glücklich?

Wir haben festgestellt, dass in einer von der Jugend besessenen Kultur die Meinung vorherrscht, Jugend sei gleichbedeutend mit Glück. Wenn dies stimmt, dürfte ein jugendliches Erscheinungsbild auf der Prioritätenliste ganz oben stehen.

Die Suche nach dem Jungbrunnen bewegt die Menschheit schon lange, doch mittlerweile scheinen die Versuche, das Altern hinauszuschieben, untrennbar mit dem Selbstwertgefühl verknüpft zu sein. Die Jugend steht derart im Mittelpunkt, dass sich die verrückte Situation ergibt, dass Kinder unbedingt älter aussehen wollen, wohingegen Erwachsene gern jünger wirken möchten, um den Idealvorstellungen von Jugend und Schönheit zu entsprechen.

Die Botschaft *Sieh jung aus* zählt (ähnlich wie die Botschaft *Sieh schlank aus*) inzwischen zum Hintergrundrauschen, das alles durchdringt, aber nicht mehr bewusst wahrgenommen wird. »Du siehst so jung aus«, ist natürlich ein Kompliment, in dem Konnotationen wie Attraktivität, Begehrtheit, Gesundheit und Schönheit mitschwingen, wohingegen Bemerkungen, ein bestimmter Stil oder eine Frisur sähen »zu erwachsen« oder zu »reif« aus, eher eine Beleidigung sind. Ein neues Styling oder eine Schönheitsoperation (»ästhetische Chirurgie«) soll uns um Jahre verjüngen oder gar glücklicher machen. Solche Anti-Aging-Botschaften beschränken sich längst nicht mehr auf Hochglanzmagazine und Stylingshows, sondern werden online dort beworben, wo sich insbesondere junge Menschen oder gar Teenager tummeln, die eigentlich noch keinen Gedanken ans Alter verschwenden sollten. Deshalb entscheiden sich immer mehr junge Menschen zu kosmetischen Eingriffen, wobei der steilste Anstieg (der auch sogenanntes »präventives Botox« umfasst) bei jungen Mädchen und Frauen bis 30 (und sogar unter 20!) zu verzeichnen ist.

Eine Umfrage der Teenager-Website WOWGO aus dem Jahr 2014 stellte fest, dass sich im Vereinigten Königreich zwei Drittel der zwölf- bis 14-jährigen Mädchen eine kosmetische Operation wünschten (die meisten träumten von weniger Bauch- und Hüftfett oder von Brustimplantaten), und ein Bericht der amerikanischen Gesellschaft der plastischen Chirurgen verzeichnet zwischen Ende der 1990er Jahre und 2013 bei den 13- bis 19-jährigen Amerikanern (vornehmlich Mädchen) einen Anstieg der Botox- und Dysport-Behandlungen um 100 Prozent und in allen Altersgruppen sogar um schwindelerregende 509 Prozent.[13] 2013 berichtete die New Yorker Psychologin Vivian Diller, die sich mit Fragen des Körperbilds befasst, dass 2010 eine Viertelmillion Teenager in den USA aus kosmetischen Gründen eine plastische Operation vornehmen ließen.[14] Dass solche Eingriffe nicht mehr vorrangig aus medizinischen Gründen durchgeführt werden und so leicht und günstig zu haben sind, bedeutet, dass sie inzwischen nicht mehr in erster Linie dazu dienen, jünger auszusehen, sondern – und das bereitet mir Sorge – als schnelle Abhilfe gegen ein schwaches Selbstbewusstsein dienen.

Auch der Starkult, der heute ein integraler Bestandteil unserer Kultur ist, scheint den Stellenwert der Jugend zu betonen. Die Unterhaltungsbranche vermittelt den Eindruck, dass man jung und schlank bleiben muss, um angesagt zu sein. Prominente Frauen werden entweder gefeiert, weil sie Mutter Natur ein Schnippchen schlagen und dem Zahn der Zeit trotzen, oder sie werden zu tragischen Gestalten abgestempelt, die man ignoriert und vergisst, weil sie die Dreistigkeit besitzen zu altern.

Die Angst vor dem Altwerden könnte darauf beruhen, dass ältere Menschen in der Popkultur praktisch ausradiert werden. Schätzungen zufolge stellen die über 50-jährigen in der westlichen Welt mittlerweile ein Drittel oder mehr der Bevölkerung, doch dieser Prozentsatz spiegelt sich nicht in dem wider, was in den Medien als sozial akzeptabel gilt. Ein spektakulärer Fall war jener der 55-jährigen BBC-Moderatorin Miriam O'Reilley, der 2009 das Landleben-Magazin *Countryfile* entzogen wurde, und die ihren Arbeitgeber erfolgreich wegen Altersdiskriminierung verklagte. Ähnlich erging es Selina Scott, die vom Sender *Channel Five* 2008 im Alter von 57 Jahren durch eine Jüngere ersetzt wurde und die sich eine Abfindung und eine Entschuldigung erstritt. Solche Beispiele belegen, dass die Medien nicht so recht wissen wohin mit gestandenen Frauen. Das gilt übrigens leider auch für viele Frauen selbst. Solange wir davon ausgehen, dass unser Wert in unserer Jugend und Schönheit besteht, ist es kein Wunder, dass der Lauf der Zeit uns geradezu in die Verzweiflung treibt. Wir müssen ein Selbstbewusstsein entwickeln, das sich auf etwas weniger Vergängliches als makellose Haut und spitze Brüste stützt. Natürlich ist es wunderbar, jung und hübsch zu sein – aber eine Frau hat noch viele andere großartige Dinge zu bieten, die nicht mit der Zeit verfliegen: das, wofür sie sich begeistern kann, ihre Überzeugungen und Talente, die Dinge und die Menschen, die sie liebt, ihre Kreativität, ihre Lebenserfahrung – all das, was nur *sie* ausmacht.

In der heutigen Gesellschaft alt zu werden ist selbst für junge Menschen ein hartes Los. Die Wahrheit ist jedoch: Wir verändern uns unablässig, und Wachstum ist in jedem Lebensabschnitt ein normaler Teil unserer Entwicklung. Angst vor Veränderung bedeutet, dass wir den sinnlosen Versuch unternehmen, uns an eine Version unseres Selbst zu klammern, die für unser Leben inzwischen irrelevant ist. Wie alles, was mit dem Körperbild zusammenhängt, hat in meinen Augen auch das Älterwerden etwas mit Gleichberechtigung zu tun. Männer tun sich mit dem Altern leichter, weil sie das Gefühl haben, es stünde ihnen zu. Sie haben das Recht auf graue Haare, auf Falten und auf Waschbär- statt Waschbrettbauch. Und während manche sagen mögen: »Na ja, das ist eben die Evolution«, glaube ich, dass es nicht ganz so einfach ist.

Zunächst einmal bringt man uns bei, dass bei Frauen Schönheit und Jugend die wichtigsten Attribute sind, bei Männern hingegen Erfolg und Geld (beides altersunabhängig). Also sollen wir das Alter fürchten. Wir sollten uns wirklich einmal gründlich überlegen, wofür wir Frauen feiern, worauf unser Selbstbewusstsein beruht, und (vielleicht am wichtigsten) keine – wirklich keine! – Frau sollte je vergessen, dass unser Wesen sich nicht aus einem Bündel äußerer Merkmale definiert, die sich mit der Zeit unweigerlich verändern. Sie müssen wissen, was Sie an sich schätzen! Lassen Sie nicht zu, dass eine bilderversessene Kultur Ihnen Minderwertigkeitsgefühle vermittelt – nichts und niemand hat das Recht dazu!

Konflikt, Krise und Chance

> *»Als ich klein war, haben die Älteren kaum je über ihre dunklen Stunden geredet. Die meisten taten so, als wäre immer alles perfekt gelaufen … Ich dachte, nur ich wäre ein hoffnungsloser Versager. Mir war nicht klar, dass ich nur ein ganz normales Mitglied der Menschheit war, das seinen Weg ging.«*
>
> Parker Palmer, Autor, Lehrer und Aktivist[15]

Bilanz zu ziehen – wo stehe ich und wie weit bin ich gekommen? – beschränkt sich keineswegs auf den Jahreswechsel und runde Geburtstage, sondern findet das ganze Leben hindurch statt, besonders nach größeren Umbrüchen. Der Entwicklungspsychologe Erik Erikson war der Ansicht, dass wir bald nach dem ersten Auszug, wenn wir die Sicherheit und die Vertrautheit des familiären Umfelds zurücklassen, eine Lebenskrise durchlaufen und mit der »Realität« konfrontiert sind.[16] Doch angesichts der Veränderungen dieser Realität in den letzten Jahrzehnten erfassen Eriksons Faktoren – Vertrautheit versus Isolation – nicht mehr das ganze Bild.

Die Jahre zwischen 20 und 30 gelten als aufregende, produktive und relativ sorgenfreie Zeit, bevor der Stress der monatlichen Raten fürs Eigenheim und der Kindererziehung richtig zuschlägt. Dennoch schätzt die britische Wohlfahrtsorganisation *Depression Alliance*, dass jeder Dritte in dieser Altersgruppe unter Depressionen leidet. Die Krise zwischen 25 und 35 ist laut Dr. Oliver Robinson und einem Forscherteam der Universitäten Greenwich und Birkbeck ein sehr reales Phänomen. Wie auch in der Midlife Crisis stellen sich Gefühle wie Enttäuschung, Unsicherheit und Einsamkeit ein. Interessanterweise sind die gebildeten Berufstätigen am stärksten betroffen.[17]

Laut Robinson und seinem Team umfasst diese Krise typischerweise vier Phasen, und zwar:

- Das Gefühl, eingesperrt zu sein – in einem Job, in der Beziehung oder in beidem;

- Die wachsende Erkenntnis, dass Veränderung möglich ist;
- Eine Phase, in der man sich ein neues Leben aufbaut;
- Die Zementierung neuer Entscheidungen, die neue Interessen, Wünsche und Werte spiegeln.

Als die Autoren 2013 die Ergebnisse ihrer Studie auf einer Konferenz vorstellten, versicherten sie gleich, dass dies keineswegs nur eine schlechte Nachricht sein. Die Krise nach den ersten 25 Jahren dauert durchschnittlich zwei Jahre, löst sehr häufig positive Veränderungen aus, und 80 Prozent der Befragten blickten hinterher positiv darauf zurück. Hinzu kommt, dass die »Quarterlife Crisis« offenbar das spätere Risiko für eine ausgewachsene Midlife Crisis reduziert.

Heute 20 zu werden bringt also andere Erfahrungen mit sich als noch vor einer Generation. Wir sind darauf sozialisiert, mehr vom Leben (und von uns) zu erwarten als einst unsere Eltern. Um den ersten festen Job müssen wir kämpfen, es ist schwerer, das Geld für Wohneigentum zusammenzusparen, und gleichzeitig vermitteln uns die sozialen Medien, dass wir nie gut genug sind.

Eine Studie der Universität Essex fand heraus, dass 86 Prozent der 1100 Befragten zwischen 20 und 30 Jahren Angst hatten, etwas zu verpassen (FOMO oder »Fear Of Missing Out«, siehe auch Seite 90) und nicht genug aus ihrem Leben zu machen.[18] Danach untersuchte man eine Stichprobe aus über 2000 Erwachsenen zwischen 18 und 65 Jahren. Dabei stellte sich heraus, dass die FOMO bei den Teilnehmern am ausgeprägtesten war, die sich in ihrem Leben nicht richtig verbunden, unterstützt und anerkannt fühlten.

Eine Studentin erklärte es mir kürzlich folgendermaßen: »Man erwartet von dir, jung und sorglos zu sein und Spaß zu haben, aber du denkst die ganze Zeit: Ich bin noch nicht da, wo ich jetzt eigentlich gern wäre. Du konzentrierst dich also die ganze Zeit auf das, was du noch nicht erreicht hast, und kannst deine Jugend gar nicht wirklich genießen.«

Die Angst, etwas zu verpassen, die ständigen Vergleiche in den sozialen Netzwerken und unser Jugendwahn bilden das teuflische Dreiergespann, das die Krise Mitte 20 zu einem immer häufigeren Phänomen der Entwicklung macht.

Entscheidungen und Erwartungen

Dass viele Leute heute später Kinder bekommen und sesshaft werden als frühere Generationen und damit die großen Lebensentscheidungen aufschieben, erschwert möglicherweise auch andere Entscheidungen. Trägt vielleicht auch eine allgemeine Unentschlossenheit zu der Krise Mitte 20 bei, die so viele heimsucht? Es besteht der starke Wunsch, etwas Tolles zu leisten, doch die ersten Schritte auf dem eingeschlagenen Weg, wohin auch immer er uns führen soll, erscheinen furchtbar schwer, und damit setzt eine existenzielle Angst ein.

Zu viele Wahlmöglichkeiten erschweren bekanntlich die Entscheidungsfindung. Und da ringsum so viele Szenarien existieren, die uns suggerieren, was wir machen könnten, sollten oder müssten, sind wir am Ende wie gelähmt. Womöglich wählen wir den falschen Partner? Oder wir finden zwar einen guten Job, aber nicht den, der uns so zufrieden machen kann, wie wir eigentlich hätten sein wollen?

Da für die Jahre zwischen 20 und 30 derart hohe Erwartungen herrschen, ist die Quarterlife Crisis völlig verständlich. Doch der Druck, der Welt unbedingt zu beweisen, dass wir unsere Ziele in Rekordzeit erreichen können, ist weitgehend selbst gemacht. Wir müssen lernen, die Realität von unrealistischen oder unpraktischen Erwartungen zu trennen. Das bedeutet keineswegs, den eigenen Ehrgeiz zu begraben! Es sollte lediglich Ihr persönlicher Ehrgeiz sein, nicht das Bedürfnis, anderen zu zeigen, wie toll Sie sind. Ein guter Anfang ist dabei das Hinterfragen kultureller Erfolgsdefinitionen. Welchen Punkten können Sie zustimmen? Denken Sie darüber nach, was *Sie* vom Leben erwarten, anstatt einem Zeitplan hinterherzuhecheln. Glück ist in jedem Alter ein gutes Gefühl, egal mit welchen kulturellen Botschaften wir bombardiert werden.

Gesundheit – der Schlüssel zum Glück

Der ständig wachsende Druck, dem wir ausgesetzt sind, führt leicht dazu, dass wir vergessen, dass unser Wohlergehen nicht nur von Geld oder Karriere abhängig ist. Viel wichtiger sind körperliche und psychische Gesundheit und Stabilität. Ein glückliches Leben hat einen Sinn und ist auf Dauer angelegt. So etwas erreicht man nicht, indem man arbeitet, bis nichts mehr geht, sondern indem man nicht nur in die Karriere investiert, sondern auch in das eigene Wohl. Dazu gehören kleine Veränderungen bei der Wertschätzung, die wir uns, unserer Zeit und unseren Lieben entgegenbringen.

Zügeln Sie sich im Hinblick auf Ihre wöchentliche Arbeitszeit. Kennen Sie die Versuchung, auch am Wochenende zu arbeiten und jeden Morgen als Erste im Büro zu sein? Das hält man nicht lange durch, ehe andere Lebensbereiche darunter leiden. Nehmen Sie sich lieber ausreichend Zeit, allein oder gemeinsam mit Freunden abzuschalten. Die wirklich wichtigen Dinge des Lebens – gute Ernährung und ausreichend Schlaf – müssen Sie auch wirklich wichtig nehmen. Burnout ist ein sehr reales Problem, das nicht nur die Arbeitsfähigkeit beeinträchtigt, sondern auch die Fähigkeit, sich überhaupt noch zu freuen oder etwas zu erleben, das uns nachhaltig beeinflusst. Wenn man nicht mehr überschaut, was eigentlich realistisch ist, verliert man auch aus dem Blick, was wichtig ist. Nehmen Sie sich also Zeit für die Frage: Ist mein Leben noch ausgewogen?

Es sollte täglich Zeit bleiben, wichtige Beziehungen zu pflegen. Ein fünfminütiges Telefonat mit der Mutter oder die E-Mail an eine Freundin, bei der wir uns länger nicht gemeldet haben – die bewusste Pflege wichtiger Beziehungen stärkt gleichzeitig uns selbst und ist für ein gesundes Gleichgewicht unverzichtbar. Auch technisch dürfen wir hier klare Grenzen setzen. Ich zum Beispiel lese in der Regel abends ab halb acht keine Mails mehr, weil dann meine Zeit mit der Familie beginnt. Das ist die Zeit, die für Jessie und Teddy reserviert ist, zum Essen, Reden und Zusammensein. Auf diese Weise habe ich einen klaren Schnitt, wann die Arbeit endet, und kann besser abschalten.

Ein weiterer wichtiger Faktor ist der Schlaf. Es klingt so einfach, aber wir brauchen wirklich unseren Schlaf! Zahllose Untersuchungen belegen, dass wir jede Nacht sieben bis acht Stunden schlafen sollten, also stimmen Sie Ihren Lebensrhythmus auf dieses Grundbedürfnis ab.

Viele Leute betrachten Sport als Mittel zum Zweck, um für ein wichtiges Ereignis in Form zu kommen oder wieder in das Lieblingskleid zu passen. Regelmäßiger Sport ist jedoch für Körper und Seele gleichermaßen wichtig und erstaunlich wirksam. Wenn Sie also eine Sportart oder Bewegungsform finden, die Ihnen Spaß macht, und sich regelmäßig dafür Zeit nehmen, profitiert das Wohlbefinden erheblich.

Es ist viel die Rede davon, dass man in 24 Stunden unmöglich alles schaffen kann, was man müsste. Deshalb müssen wir bewusst Prioritäten setzen und – noch wichtiger! – akzeptieren, dass bestimmte Dinge einfach nicht machbar sind. Lernen Sie, eine unvollständige To-do-Liste zu tolerieren.

Jeder Mann und jede Frau fragt sich hin und wieder, wohin die Reise geht, auch dann, wenn es gerade richtig gut läuft. Eine tolle Karriere bewahrt keineswegs vor Existenzangst, sondern bedeutet nur, dass man wahrscheinlich mehr Geld hat und weniger Zeit, sich mit den eigenen Sorgen auseinanderzusetzen. Diese Erfahrung machen Sie nicht allein. Deshalb sollten Sie sich andere suchen, mit denen Sie darüber reden können, ohne sich verurteilt zu fühlen. Im Zeitalter der Selbstbeweihräucherung und Selbsttäuschung ist es überaus tröstlich, sich im engeren Kreis offen über Ängste, Befürchtungen und scheinbare Makel austauschen zu können.

Wir müssen also lernen, nicht nur materiell selbst für uns zu sorgen. Erfolg und Leistung stellen sich nur ein, wenn auch unsere sonstigen Bedürfnisse abgedeckt sind. Ehrlichkeit, voller Einsatz und die Integrität, an den eigenen Idealen festzuhalten, tragen ebenfalls dazu bei. Was auch immer Sie arbeiten – machen Sie es, so gut Sie können. Gute Arbeit, Ausdauer und das Halten von Versprechen machen sich auf Dauer bezahlt.

Und jetzt?

Zuallererst sollten wir aufhören, uns nach rechts und links zu vergleichen und das eigene Leben dem anderer anzupassen. Konzentrieren Sie sich auf *Ihr* Leben. Vielleicht können Sie nicht so früh ein Eigenheim beziehen wie Ihre Eltern oder wie die beste Freundin einen tollen Job ergattern und obendrein auch noch den Traummann finden. Das spielt keine Rolle. Das Leben ist kein Wettrennen, und die Erfolge oder Misserfolge anderer gehen uns nichts an. Deshalb sind Vergleiche fruchtlose Zeitverschwendung. Und kaum eine Entscheidung in jungen Jahren lässt sich später nie wieder revidieren.

Deshalb dürfen wir uns getrost von belastenden Überzeugungen lösen, wie herrlich unser Leben hätte verlaufen sollen. Sonst könnten die irrationalen Erwartungen, auf denen solche Ideen beruhen, uns daran hindern, unsere Ziele zu erreichen und unser volles Potenzial auszuschöpfen. Hilfreich ist auch das bewusste Bemühen, erstens keine »Mein Leben ist so toll«-Show abzuspulen und zweitens nicht dauernd die »Mein Leben ist so toll«-Shows der anderen zu verfolgen. Wie alle aus Ihrer Altersgruppe haben Sie von Anfang an gelernt, wie wichtig es ist, sich selbst als »Marke« aufzubauen. Deshalb ist es nicht einfach, das mitzuteilen, was *wirklich* aktuell und wichtig ist.

Der Autor, Pädagoge und Aktivist Parker Palmer betont, wie häufig wir nicht nur die Dinge missverstehen, an die wir angeblich glauben, sondern auch den Glauben selbst. 1992 sprach er in einer Rede das Thema an, woran wir glauben wollen:

»Der Glaube sind nicht Glaubensregeln, denen wir uns unterwerfen müssen, sondern der Mut, uns unseren Illusionen zu stellen und Desillusionierung zuzulassen. Es ist der Mut, die eigenen Illusionen zu durchleben und zu durchschauen. Nicht alles lässt sich messen, doch so vieles von dem, was wir tun, ist mit einer Messlatte versehen. Eine weitere Illusion ist ›Ich bin, was ich tue… Mein Wert bemisst sich an meinem Funktionieren. Um geliebt zu werden, muss ich in irgendetwas erfolgreich sein.‹ Wir sind nicht, was wir tun. Wir sind, wer wir sind. Das Ringen um den Glauben beinhaltet das Vertrauen in die eigenen

Begabungen, in die Realität der anderen, in das größere Bedürfnis, in das wir alle eingebettet sind, in die Möglichkeiten, die dem Alltag innewohnen.«[19]

Ich liebe dieses Zitat, weil es Glauben mit Mut gleichsetzt, dem Mut, durchzuhalten oder auch sich von etwas zu lösen, was nicht funktioniert. Das ist in meinen Augen der Schlüssel zur Bewältigung jedweder Krise. Die gewünschten Antworten liegen möglicherweise nicht immer auf der Hand, aber es ist stets sinnvoll, bei der Lösungssuche mehr auf Fragen zu setzen als auf Antworten. Das Schöne an Ihrem gegenwärtigen Alter ist, dass Sie noch viel Zeit haben, aus falschen Entscheidungen und Fehlern zu lernen, daran zu wachsen und Ihre Meinung zu ändern.

Wer das Gefühl hat, in einem bestimmten Lebensbereich in der Falle zu sitzen, ob in der Beziehung oder im Beruf, muss aktiv werden. Werfen Sie nicht sofort das Handtuch, wenn etwas nicht gut läuft, sondern stellen Sie sich dem Problem. Ihr Freund muss erfahren, was Sie stört, sonst hat er keine Chance, sein Verhalten zu ändern. Dann haben wir es wenigstens versucht, und hinterher wird es leichter, Abstand zu halten und die Beziehung sauber zu lösen. Das Gleiche gilt am Arbeitsplatz: Statt einer dramatischen Kündigung samt filmreifem Abgang könnten Sie auch um andere Aufgaben bitten, rechtzeitig die Fühler ausstrecken und überlegen, wie Ihre persönlichen Fähigkeiten und Kenntnisse Sie an die gewünschte Position bringen können. Wer will schon am Ende ohne Job dastehen und nicht wissen, wovon man die nächste Miete zahlen soll? Wichtige Entscheidungen sollten stets strategisch angegangen werden.

Bis die Quarterlife Crisis überwunden ist, kann es eine Weile dauern, aber die Selbsterkenntnis, die sich dabei einstellt, und die Strategien, mit denen Sie die Dinge ins richtige Licht rücken – Ehrlichkeit gegenüber den eigenen Wünschen, keine Vergleiche, gründliches Nachdenken über große Schritte und Optimieren –, sind langfristig eine echte Hilfe.

Ich selbst habe mir in diesem Alter etwas angewöhnt, was – trotz aller Gedanken, was ich immer noch nicht geschafft habe und in welche Richtung ich streben sollte – nach wie vor hilft: Ich nehme mir jeden Abend ein paar Minuten Zeit, um für das, was ich habe, dankbar zu sein. Auf die eigenen Ziele hinzuarbeiten und Dankbarkeit für das Erreichte zu empfinden schließen sich keineswegs aus. Meiner Erfahrung nach ist das Bewusstmachen von dem, was im eigenen Leben gut läuft, eines der besten Gegengifte gegen die übermäßige Beschäftigung mit dem, was vielleicht schlecht läuft.

Eine gewisse Unsicherheit ist in den Jahren zwischen 20 und 30 eine normale Entwicklungsphase. Ein neuer Lebensabschnitt beginnt häufig damit, dass etwas anderes endet – wir ziehen von zu Hause aus, beenden eine Beziehung oder schließen die Ausbildung ab. Jeder derartige Schnitt vermittelt unweigerlich auch das Gefühl, dass ein wenig vom alten Selbst zurückbleibt, und wir uns fragen, wer wir jetzt sein sollten. Das ist jedoch nichts, was gelöst oder in Ordnung gebracht werden muss, sondern Teil eines Prozesses, bei dem wir *uns selbst* mit unseren Vorlieben, Glaubenssätzen, Wünschen, Abneigungen und vielem anderen ausloten können. Um die Person zu werden, die wir sein möchten, brauchen wir schlichtweg Zeit.

Erwachsensein bedeutet, die eigene Identität zu finden. In der Kindheit und Jugend und selbst als junge Erwachsene glauben wir, uns ganz gut zu kennen: unsere Noten, unsere Hobbys, unsere Freunde und die Ausbildung vermitteln klare, leicht benennbare Faktoren, uns zuzuordnen. Danach jedoch ist es plötzlich nicht mehr so einfach. Aber das macht nichts. Wir sollten die Freiheit genießen, unser eigenes Drehbuch zu schreiben, das uns niemand anders aufzwingen kann. Es ist unsere Sache, wovon wir uns überzeugen lassen und wovon wir uns distanzieren. Und selbst wenn wir die eine oder andere Szene in unserem Stück später neu schreiben oder gar der ganzen Handlung eine neue Wende geben müssen:

Es ist *UNSER* Leben.
Her damit, denn hier führen wir die Regie!

Schlusswort

Für all die jungen Frauen da draußen, die nach dem Geheimrezept für die Jahre zwischen 20 und 30 fahnden, in denen so viel zu tun und zu entscheiden ist, möchte ich die Schlüsselstrategien an dieser Stelle noch einmal kurz rekapitulieren.

Arbeit

Wählen Sie einen Beruf, der Ihnen liegt, nicht einen, der Ihrer Vorstellung der perfekten Karrierefrau entspricht. Es sollte eine Arbeit sein, die für Sie auch dann noch akzeptabel ist, wenn Sie erkennen, dass es die Traumkarriere nicht gibt.

Ein neues Projekt? Nur zu! Ihre Kollegen und Vorgesetzten werden zu schätzen wissen, dass Sie zur Stelle sind und sich einbringen. Und selbst wenn es nichts von gewaltiger Tragweite ist, sollten wir stets integer und professionell genug sein, unsere Sache so gut wie möglich zu machen. In der Regel wird es damit auch gut – und das wird registriert! Sehr wichtig ist auch: Es ist nicht schlimm, wenn Sie aktuell noch nicht genau wissen, welche Richtung Sie langfristig einschlagen wollen. Ich kenne ein paar überaus interessante Leute, die mit 20 oder auch 30 noch keine Ahnung hatten, was sie werden wollten, und andere, die damals meinten, es zu wissen, später jedoch noch einmal ganz von vorn anfingen, als ihnen klar wurde, was sie *wirklich* wollten. Untersuchungen haben ergeben, dass junge Erwachsene, die arbeiten, glücklicher sind als solche, die nicht arbeiten oder unterbeschäftigt sind. Selbst wenn Sie also gerade nicht in Ihrem Traumjob arbeiten, ist es vielleicht ein Schritt in die richtige Richtung. Lernen Sie schon auf den ersten Sprossen der Karriereleiter, so viel Sie können, und scheren Sie sich nicht darum, wenn andere mehr zu wissen scheinen. Um im Leben richtig gut zu werden, braucht man Zeit, egal auf welchem Gebiet.

Aussehen

Dass Frauen an ihrem Aussehen gemessen werden, ist nichts Neues, doch die Anzahl und die Allgegenwart der perfekten Hochglanzbilder um uns herum erwecken den Anschein, dass jede Frau körperlich so perfekt wie nur irgend möglich sein sollte. Wir müssen uns eines klarmachen: Es schadet überhaupt nichts, in das eigene Aussehen zu investieren. In normalem Umfang darf das auch zur Identitätsbildung gehören. Doch gutes Aussehen ist keine Voraussetzung für Erfolg und Glück oder gar Selbstachtung und sollte niemals lediglich zu einem weiteren Muss werden, also eine zusätzliche Belastung. Unser Aussehen definiert uns nicht, und wir sollten uns von der Vorstellung lösen, dass wir jemals die körperliche Perfektion und ideale Erscheinung erreichen können, die uns derzeit vorgegaukelt werden.

Beziehungen

Beziehungen sind kein Teil der Leistungsgesellschaft. Wenn sich also das Gefühl einschleicht, Sie wären ohne Beziehung nur ein halber Mensch, ist dies schlicht und einfach unlogisch. Eine Beziehung sagt nichts über unseren Wert als Mensch aus, genau wie Verlobung, Heirat oder Hauskauf nicht mit lebenslanger Verliebtheit, Feuerwerk, unglaublichem Sex und dem Gefühl, endlich »vollständig« zu sein, gleichzusetzen sind. In der Liebe und in Beziehungen sollte es um eine tiefe zwischenmenschliche Verbundenheit gehen. Also machen Sie sich bitte keinen Kopf, wenn anscheinend alle Freundinnen plötzlich gebunden sind, während Sie immer noch hektisch auf Tinder herumsurfen. Quälen Sie sich nicht mit der Frage herum: »Was stimmt denn bloß nicht mit mir? Wieso bin ich immer noch Single?« Die Antwort ist ganz einfach. Alles ist in Ordnung. Sie sind eben Single, also genießen Sie das Leben, füllen Sie es mit Erlebnissen, Lernen, Entdeckungen und Bekanntschaften aus. Auf diese Weise begegnen wir irgendwann jemandem, den wir mögen, weil er so ist, wie er ist, nicht weil wir eine Beziehung suchen.

Medien

Sie brauchen Medienkompetenz, und damit meine ich Kritikfähigkeit gegenüber den Vorstellungen, Produkten und Überzeugungen, die man uns verkaufen will. Wir leben in einer sehr kommerziellen, medienübersättigten Welt, in der man sich der Vermarktung der Popkultur und den damit verbundenen Wertvorstellungen, wie man aussehen, handeln und sich benehmen sollte, kaum entziehen kann. Aber diese Botschaften spiegeln lediglich die Ideen der Marketingabteilungen, wer und wie wir sein sollten. Wir dürfen frei entscheiden, ob wir ihnen das abkaufen oder nicht. Ich behaupte nicht, dass das einfach wäre, aber sehen Sie die Dinge bitte etwas kritischer. Und wenn wir uns beim Anblick einer Make-up-Anzeige mit einem perfekt optimierten Modelgesicht oder beim Anschauen eines sexistischen Musikvideos oder Films unwohl fühlen, sollten wir das Gesehene bewusst hinterfragen.

Mutterschaft

Ich weiß, dass viele dieses Thema mit Anfang 20 noch nicht auf dem Radar haben, aber gut gewarnt ist gut gerüstet. Schwangerschaft und Mutterschaft sind in den letzten Jahren unverhohlen zum Fetisch erhoben worden. Das Wunder der Geburt hat sich in ein Sammelsurium ungesunder Erwartungen verwandelt, aufgrund derer wir entscheiden wollen, wie und wo wir gebären und wie schnell wir anschließend wieder in die alten Kleider passen müssen. Und nicht nur das, wir glauben auch, dass dieses kleine Bündel Glück das perfekte Leben verkörpern muss, das wir führen wollen. Darum melden wir die Kinder schon vor der Einschulung im ersten Schachclub, beim Kinderyoga oder bei den Bambini-Fußballern an. Falls wir wieder arbeiten gehen, rechtfertigen wir diese Entscheidung gegenüber anderen Müttern, indem wir erklären, warum dieser Weg für das Baby viel besser ist. Bitte glauben Sie mir: Elternschaft heißt nicht, dass wir ein Superkind großziehen oder uns zur Supermami hochstilisieren. Es geht um Gekicher und stinkende Windeln, um Knuddeln und um die Frage, wer weniger Schlaf bekommt, Mama oder Papa. Es geht um Begeisterung und Erschöpfung, um das Hin- und Hergerissensein und um Fehler und natürlich auch darum, dass man eben doch nicht so schnell wieder in die alte Jeans passt. Das alles ist okay, denn eine Mutter zu sein ist eine derart bewegende menschliche Erfahrung, dass jeder Versuch, diese Rolle oder uns an willkürlichen, unrealistischen Regeln zu messen, nur von der wahren Bedeutung dieses Lebensabschnitts ablenkt.

Zuhause

Man möchte meinen, dass die Hausarbeit angesichts der verfügbaren Technik und der Bereitschaft, Aufgaben partnerschaftlich zu verteilen, heutzutage das geringste Problem sein sollte, aber so ist es nicht. Kürzlich habe ich gelesen, dass die Anforderungen im Haushalt gegenüber den Zeiten unserer Großmütter inzwischen *gestiegen* sind. Die diversen Kochshows, die darauf bestehen, dass man alles mit exklusivem Trüffelöl beträufeln muss, setzen noch zusätzlich eins drauf. Anstatt uns allmählich Grundfertigkeiten anzueignen, wollen wir sofort die perfekte Küchenfee sein. Doch beim häuslichen Glück geht es in erster Linie genau darum: Glück. Manchmal schmeckt das nach Trüffelöl und manchmal nach Pizzadienst. Manchmal passen Kopfkissenbezug und Decke zusammen, und manchmal eben nicht. Ein bisschen Entspanntheit und eine positive Grundeinstellung machen Ihr Zuhause lebenswerter als ein Drei-Sterne-Menü es jemals könnte.

Perfektion

Einhörner, Perfektion und wirksame Cremes gegen Cellulitis haben eines gemeinsam: Es gibt sie nicht. Solange wir Erfolg mit »alles haben« gleichsetzen, werden wir höchstwahrscheinlich scheitern. Setzen Sie sich also nicht unter Druck, indem Sie partout den Erwartungen entsprechen wollen, die andere (Ihrer Meinung nach) an Sie stellen. Wer es allen recht machen will, verliert am Ende sich selbst aus dem Blick. Ist es nicht besser, ein reales, nicht perfektes Ich zu lieben und zu genießen, als die gekünstelte Version des Ichs zu pflegen, das wir angeblich verkörpern sollten?

Die nachfolgenden zehn Tipps bringen auf den Punkt, was eine 20-plus-Frau im 21. Jahrhundert stets im Hinterkopf behalten sollte:

1. Nicht verstellen.
2. Perfektion gibt es nicht.
3. Jung sein heißt Experimentieren.
4. Seien Sie kritisch gegenüber den Medien.
5. Seien Sie mutig.
6. Seien Sie nett zu sich – und zu anderen.
7. Keine Angst vor Fehlern.
8. Sorgen Sie gut für sich selbst.
9. Pläne verändern sich – bleiben Sie flexibel.
10. Investieren Sie in wahre Freundschaften.

Und genießen Sie Ihr Leben!
Weil es *Ihr* Leben ist!

Danksagung

An der Entstehung dieses Buches waren viele wunderbare junge Frauen zwischen 20 und 30 Jahren beteiligt. Ein dickes Dankeschön gebührt Hannah De Jonk, Rebecca Twomey und Anna Foulsham, die mir nicht nur beim Zusammentragen der Informationen halfen, sondern mich auch – und das war entscheidend – großzügig an ihren persönlichen Erfahrungen beim Ausloten einer nach wie vor männlich geprägten Welt teilhaben ließen. Kara Fitzpatrick versorgte mich ständig mit Feedback, indem sie die ersten Entwürfe aller Kapitel las und ihre eigenen Gedanken und Eindrücke zu diesem wichtigen Lebensjahrzehnt beisteuerte. Großen Dank schulde ich Sarah Shea und Stephanie Melrose, die beim Piatkus Verlag für PR und Marketing zuständig sind und mir mit ihrer ansteckenden Begeisterung für die Botschaften in diesem Buch ebenso geholfen haben wie mit ihren unermüdlichen kreativen Ideen, diese unter die Leute zu bringen.

Meine geniale Lektorin Anne Lawrance hat gleich bei unserer ersten Begegnung verstanden, was mir vorschwebte, und half mir, genau das Buch zu schreiben, das ich schreiben wollte. Danke! Sehr dankbar bin ich auch Anne Newman und Jillian Stewart, meinem phantastischen Redaktionsteam, die mir halfen, dieses Buch zu verbessern, und sich stets konstruktiv verhielten, selbst wenn Kritik gerechtfertigt gewesen wäre.

Von Herzen danke ich meiner großartigen Agentin und Freundin Charlotte Robertson – für die vielen Gespräche, die Unterstützung und das Entgegenkommen. Deine unablässige Hilfe hat mir nicht nur ermöglicht, dieses Buch zu schreiben, sondern war eine rundum erfreuliche Erfahrung.

Einen besonderen Dank möchte ich meinen geliebten Eltern aussprechen, deren Weisheit und Lebenseinstellung noch immer jeden Tag in mir nachklingen. Und ein dickes Dankeschön gilt meinen anderen beiden Musketieren, Teddy und Jessie – ihr zwei habt klaglos meine Überstunden ertragen, mich aber auch manchmal davon abgehalten, wenn ihr wusstet, dass *das* mal nötig war… Danke für das Gleichgewicht, den richtigen Durchblick und dass das Leben mit euch so viel Spaß macht!

Und natürlich danke ich meinem Freund Angus, der weder in den Zwanzigern ist noch eine Frau, der mich aber immer wieder herausfordert, unbequeme Fragen stellt und mir Unmengen Artikel schickte, die ich »unbedingt lesen sollte«. Du bist ein wirklich erstaunlicher Freund, Angus, und definitiv meine Ehrendame!

Anmerkungen

Ein perfektes Leben?

1. Hildegard Kaulen, *Medizin-Nobelpreis 2009. Das Unsterblichkeitsenzym, Frankfurter Allgemeine Zeitung.* faz.net/aktuell/wissen/nobelpreise-2009/medizin-nobelpreis-2009-das-unsterblichkeitsenzym-1608682.html (Zugriff 4.9.2015).
2. Eine Vorreiterin zur feministischen Sprachforschung im Deutschen war Luise F. Pusch, u.a. mit ihrem Buch *Das Deutsche als Männersprache,* Suhrkamp, Frankfurt (1984).
3. Office for National Statistics, *Annual Survey of Hours and Earnings* (2012), veröffentlicht am 12. Dezember 2013.
4. United States Census Bureau, *Income, Poverty and Health Insurance Coverage in the United States* (2012), veröffentlicht am 17. September 2013.
5. D.L. Spar, *Wonder Women: Sex, Power, and the Quest for Perfection,* Sarah Crichton Books (2013).
6. Centers for Disease Control and Prevention, »Morbidity and mortality weekly report«, 17. März 2013. Online verfügbar auf cdc.gov/mmwr/.
7. »Do men or women worry more«, US-weite Umfrage von 2006 mit 1600 erwachsenen Teilnehmern für ein Konsortium, dem die Amerikanische Psychologenvereinigung APA, das National Women's Health Resource Center und iVillage angehörten. Online verfügbar auf abc.com.
8. M. Dowd, »Get off of your cloud«, *New York Times,* 26. Februar 2013.
9. R.O. Frost und G. Steketee, »Perfectionism in obsessive-compulsive disorder patients«, *Behaviour Research and Therapy,* 35(4) (1997), S. 291-296; K.A. Halmi, F. Tozzi, L.M. Thornton, S. Crow, M.M. Fichter et al.,

»The relation among perfectionism, obsessive-compulsive personality disorder and obsessive-compulsive disorder in individuals with eating disorders«, *International Journal of Eating Disorders,* 38 (2005), S. 371–374; P.L. Hewitt und G.L. Flett, »Dimensions of perfectionism in unipolar depression«, *Journal of Abnormal Psychology,* 100(1) (1991), S. 98–101; P.L. Hewitt, G.L. Flett und E. Ediger, »Perfectionism and depression: longitudinal assessment of a specific vulnerability hypothesis«, *Journal of Abnormal Psychology,* 105(2) (1996), S. 276–280.

Schlankheits- und Schönheitswahn

1. APA Task Force on Advertising and Children, *Report of the APA Task Force on Advertising and Children* (2004). Online verfügbar auf apa.org/pi/women/programs/girls/report.aspx.
2. L. Papadopoulos, »Sexualisation of young people«, Bericht für das britische Innenministeriums (2010).
3. V. Ainley und M. Tsakiris, »Body conscious? Interoceptive awareness, measured by heartbeat perception, is negatively correlated with self-objectification«, *PloS ONE,* 8(2) (2013). Online verfügbar auf journals.plos.org/plosone/article?id=10.1371/journal.pone.0055568.
4. J.J. Muehlenkamp und R.N. Saris-Baglama, »Self objectification and its psychological outcomes for college women«, *Psychology of Women Quarterly,* 26(4) (2002), S. 371–379; B. Moradi und Y. Huang, »Objectification theory and psychology of women: a decade of advances and future directions«, *Psychology of Women Quarterly,* 32(4) (2008), S. 377–398.
5. C. Gordon (Hg.), *Power/Knowledge: Selected Interviews and Other Writings 1972–1977,* Pantheon Books, New York (1980).
6. Catherine Sanderson, Amherst College, zitiert von Hara Estroff Marano, »The Skinny Sweepstakes«, *Psychology Today,* 1. Januar 2008.
7. K.E. Nintzel und C.A. Sanderson, »›But that's what all my friends think‹: the effect of small group membership an women's perceived discrepancy from weight-related norms«, Posterpräsentation beim 5th

Annual Meeting of the Society for Personality and Social Psychology, Austin, TX (2004).

8. J.L. Mensinger, D.Z. Bonifazi und J. LaRosa, »Perceived gender role prescriptions in schools, the superwoman ideal, and disordered eating among adolescent girls«, *Sex Roles*, 57(7/8) (2007), S. 557–568.
9. G. Miller, *The Mating Mind: How Sexual Choice Shaped the Evolution of Human Nature*, First Anchor Books (2001).
10. G. Fouts und K. Vaughan, »Television situation comedies: male weight, negative references, and audience reactions«, *Sex Roles*, 46(11/12) (2002), S. 439–442.
11. M. Tiggemann, »Television and adolescent body image: the role of program content and viewing motivation«, *Journal of Social and Clinical Psychology*, 24(3) (2005), S. 361–381.
12. Girl Scout Research Institute, »Real to me: girls and reality TV« (2011).
13. S.L. Smith und C.A. Cook, »Gender stereotypes: an analysis of popular films and TV«, Bericht für das Geena Davis Institute for Gender and Media, Los Angeles (2008); »Young Canadians in a Wired World, Phase III: Encountering Racist and Sexist Content Online«, Center for Media and Digital Literacy, Juni 2014.
14. J.R. Goodman, »Mapping the sea of eating disorders: a structural equation model of how peers, family, and media influence body image and eating disorders«, *Visual Communication Quarterly*, 12 (2005), S. 194–213.
15. D. Hargreaves, »Idealized women in TV ads make girls feel bad«, *Journal of Social and Clinical Psychology*, 21 (2002), S. 287–308; R. Botta, »For your health? The relationship between magazine reading and adolescents' body image and eating disturbances«, *Sex Roles*, 48 (2003), S. 389–399; R.L. Vartanian, C.L. Giant und R.M. Passino, »Ally McBeal vs. Arnold Schwarzenegger: comparing mass media, interpersonal feedback and gender as predictors of satisfaction with body thinness and muscularity«, *Social Behaviour and Personality*, 29 (2001), S. 711–724.

16. L. Wade, »You'll be shocked at what these editors are editing out of their photos«, *Huffington Post*, 8. März 2014.
17. H. Fielding, *Bridget Jones: Verrückt nach ihm*. Aus dem Englischen übersetzt von Marcus Ingendaay. Goldmann, München (2014).
18. L. Papadopoulos, R. Bor und C. Legg, »Coping with the disfiguring effects of vitiligo: a preliminary investigation into the effects of cognitive-behavioural therapy«, *British Journal of Medical Psychology*, 72 (1999), S. 385–396.
19. P. Sheldon, »Pressure to be perfect: influences on college students' body esteem«, *Southern Communication Journal*, 75(3) (2010), S. 277–298.
20. D. Garner, »Survey says: body image poll results, plagued by body image issues? The results of a national survey show you're not alone«, *Psychology Today*, 1. Februar 1997.
21. N. Nicali, K.W. Hagberg, I. Peterson und J.I. Treasure, »The incidence of eating disorders in the UK in 2000–2009: findings from the General Practice research database«, *BMJ Open* 3(5) (2013). Online verfügbar auf bmjopen.bmj.com/content/3/5/e002646.full?rss=1.
22. D. Garner, »Survey says: body image poll results, plagued by body image issues? The results of a national survey show you're not alone«, *Psychology Today*, 1. Februar 1997.
23. Ebd.
24. W. Lassek, M. D Gaulin und S. Gaulin, »Why women need fat: how »healthy« food makes us gain excess weight and the surprising solution to losing it forever«, *Psychology Today* Blog (2012). Online verfügbar auf psychologytoday.com/ blog/whywomen-need-fat.
25. Ebd.; D. Garner, »Survey says: body image poll results, plagued by body image issues? The results of a national survey show you're not alone«, *Psychology Today*, 1. Februar 1997.
26. J. Rodin, »Body mania: there is growing concern with appearance, body shape, and weight, and it is a very costly pursuit: still, it's possible to get out of the body trap«, *Psychology Today* (1992). Online verfügbar auf psychologytoday.com/articles/ 199201/body-mania.

27. E. Reidy, »Students spend over £1,000 a year on beauty products«, *The Huffington Post UK*, 19. November 2013.
28. »Pots of promise«, *The Economist*, Onlineveröffentlichung, 22. Mai 2003.
29. Dodai, Stewart, »Americans spend billions on beauty products but are not very happy«, 6. August 2012. Online verfügbar auf jezebel.com/5931654/americans-spend-billions-on-beauty-products-and-are-still-pretty-unhappy/.
30. T.D. Wade und M. Tiggemann, »The role of perfectionism in body dissatisfaction«, *Journal of Eating Disorders*, 1(1) (2013). Online verfügbar auf jeatdisord.com/content/1/1/2.
31. S. Hong, E. Tandoc Jr., E.A. Kim, B. Kim und K. Wise, »The real you? The role of visual cues and comment congruence in perceptions of social attractiveness from Facebook profiles«, *Cyberpsychology Behaviour and Social Networking*, 15(7) (2012), S. 339–344; S. Hong, »Facebook profile pictures influence perceived attractiveness, MU study finds«, *Cyberpsychology, Behavior and Social Networking*, 12. September 2012.
32. American Academy of Facial Plastic and Reconstructive Surgery, »Annual AAFPRS survey finds ›selfie‹ trend increases demand for facial plastic surgery«, Präsentation zum 11th AAFPRS International Symposium, New York City, 27. bis 31. May 2014.

Online-Ich und Offline-Ich – Was wisst ihr wirklich über mich?

1. E. Kross, P. Verduyn, E. Demiralp, J. Park, D. Seungjae Lee, N. Lin, H. Shablack, J. Jonides und O. Ybarra, »Facebook use predicts declines in subjective well-being in young adults«, *PLoS ONE*, 8(8) (2013). Online verfügbar auf journals.plos.org/plosone/article?id=10.1371/journal.pone.0069841.
2. J. Taylor, *Raising Generation Tech: Preparing Your Children for a Media-fueled World*, SourceBooks (2012).
3. S. Hong, E. Tandoc Jr., E.A. Kim, B. Kim und K. Wise, »The real you? The role of visual cues and comment congruence in perceptions of social

attractiveness from Facebook profiles«, *Cyberpsychology Behaviour and Social Networking,* 15(7) (2012), S. 339–344.

4. Ebd.
5. H.W. Marsh, U. Trautwein, O. Lüdtke und O. Köller, »Comparison and big-fish-little-pond effects on self-concept and other self-belief constructs: role of generalized and specific others«, in Begutachtung.
6. T.A. Wills, »Downward comparison principles in social psychology«, *Psychological Bulletin,* 90(2) (1981), S. 245.
7. Siehe Anmerkung 5; A. Tesser, M. Millar und J. Moore, »Some affective consequences of social comparison and reflection processes: the pain and pleasure of being dose«, *Journal of Personality and Social Psychology,* 54(1) (1988), S. 49.
8. E. Ashikali und H. Dittmar, »The effect of priming materialism on women's responses to thin-ideal media«, *British Journal of Social Psychology,* 51(4) (2012), S. 514-533; R.N. Ata, J.K. Thompson und B.J. Small, »Effects of exposure to thin-ideal media images on body dissatisfaction: testing the inclusion of a disclaimer versus warning label«, *Body Image,* 10(4) (2013), S. 472–480; H.A. Hausenblas, A. Campbell, J.E. Menzel, J. Doughty, M. Levine und J.K. Thompson, »Media effects of experimental presentation of the ideal physique on eating disorder symptoms: a meta-analysis of laboratory studies«, *Clinical Psychology Review,* 33(1) (2013), S. 168–181.
9. »Research spotlight on single-gender education«, *NEA Reviews of the Research on Best Practices in Education.* Online verfügbar auf nea.org/tools/17061.htm.
10. A. Booth, L. Cardona-Sosa und P. Nolen, »Gender differences in risk aversion: do single-sex environments affect their development?«, *Journal of Economic Behavior & Organization,* 99(C) (2014), S. 126–154.
11. W. Ding, F. Murray und T. Stuart, »From bench to board: gender differences in university scientists«, *Academy of Management Journal,* 56(5) (2013), S. 1443–1464.

12. J. Barsh und L. Yee, »Unlocking the full potential of women in the US economy«, Bericht für das *Wall Street Journal* Executive Task Force for Women in the Economy, McKinsey and Co. (2011).
13. S. Sandberg, *Lean In: Frauen und der Wille zum Erfolg*. Aus dem Amerikanischen von Barbara Kunz. Ullstein, Berlin (2013); Why We Have Too Few Women Leaders, TED Talk, Dezember 2010, ted.com/talks/sheryl_sandberg_ why_we_have_too_few_women_leadersl.
14. I. M. Latu, M. S. Mast, J. Lammers, D. Bombari, »Successful female leaders empower women's behavior in leadership tasks«, *Journal of Experimental Social Psychology*, 49(3) (2013), S. 444–448.
15. G.J. Hitsch, A. Hortacsu, D. Ariely, »What makes you click? – mate preferences in online dating«, *Quantitative Marketing and Economics*, 8(4) (2010), S. 393–427.

Ich will doch nur, dass ihr mich mögt – Druck, Erwartungen und Nein-Sagen

1. Online verfügbar auf simplypsychology.org/carl-rogers.html#selfw.
2. E. Svoboda, »Field guide to the people-pleaser: may I serve as your doormat? Why are some people so focused on pleasing others that they sacrifice their own needs?«, *Psychology Today* (2008). psychologytoday.com/articles/200805/field-guide-the-people-pleaser-may-i-serve-your-doormat.
3. Ebd.
4. W.H. Courtenay, »Constructions of masculinity and their influence on men's well-being: a theory of gender and health« (2000). Online verfügbar auf pingpong.ki.se/public/pp/public_courses/course07443/published/1295951502373/resourceId/4292165/content/courtenay[1].pdf.
5. Siehe Anmerkung 2.
6. J.J. Exline, L.A. Zell, E. Bratslavsky, M. Hamilton und A. Swenson, »People-pleasing through eating: sociotropy predicts greater eating in response to perceived social pressure«, *Journal of Social and Clinical Psychology*, 31(2) (2012), S. 169–193.

7. D.D. Schwartz, »Nice girls can finish first: getting the results you want and the respect you deserve while still being liked«, *Huffington Post* (2009). Online verfügbar auf huffingtonpost.com/daylle-deanna-schwartz/people-pleaser_b_ 1125847.html.
8. PsyArticles, »Women Feel More Guilt«. Online verfügbar auf psyarticles.com/values/guilt.htm.
9. C. Cryder, C. Morewedge und S. Springer, »What does guilt do?«, Ulterior Motives blog, *Psychology Today* (2012). Online verfügbar auf psychologytoday.com/blog/ulterior-motives/201205/what-does-guilt-do.
10. S. Biali, »Boundaries: it's time to say no when you need to«, Prescriptions for Life blog, *Psychology Today* (2013). Online verfügbar auf psychologytoday.com/blog/prescriptionslife/201301/boundaries-its-time-say-no-when-you-need; H. B. Braiker, *The Disease to Please: Curing the People-Pleasing Syndrome,* McGraw-Hill Education (2002).
11. The Global Entrepreneurship Monitor, *Women's Report* (2012), gemeinsam finanziert durch Babson College, USA, Universidad del Desarrollo, Chile, und Universiti Tun Abdul Razak, Malaysia. Online verfügbar auf entrepreneur.com/article/227631#ixzz2jhbrKLK1.
12. A. Fels, »Do women lack ambition?«, *Harvard Business Review,* April 2004; Sheryl Sandberg, *Woman's Hour* interview (2013). Online verfügbar auf blog.womenreturners.com/2013/07/do-all-working-mothers-have-to-feel.html.
13. S. Sandberg, *Lean In: Frauen und der Wille zum Erfolg.* Aus dem Amerikanischen von Barbara Kunz. Ullstein, Berlin (2013).
14. M.S. Homer, »Sex differences in achievement motivation and Performance in competitive and noncompetitive situations«, Ph.D.-Dissertation, University of Michigan (1968); M. S. Homer, »Toward an understanding of achievement-related conflicts in women«, *Journal of Social Issues,* 28 (1972), S. 157–175.
15. J. Balkin, »Contributions of friends to women's fear of success in college«, *Psychological Reports,* 61 (1987), S. 39–42.

16. V. Hey, *The Company She Keeps: An Ethnography of Girls' Friendship*, Open University Press (1997).
17. Tara Siegel Bernard, »Financial advice by women, for women«, *New York Times*, 23. April 2010. Online verfügbar auf nytimes.com/2010/04/24/your-money/24money.html.
18. D.M. Sadker und M. Sadker, *Teachers, Schools, and Society*, McGraw-Hill (2004).
19. RBS Umfrage (2013). Online verfügbar auf theinformationdaily.com/2013/10/17/fear-of-failure-stops-women-from-starting-their-own-business.
20. N. Wolf, *The Beauty Myth: How Images of Beauty Are Used against Women*, William Morrow and Company (1992).
21. S. Hinshaw und R. Kranz, *The Triple Bind Saving Our Teenage Girls from Today's Pressures and Conflicting Expectations*, Random House (2009).
22. M. Leicester und S. Modgil, *Moral Education and Pluralism*, Routledge (1999).
23. Office for National Statistics, *Mental Health in Children and Young People in Great Britain* (2005).

Rundum sexy, allzeit bereit

1. J. Kilbourne, *Killing Us Softly 4: Advertising's Image of Women*, documentary, Media Education Foundation (2010).
2. C. Heldman, »The sexy lie«, Ted Talk (2013). Online verfügbar auf youtube.com/watch?v=kMS4VJKekW8.
3. L. Papadopoulos, »Sexualisation of young people«, Bericht für das britische Innenministerium (2010).
4. D. Merskin, »Reviving Lolita? A media literacy examination of sexual portrayals of girls in fashion and advertising«, *American Behavioural Scientist*, 48 (2004), S. 119.
5. C. Heldman, »The sexy lie«, Ted Talk (2013). Online verfügbar auf youtube.com/watch?v=kMS4VJKekW8.

6. J. Kilboume, *Killing Us Softly 4: Advertising's Image of Women*, Dokumentation, Media Education Foundation (2010).
7. »GroupM forecasts 2012 global ad spending to increase 6.4%«, according to communications services group WPP (5. Dezember 2011). Online verfügbar auf groupm.com/pressandnews.
8. M.S. Kimmel, *The Gendered Society*, Oxford University Press USA (2008).
9. P.R. Sanday, *Fraternity Gang Rape: Sex, Brotherhood, and Privilege on Campus*, New York University Press (2007).
10. J. Ropelato, Internetpornographie-Statistiken (2006), zitiert in L. Papadopoulos, »Sexualisation of young people«, Bericht für das britische Innenministerium (2010).
11. M. Zook, »Report on the location of the internet adult industry«, in K. Jacobs, M. Janssen und M. Pasquinelli (eds), *C'lick Me: A Netporn Studies Reader*, Institute of Network Culture (2007), S. 103–124.
12. A. Bandura, »Social learning theory of aggression«, in J.F. Knutson (Hg.), *The Control of Aggression: Implications from Basic Research*, Aldine (1973), S. 201–250.
13. A.J. Bridges, R. Wosnitzer, E. Scharrer, C. Sun und R. Liberman, »Aggression and sexual behavior in best-selling pornography videos: a content analysis update«, *Violence against Women* (im Druck).
14. D. Loftus, *Watching Sex: How Men Really Respond to Pornography*, Thunder's Mouth Press (2002); R. Bauserman, »Sexual aggression and pornography: a review of correlational research«, *Basic and Applied Social Psychology*, 18 (1996), S. 405–427; N.M. Malamuth und E. Donnerstein (Hg.), *Pornography and Sexual Aggression*, Academic Press Inc. (1984), S. 19–52.
15. D.L. Mosher und P. Maclan, »College men and women respond to X-rated videos intended for male or female audiences: gender and sexual scripts«, *Journal of Sex Research*, 31 (1994), S. 99–113.
16. R.J. Wosnitzer und A.J. Bridges, »Aggression and sexual behavior in best-selling pornography: a content analysis update«, vorgestellt beim

57. Jahrestreffen der International Communication Association, San Francisco, Kalifornien, 2007.

17. J. Kilboume, *Killing Us Softly 4: Advertising's Image of Women,* documentary, Media Education Foundation (2010).
18. J. Johnson, M. Adams, L. Ashbum und W. Reed, »Differential gender effects of exposure to rap music an African American adolescents' acceptance of teen dating violence«, *Sex Roles,* 33 (1995), S. 597–605.
19. Nicholas Carr, *Wer bin ich, wenn ich online bin … und was macht mein Gehirn solange? Wie das Internet unser Denken verändert.* Aus dem Amerikanischen übersetzt von Henning Dedekind. Karl Blessing Verlag, München (2010); Clive Thompson, *Smarter Than You Think: How Technology Is Changing Our Minds for the Better,* Penguin Press (2013).
20. T. Wu, »The problem with easy technology«, *New Yorker* Blog, Februar 2014. Online verfügbar auf newyorker.com/online/blogs/elements/2014/02/the-problem-with-easy-technology.html.
21. Ebd.
22. BBC News Online, Donnerstag, 26. November 2009.
23. J. Ringrose, R. Gill, S. Livingstone und L. Harvey, »A qualitative study of children, young people and ›sexting‹«, report for the NSPCC (2012).
24. L.M. Carpenter, »From girls into women: scripts for sexuality and romance in *Seventeen* magazine, 1974–1994«, *Journal of Sex Research,* 35 (1998), S. 158–168; M. Durham, »Dilemmas of desire: representations of adolescent sexuality in two teen magazines«, *Youth and Society,* 29 (1998), S. 369–389; A. Gamer, H.M. Strek und S. Adams, »Narrative analysis of sexual etiquette in teenage magazines«, *Journal of Communication,* 48 (1998), S. 59–78.
25. A. Phippen, »Sexting: an exploration of practices, attitudes and influences«, report for the NSPCC/UK Safer Internet Centre (2012).
26. A. Lenhart, »How and why minor teens are sending sexually suggestive nude or nearly nude images via text messaging«, Bericht für das Pew Internet and American Life Project (eine Initiative des Pew Research Center) (2005); J. Ringrose, R. Gill, S. Livingstone und L. Harvey, »A

qualitative study of children, young people and ›sexting‹«, Bericht für die NSPCC (2012).

27. Siehe Anmerkung 25.
28. J. Ringrose, R. Gill, S. Livingstone und L. Harvey, »A qualitative study of children, young people and ›sexting‹«, Bericht für die NSPCC (2012).
29. J.D. Brown und K.L. L'Engle, »X-rated: sexual attitudes and behaviors associated with US early adolescents' exposure to sexually explicit media«, *Communication Research,* 36 (2009), S. 129–151; A. Phippen, »Sexting: an exploration of practices, attitudes and influences«, report for the NSPCC/UK Safer Internet Centre (2012).
30. L. Papadopoulos, »Sexualisation of young people«, Bericht für das britische Innenministerium; J. Ringrose, »Every time she bends over she pulls up her thong: teen girls negotiating discourses of competitive, heterosexualised aggression«, *Girlhood Studies: An Interdisciplinary Journal,* 1(1) (2008): S. 33–59; J. Ringrose, »Just be friends: exposing the limits of educational bully discourses for understanding teen girls' heterosexualized friendships and conflicts«, *British Journal of Sociology of Education,* 29(5) (2008), S. 509–522.
31. M. Martinez und T. Manolovitz, »Incest, sexual violence and rape in video games« (2009). Online verfügbar auf inter-disciplinary.net/wp-content/uploads/2009/06/incest-sexual-violence-and-rape-in-video-games.pdf.
32. C. Rodenberg, »Grand Theft Auto V makes it cool to pick up – even kill – prostitutes«, *Guardian,* 27. Dezember 2013. Online verfügbar auf theguardian.com/commentisfree/2013/dec/27/grand-theft-auto-v-prostitutes-killed?CMP=fb_us.
33. Zitiert in M.T. Reist (Hg.), *Getting Real: Challenging the Sexualisation of Girls,* Spinifex Press (2009).
34. M. Locker, »California school bans leggings because they were distracting to boys«, *Time,* 15. April 2013. Online verfügbar auf newsfeed.time.com/2013/04/15/california-school-bans-leggings-because-they-

were-distracting-to-boys/. Hierzu die Schulleitung: »Wenn Mädchen in Leggings sich bücken, werden diese durchscheinend, und ab da wird es problematisch.«

35. J. Kilbourne, *Killing Us Softly 4: Advertising's Image of Women,* documentary, Media Education Foundation (2010).

Keine Macht den Mobbern

1. A. Campbell, *Staying Alive: Evolution, Culture, and Women's Intrasexual Aggression,* Cambridge University Press (1999); T. Vaillancourt, »Do human females use indirect aggression as an intrasexual competition strategy?«, *Philosophical Transactions of the Royal Society,* 368(1631) (2013). Online verfügbar auf rstb.royalsocietypublishing.org/content/368/1631/20130080.full.pdf+htm
2. M. Billig und H. Tajfel, »Social categorization and similarity in intergroup behavior«, *European Journal of Social Psychology,* 3(1) (1973), S. 27–52.
3. J.E. Workman und S.H. Lee, »Relationships among consumer vanity, gender, brand sensitivity, brand consciousness and private self-consciousness«, *International Journal of Consumer Studies,* 37 (2013), S. 206–213.
4. S.E. Asch, »Effects of group pressure on the modification and distortion of judgments«, in H. Guetzkow (Hg.), *Groups, Leadership and Men*, Carnegie Press (1951), S. 177–190.
5. E. Aronson und J. Mills, »The effect of severity of initiation on liking for a group«, *Journal of Abnormal and Social Psychology,* 59 (1959), S. 177–181.
6. A. James, »School Bullying«, nicht veröffentlichter Bericht für die NSPCC (2010).
7. D. Olweus, *Bullying at School: What We Know and What We Can Do,* Blackwell Publishing (1993).
8. R. Simmons, *Odd Girl Out: The Hidden Culture of Aggression in Girls,* Harcourt (2002).

9. K.M.J. Lagerspetz, K. Bjorkqvist und T. Peltonen, »Is indirect aggression more typical of females? Gender differences in aggressiveness in 11–12 year old children«, *Aggressive Behavior,* 14 (1988), S. 403–414.
10. K. Bjorkqvist und P. Niemela, »New trends in the study of female aggression«, in K. Bjorkqvist und P. Niemela (Hg.), *Mice and Women: Aspects of Female Aggression,* Academic Press (1992), S. 3–15.
11. N.R. Crick und J.K. Grotpeter, »Relational aggression, gender, and social psychological adjustment«, *Child Development,* 66 (3) (1995), S. 710–722; N.R Crick und J.K. Grotpeter, »Children's maltreatment by peers: victims of relational aggression«, *Development and Psychopathology,* 8 (1996), S. 367–380.
12. L.M. Brown, *Raising Their Voices: The Politics of Girls' Anger,* Harvard University Press (1998).
13. G. Namie, 2010 Workplace bullying survey, Workplace Bullying Institute. Online verfügbar auf workplacebullying.org/.
14. N.R. Crick und A.J. Rose, »Toward a gender-balanced approach to the study of social-emotional development: a look at relational aggression«, in: P.H. Miller und E. Kofsky Scholnick (Hg.), *Toward a Feminist Developmental Psychology,* Taylor & Frances/Routledge (2000), S. 153–168.
15. C. Dellasegam und C. Nixon, *Girl Wars: 12 Strategies That Will End Female Bullying,* Fireside (2003).
16. R. Wiseman, *Queen Bees and Wannabes: Helping Your Daughter Survive Cliques, Gossip, Boyfriends, and Other Realities of Adolescence,* Crown Publishers (2002).
17. C. Moore, *Margaret Thatcher: The Authorized Biography,* Volume One: *Not for Turning,* Allen Lane (2013).
18. J. Ringrose, »A new universal mean girl: examining the discursive construction and social regulation of a new feminine pathology«, *Feminism Psychology,* 16(405) (2006). Online verfügbar auf academia.edu/332020/A_New_Universal_Mean_Girl_Examining_the_Discursive_Construction_and_Social_Regulation_of_a_New_Feminine_Pathology.

19. M.M. Duguid, »Female tokens in high-prestige work groups: catalysts or inhibitors of group diversification?«, *Organizational Behavior and Human Decision Processes Journal,* 116(1) (2011), S. 104–115.
20. T. Vaillancourt, »Do human females use indirect aggression as an intrasexual competition strategy?«, *Philosophical Transactions of the Royal Society,* 368(1631) (2013). Online verfügbar auf rstb.royalsocietypublishing.org/content/368/1631/20130080.full.pdf+html.
21. J. Archer, »Sex differences in aggression in real-world settings: a meta-analytic review«, *Review of General Psychology,* 8 (2004), S. 291–322.
22. P. Stockley und A. Campbell, »Introduction: female competition and aggression: interdisciplinary perspectives«, *Philosophical Transactions of the Royal Society,* 368(1631) (2013). Online verfügbar auf rstb.royalsocietypublishing.org/content/368/1631/20130073.full.pdf; J.F. Benenson »The development of human female competition: allies and adversaries«, *Philosophical Transactions of the Royal Society,* 368(1631) (2013). Online verfügbar auf http://rstb.royalsocietypublishing.org/content/368/1631/20130079.full.pdf +html; A. Campbell, »The evolutionary psychology of women's aggression«, *Philosophical Transactions of the Royal Society,* 368(1631) (2013). Online verfügbar auf rstb.royalsocietypublishing.org/content/368/1631/20130078.long.
23. T. Vaillancourt, »Do human females use indirect aggression as an intrasexual competition strategy?«, *Philosophical Transactions of the Royal Society,* 368(1631) (2013). Online verfügbar auf rstb.royalsocietypublishing.org/content/368/1631/20130080.full.pdf+html.
24. A. Campbell, »The evolutionary psychology of women's aggression«, *Philosophical Transactions of the Royal Society,* 368(1631) (2013). Online verfügbar auf http://rstb.royalsocietypublishing.org/content/368/1631/20130078.long.
25. NSPCC statistics on bullying collated from government reports and research. Online verfügbar auf http://www.NSPCC.org (2013); Ofcom, »Children and parents: media use and attitudes«, Bericht (2013).

26. Siehe Anmerkung 16.
27. J. Miller, *One of the Guys: Girls, Gangs, and Gender,* Oxford University Press York (2001).
28. »Slut Shaming«, Feminismus101.de, 6. Juni 2012. Online zugänglich auf http://feminismus101.de/slut-shaming/; Zugriff 21.09.2015.
29. M. Flood, »Male and female sluts: shifts and stabilities in the regulation of sexual relations among young heterosexual men«, *Australian Feminist Studies,* 28(75) (2013), S. 95–107.
30. J. Kitzinger, »›I'm sexually attractive but powerful‹: young women negotiating sexual reputation«, *Women's Studies International Forum,* 18(2) (1995), S. 187–196.
31. B. Younger, *Learning Curves: Body Image and Female Sexuality in Young Adult Literature,* Scarecrow Studies in Young Adult Literature, The Scarecrow Press Inc. (2009); L. Tanenbaum, *Slut! Growing up Female with a Bad Reputation,* Perennial (2000).
32. D. Kreager und J. Staff, »The sexual double standard and adolescent peer acceptance«, *Social Psychology Quarterly,* 72 (2009), S. 143–164; L. Tanenbaum, *Slut! Growing up Female with a Bad Reputation,* Perennial (2000).
33. J. Kitzinger, »›I'm sexually attractive but powerful‹: young women negotiating sexual reputation«, *Women's Studies International Forum,* 18(2) (1995), S. 187–196.
34. T. Vaillancourt und A. Sharma, »Intolerance of sexy peers: intrasexual competition among women«, *Aggressive Behavior,* 37 (2011), S. 569–577.
35. K. Stamoulis, »Why girls call each other sluts«, The New Teen Age blog, *Psychology Today,* 12. Oktober 2012. Online verfügbar auf psychologytoday.com/blog/the-new-teen-age/201210/why-girls-call-each-other-sluts.
36. L. Papadopoulos, »Sexualisation of young people«, Bericht für das britische Innenministerium (2010).
37. K. Weir, »Fickle friends: how to deal with frenemies«, *Scientific American,* 14. April 2011. Online verfügbar auf scientificamerican.com/article/fickle-friends/.

38. J. Holt-Lunstad, B.N. Uchino, T.W. Smith, C.B. Cerny und J.B. Nealey-Moore, »Social relationships and ambulatory blood pressure: structural and qualitative predictors of cardiovascular function during everyday social interactions«, *Health Psychology*, 22 (2003), S. 388–397.
39. B.N. Uchino, J. Holt-Lunstad, D. Uno und J.B. Flinders »Heterogeneity in the social networks of young and older adults: prediction of mental health and cardiovascular reactivity during acute stress«, *Journal of Behavioural Medicine*, 24(4) (2001), S. 361–382.
40. L.M. Brown, *Raising Their Voices: The Politics of Girls' Anger*, Harvard University Press (1998); L.M. Brown, *Girlfighting: Betrayal and Rejection among Girls*, New York University Press (2003); R. Simmons, *Odd Girl Out: The Hidden Culture of Aggression in Girls*, Harcourt (2002).

Auf eigenen Beinen stehen

1. »Anteil der Wohnkosten am verfügbaren Haushaltseinkommen. 2008–2013«, DESTATIS, Statistisches Bundesamt, Wiesbaden (Angaben gemäß den jährlichen Umfragen *LEBEN IN EUROPA (EU-SILC)* für die Europäische Union). destatis.de/DE/ZahlenFakten/GesellschaftStaat/EinkommenKonsumLebensbedingungen/Wohnen/Tabellen/Anteil-WohnkostenHHeinkommen_SILC.html.
2. Eine solide Übersicht und Hintergrundinformationen liefert die PDF-Broschüre des Statistischen Bundesamts von 2012 »Frauen und Männer auf dem Arbeitsmarkt – Deutschland und Europa, 2012«, Statistisches Bundesamt, Wiesbaden (Oktober 2012); online verfügbar auf destatis.de/DE/Publikationen/Thematisch/Arbeitsmarkt/Erwerbstaetige/BroeschuereFrauenMaennerArbeitsmarkt0010018129004.pdf?
3. E. Furman, *Boomerang Nation: How to Survive Living with Your Parents… the Second Time Around*, Touchstone (2005).
4. J.J. Arnett, *Emerging Adulthood: The Winding Road from the Late Teens through the Twenties*, Oxford University Press (2000).
5. Ebd.; J.J. Arnett, »Conceptions of the transition to adulthood: per-

spectives from adolescence through midlife«, *Journal of Adult Development,* 8(2) (2001). Online verfügbar auf jeffreyarnett.com/articles/ARNETT_conceptions_of_the_transition_to_adulthood.pdf; Chartered Institute of Personnel and Development, »High number of graduates moving into unrelated employment risks creating a ›disillusioned generation‹ – and excessive targets risk making the matter worse«, Pressemeldung, 29. März 2010. Online verfügbar auf dpd.co.uk/pressoffice/pressreleases/graduates-unrelated-employment.aspx.

6. E. Sharp und L. Ganong, »›I'm a loser, I'm not married, let's all just look at me‹: ever-single women's perceptions of their social environment«, *Journal of Family Issues,* 20. Januar 2011.
7. B. Headey, R. Muffels und G.G. Wagner, »Long-running German panel survey shows that personal and economic choices, not just genes, matter for happiness«, *Proceedings of the National Academy of Sciences of the United States of America,* 31. August 2010. Online verfügbar auf pnas.org/content/107/42/17922.abstract?sid=81051852-6732-4688-bOlc-72357e13389d.
8. Rosamund Irwin, »Today's female role models«, *Huffington Post,* 2. April 2013. Online verfügbar auf huffingtonpost. co.uk/2013/02/04/girls-series-1-exclusive-clip-rosamundirwin_n_2614273.html; Anita Sheth, »Regrets? I've had a few«, *Glamour,* 4. February 2013. Online verfügbar auf glamourmagazine.co.uk/features/relationships/2013/02/oops-i-did-it-again.
9. C. Thompson, »Brave New World of Digital Intimacy«, *New York Times Magazine,* 5. September 2008. Online verfügbar auf nytimes.com/2008/09/07/magazine/07awareness-t.html?pagewanted=all& 3=0.
10. J. DiMicco, D.R. Millen, W. Geyer, C. Dugan, B. Brownholtz und M. Muller, »Motivations for social networking at work«, IBM Research (2008). Online verfügbar auf umsl.edu/~sauterv/5800/p711-dimicco.pdf.
11. E. Kross, P. Verduyn, E. Demiralp, J. Park, S.E. Lee, N. Lin, H. Shablack, J. Jonides und O. Ybarra, »Facebook use predicts declines in

subjective well-being in young adults«, *PLoS ONE,* 8(8) (2013). Online verfügbar auf plosone.org/article/info%3Adoi%2F10.1371%2Fjournal.pone.0069841.

12. Jonathan Safran Foer, »How Not to Be Alone«, *The New York Times Sunday Review,* 8. Juni 2013.

Die Quarterlife Crisis: Ende der Party?

1. Havas Worldwide Prosumer, »Aging: moving beyond youth culture«, report (2012).
2. American Psychological Society, »Stress in American™: missing the health care connection«, Umfrage (2013). Online verfügbar auf apa.org/news/press/releases/stress/2012/full-report.pdf.
3. M. Standish, »Millennials' youth obsession is stressing them out«, *HuffPost Healthy Living,* 3. April 2013. Online verfügbar auf huffingtonpost.com/maude-standish/millennialsyouth-obsessi_b_3001138.html.
4. J.M. Twenge und W.K. Campbell, *The Narcissism Epidemic: Living in the Age of Entitlement,* Simon & Schuster (2009); R. Baumeister, *Self-esteem: The Puzzle of Low Self-regard,* Plenum Series in Social/Clinical Psychology, Kluwer Academic/Plenum (1993).
5. J. Stein, »Millennials: the me me me generation«, *Time,* 20. Mai 2013.
6. C. Newport, *So Good They Can't Ignore You: Why Skills Trump Passion in the Quest for Work You Love,* Grand Central Publishing (2012).
7. Alison Herman, »Why Generation Y yuppies are unhappy«, *Huffington Post,* 15. September 2013.
8. Siehe Anmerkung 6.
9. Ebd.
10. W. Mischel, Y. Shoda und M.L. Rodriguez, »Delay of gratification in children«, *Science,* 244 (1989), S. 933–938.
11. Y. Shoda, W. Mischel und P.K. Peake, »Predicting adolescent cognitive and social competence from preschool delay of gratification: identifying diagnostic conditions«, *Developmental Psychology,* 26 (1990), S. 978–986.

12. T.R. Schlam, N.L. Wilson, Y. Shoda, W. Mischel und O. Ayduk, »Preschoolers' delay of gratification predicts their body mass 30 years later«, *Journal of Pediatrics,* 162 (2013), S. 90–93.
13. Jenny Hope und Roger Dobson, »Children's plastic surgery epidemic«, *Daily Mail Online* 2014.
14. Vivian Diller, »A solution to bullying: where do we draw the line?«, *Huffington Post,* 31. Juli 2012.
15. Parker J. Palmer, *Let Your Life Speak: Listening for the Voice of Vocation,* Jossey-Bass (2000).
16. E.H. Erikson, *Identity: Youth and Crisis,* W.W. Norton (1968).
17. O.C. Robinson und G.R.T. Wright, »The prevalence, types and perceived outcomes of crisis episodes in early adulthood and midlife: a structured retrospective-autobiographical study«, *International Journal of Behavioural Development,* 37 (2013), S. 407–416; O. C. Robinson, »Values and adult age: findings from two cohorts of the European Social Survey«, *European Journal of Ageing,* 10 (2013), S. 11–23.
18. A. Przybylski, »Motivational, well-being, and behavioral correlates of fear of missing out«, *Computers in Human Behavior,* 29. April 2013.
19. Parker J. Palmer, *Faith or Frenzy,* Trinity United Methodist Church (1992).

Stichwortverzeichnis

Unsere Leseempfehlung

208 Seiten

Was berühmte und berüchtigte Frauen wie Marlene Dietrich, Mae West und Elizabeth Taylor mit scharfer Zunge, blitzendem Geist und sprühendem Witz über das Leben und die Liebe zu sagen haben, vertreibt Morgengrauen, Beziehungsstress und Bürofrust.

Um die ganze Welt des
GOLDMANN Verlages
kennenzulernen, besuchen Sie uns doch
im Internet unter:

www.goldmann-verlag.de

Dort können Sie

nach weiteren interessanten Büchern ***stöbern***,
Näheres über unsere ***Autoren*** erfahren,
in ***Leseproben*** blättern, alle ***Termine*** zu Lesungen und Events finden und den ***Newsletter*** mit interessanten Neuigkeiten, Gewinnspielen etc. abonnieren.

Ein ***Gesamtverzeichnis*** aller Goldmann Bücher finden Sie dort ebenfalls.

Sehen Sie sich auch unsere ***Videos*** auf YouTube an und werden Sie ein ***Facebook***-Fan des Goldmann Verlags!

www.goldmann-verlag.de
www.facebook.com/goldmannverlag

GOLDMANN
Lesen erleben